如何做有智慧的教师

代建军　杨东亚◎著

华东师范大学出版社

图书在版编目(CIP)数据

如何做有智慧的教师/代建军,杨东亚著. —上海:华东师范大学出版社,2014.10
ISBN 978 - 7 - 5675 - 2654 - 9

Ⅰ. ①如… Ⅱ. ①代…②杨… Ⅲ. ①教师-工作-研究
Ⅳ. ①G451

中国版本图书馆 CIP 数据核字(2014)第 235922 号

如何做有智慧的教师

著　　者	代建军　杨东亚
项目编辑	吴海红
审读编辑	何丹凤
责任校对	高士吟
装帧设计	卢晓红

出版发行　**华东师范大学出版社**
社　　址　上海市中山北路 3663 号　邮编 200062
网　　址　www.ecnupress.com.cn
电　　话　021 - 60821666　行政传真 021 - 62572105
客服电话　021 - 62865537　门市(邮购)电话 021 - 62869887
地　　址　上海市中山北路 3663 号华东师范大学校内先锋路口
网　　店　http://hdsdcbs.tmall.com

印 刷 者　浙江省临安市曙光印务有限公司
开　　本　787×1092　16 开
印　　张　13.75
字　　数　203 千字
版　　次　2014 年 12 月第 1 版
印　　次　2016 年 5 月第 3 次
书　　号　ISBN 978-7-5675 -2654-9 / G　·7685
定　　价　29.00 元

出 版 人　王 焰

(如发现本版图书有印订质量问题,请寄回本社客服中心调换或电话 021 - 62865537 联系)

目录

CONTENTS ··

绪论

第一节　智慧的迷失与探寻

一、智慧的追问

　　古罗马神话中,智慧女神密涅瓦的鹰每每从黄昏飞临时那种不可言语的敬畏,昭示着人类对智慧的企盼,古希腊的神话中,斯芬克斯这个半人半兽的女怪因智慧不抵俄狄蒲斯而坠崖身亡的故事,隐喻着人类智慧的觉醒,从此爱智慧成了人类苦苦追寻的梦想。当然在人类追寻智慧的过程中,一直伴随着一个困惑,那就是,智慧是什么?这确实是一个很难言说的命题,对于智慧我们似乎只能体会而无法把握,但是从历代先知和大师的言行中我们又分明感受到智慧的光辉。在智慧面前苏格拉底自称是一个无知的人,恰恰是这个"无知"的人,把人类关注的视野,从神秘莫测的神性探讨,转向了人的美德、智慧和灵魂之善,并为此献出了生命,这里的无知乃大智;柏拉图是苏格拉底的忠实门徒,但柏拉图那句最平淡的宣言"吾爱吾师,但吾更爱真理",却成了爱智慧最好的注释。此后,这种爱智的品质,一直成为哲人们追寻的标尺,康德的"人是什么"的理性追问,笛卡儿的"我思故我在"的"主体性"超越,海德格尔"我在故我思"的"存在主义"的反动,甚至杜威"有用就是真理"的"世俗化"的改造,铺就了一条爱智之路,而恰恰是这种人类对智慧的敬慕与追寻使得我们的文化一直鲜活,一直摇曳多姿。

二、智慧的来源

　　爱智是幸福的,同时爱智也是痛苦的,因为智慧在遥遥的彼岸,哲人可以通过思想搭建通往彼岸的桥梁,普通人如何跨越此岸与彼岸的界限?教育,唯有教育。智慧有根,根即为知,日知为智,没有知识便没有思想,没有思想哪来智慧。通过教育,获取知识,普通人就有了心灵转向的可能,就有了超越此岸的视野。前提是,知识获取不是最终的目的,而是塑造灵魂的开始。教育的最初确实是寻着这条轨迹运行的,教育的本义是"引出",即从当下的生活,从日常的知识中,引领我们超越此岸的制约,走向智慧之源。这里需要指明的一个观点是:最初的知识是关乎人生的知识、"美德"的知识、"善"的知识,只有这种知识才可能成为智慧的种子。但是,不是每一颗知识的种子都能绽放智慧之花,正如不是每一种教育都能引导人们体验人生的真义。智慧与知识是分界的,智慧以知识为起点,但智慧的归宿是人对自身存在状态的反思、审视和超越。教育的功用就是在知识的起点与智慧的归宿中间搭建的一座跨越的桥梁,教育不能脱离知识,但教育更不能局限于知识,莫里斯·梅特林克指出,"只有当知识转化为美德和善行时才是真正的智慧"①,否则可能导致的结果是你可以拥有一切知识却迷失了自我。对此雅斯贝尔斯曾有深刻的论述,"教育是人的灵魂的教育,而非理性知识和认识的堆积。……如果人要想从感性生活转入精神生活,那他就必须学习和获知,但就爱智慧和寻找精神之根而言,所有的学习和知识对他来说却是次要的"。② 雅斯贝尔斯的论述中孕含着一个朴素的真理:智慧根源于知识,智慧生成于知识,但知识不应掩埋与遮蔽智慧。

三、智慧的迷失

如果说理性与科学,只是遮蔽了智慧的光辉,"制度化"则逐渐褪去了智慧神秘的外衣,使智慧成了可以定义的概念。《辞海》认为智慧是"对事物能认识、辨析、判断处理和发明创造的能力;犹言才智,智谋";《新华词典》认为智慧为"从实践中得来的聪明才干;同智力";而《牛津高级英汉双解词典》则定义智慧为"在作决定或判断时表现出的经验和知识;正确的判断,明智,常识"。这种定义方式使智慧下降为可以操作的知

---

① 转引自夏甄陶.智慧的力量[J].哲学研究,2000(3).
② [德]雅斯贝尔斯.什么是教育[M].邹进,译.北京:生活·读书·新知三联书店,1991:4.

识或能力,显然它更易为普通人所认可、接受,但不可否认,这里智慧已经失去了其心灵导向的功能,而蜕变为可以精确度量的狡黠,或许如此,在现代,我们拥有的知识越来越多,我们离智慧却越来越远。而现实也恰恰如此,"现代人追求的是与智慧无关的知识(一种可以使人聪明和精细的知识),它可以为人们带来实利,因而,这个时代流行的是金融、商务、会计、法律、电脑和公共关系学。一个显而易见的道理遭到普遍的漠视:知识并不等于智慧。知识关乎事物,智慧关乎人生;知识是理念的外化,智慧是人生的反观;知识只能看到一块石头就是一块石头,一粒沙子就是一粒沙子,智慧却能在一块石头里看到风景,在一粒沙子里发现灵魂"。① 可悲的是我们已经忘记了二者的分野,我们在追逐知识的同时,我们也在抛弃智慧。以至于现代知识教育几乎演变成了一种"无信仰的知识教育",而在无信仰的知识教育话语中,知识只能被划分为"有用的"和"无用的",或是"真的"与"假的"。这样一来,知识便不再是生活的内在需要和心灵的日常依靠,知识不是安顿精神的场所,它只是生活或生存的基本手段、工具而已。② 这种状态导致的结果是我们创造了知识,但却为知识所奴役,更可怕的是,失去了智慧的标尺,当知识呈爆炸式的状态无限增长时,人们被抛进了信息的洪流中,逐渐失去了判断和选择的依据,以至于连知识的获取,也变成困难的事情。

"制度化"的可怕,不仅在于使智慧概念化,伴随着智慧概念化的同时,教育也走向了反动,教育不再是"引出",而异化为"教授",教授知识,也教授智慧,在这种异化的过程中,现代知识教育正在逐渐地丧失其"人之思"的品质而退化为一种"物之术"的技巧。智慧一旦变为文本,一旦规约于制度,一旦成为讲坛上炫耀的资本,一旦世俗为学人标榜的头衔,"爱"的真义便异化为占有。而智慧不能占有,只能追求,占有智慧的同时,其实智慧早已悄悄走开。

21世纪是一个回归智慧的时代,它要求我们放弃猖狂,敞亮生命,对话人生,用敬

---

① 杨东平.教育我们有话要说[M].北京:中国社会科学出版社,1999:155.
② 靖国平.教育的智慧性格[D].武汉:华中师范大学,2002:113.

畏的心,抵制贪婪的"攫取";用"存在"的"思",拉紧理性的"缰绳";用知识的种子,衍生智慧的花朵,让魅性的光辉,重新在彼岸点亮召唤的神灯。

第二节　走向智慧型教师

21世纪教育的竞争将更加激烈,教师素质的提高成了摆在各个国家面前的一个重要课题,在这种背景下,世界各国都未雨绸缪开始有意识地关注未来教师的素质研究。美国为了提高教师素质,先后发表了《国家为21世纪的师资作准备》、《明天的教师》等研究报告。韩国教育改革委员会于1995提出了第三次教育改革方案,要求改革师资培养制度、实施教师任用考试制度、提高教师的福利待遇。德国于1986年制订了《新教师任免制度》,目的在于保证教师质量。英国政府在1983年向众议院提交了题为《提高教师质量》的白皮书,并在90年代以后重新调整了师资培训课程,提高了师资培训标准。日本文部省的咨询机构"教职员养成审议会"于1987年提出了《关于提高教员素质能力的措施》的报告,对如何提高教师素质作了探讨。我国也不例外,20世纪80年代后加大了教师素质研究的力度,发表了许多相关的研究文章。目前有关教师素质结构的研究很多,但概括起来可归纳为三种范型:规范型、技术型与智慧型。

一、规范取向的教师素质结构

在正统的教科书中论及的教师素质多为规范型。规范型教师素质结构的构建一般是从职业道德、智能结构、心理素质几个方面着手,逐渐细化,形成一个系统化的素质体系。具体结构示意图如下:

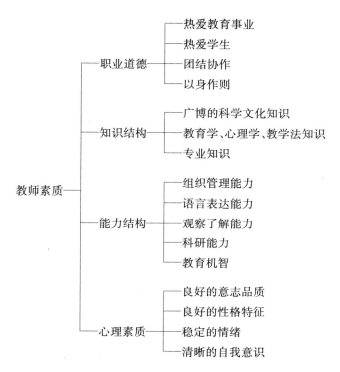

这种教师素质取向的研究方法，立足"德、智、体"的范本要求，从"知、情、意、行"等维度，规约了教师职业的内涵，这种划分方法本无可非议，问题是我们在界定与阐释这些标准的时候，人为地拔高了标尺，勾勒出一个甘于奉献的"人类灵魂工程师"的形象。它有点神圣得高不可攀，清高得不识人间烟火。它只关注教师的"应然"状态，而忽视了教师的"实然"要求。不可否认，在"社会本位"取向的社会中，这种教师要求曾发挥过巨大的作用，但是，同样不可否认的是，在一个开始逐渐关注"个性人"现实需求的时代里，面对这些标准，我们总觉得缺乏了一点人性的关怀。教师也是一个活生生的人，也有自己的欲求，也有自己的喜怒哀乐，我们不可能在任何情况下，都把自己装扮成一个"快乐"的奉献者，而忽视了其应有的"私心"和不完美。我们觉得在规定教师素质的时候，道德的起点是正常的公民，而不是拔高标准的"圣贤"，我们在减少一丝教师职业神圣感的时候，其实还应该给教师一种平凡的快乐。当我们呼吁教师应该寻找职业的尊严感和幸福体验的时候,强调的是教师要在教学中找到创造的快乐,而不是要具有在"清高"中坚守"清贫"的操守。当然这里我们不是要求教师放弃道德的原则,而任意非为,我们只是强调教师在坚持职业"人"的道德底线的同时,更多地感受到普通人的自由。放弃有时不是降低标准,而恰恰是回归合理。

此外,这种教师素质结构的指标过于空泛,缺乏具体的所指,因此也就缺乏评判的标准。我们许多师范大学的学生都学习过教育学和心理学,对于做一名教师应该具有怎样的素质也有很清晰的认识,可是当我们的学生走上工作岗位的时候,他们依然不懂得如何成为一名合格的老师,只能舍弃"空洞"的理论,重新开始从实践中"摸索"为师之道。这是对理论明显的嘲讽,问题的症结在哪里?应该和我们有关教师素质结构的这种研究取向的空泛性不无相关。

二、技术取向的教师素质结构

随着时代的发展,社会对所培养的人才规格提出了更高的要求,加之人们认识到规范型教师素质结构的空泛性特点,教师素质结构也亦趋复杂化和具体化。我们根据社会的需求给教师的素质提出了许多相应的指标,每一个指标又细化为更多的条目,以此类推,从而形成了体系完整、指向明确的素质谱系。这种教师素质结构研究取向比较典型的首推美国。

美国"州际新教师评价与支持联合体"(INTASC)1992年制定了新教师资格标准,就新教师所应具备的基本素质作了明确的规范。提出了十项"原则":

原则一:知晓所教学科的主要概念、探究的方法和结构,能够为学生创设各种学习体验;

原则二:知晓儿童如何学习和发展,能够提供支持他们的心智、社会和个体发展的学习机会;

原则三:知晓学生各种不同的学习方式,创设适宜于不同学习者的学习机会;

原则四:知晓并使用各种教学策略以鼓励学生发展批判性思维、解决问题和操作技能的能力；

原则五：利用对个人和群体动机和行为的理解来创设一种鼓励积极的社会交往，积极参与学习和自我激励的学习环境；

原则六：使用有效的言语、非言语以及媒体交流技巧的知识，来促进课堂中积极的探索、合作和有支持作用的相互交往；

原则七：根据对教材、学生、社区以及课程目标的理解来计划教学；

原则八：理解并使用正式和非正式的评价方法来评估并确保学习者心智、社会和身体的持续发展；

原则九：不断地对自己的选择和对他人（学生、家长以及学习共同体的其他专业人员）的影响作用进行评估，积极寻求专业成长的机会；

原则十：增进与学校同事、家长和较大社区里的机构的关系，以便支持学生的学习。[①]

每条原则下面，又按照知识、素质和行为设置了8—15条标准，加起来共有100多项指标，显得有点过于繁琐。因此在1994年全国专业教学标准委员会（NBPTS），进一步精简条目，提出了教师资格的5项标准。

标准一：效力于学生及其学习。教师要关注所有学生的学习，相信所有学生都能学好；平等对待学生，注意学生的个别差异，注意根据学生的兴趣、能力、技能、知识、家庭背景和伙伴关系等来调整教学；了解学生的发展与学习，能够将通行的认知和智力理论运用于实践，了解背景和文化对行为的影响，培养学生的自信、动机、公民责任和尊重他人；尊重学生在个体、文化、宗教以及种族等方面的差异。

标准二：熟悉所教学科内容以及如何将它们传授给学生。他们对所教学科具有深刻的理解，知晓所教学科的知识的由来、组织，与其他学科的联系，以及在现实情境中的应用；既要注意忠实体现本文化的集体智慧，维护科学知识的价值，又要注意培养学

---

① Interstate New Teacher Assessment and Support Consortium（1992）. Mode 1 Standards for Beginning Teacher Licensing，Assessment：A Resource for State Dialogue.

生的批判和分析能力;他们还应具备向学生传授学科知识的专门化知识,了解学生的学习需要、学习困难,注意培养学生提出问题和解决问题的能力。

标准三:对学生的学习进行管理和监控。知道如何确定学习目标;选择使学生参与学习活动的教学策略,包括选择教育资源(计算机、书籍和视听器材等);在教学过程中扮演不同的角色,有效地实施教学策略;为学生的学习创设、维持或改变教学环境,以便吸引学生的兴趣,最有效地利用时间;具备各种基本的教学技能和技巧,并知道如何加以应用。

标准四:对自己的教学实践进行系统思考,从经验中进行学习。教师是有教养的人的榜样,自身具备旨在要求学生仿效的各种品质,如好奇心、容忍、诚实,尊重多样性,欣赏不同文化的差异;教师具备作为智力发展的先决条件的能力包括推理、从多种角度看问题、创造性的能力、乐于承担风险、从事实验和解决问题的意向;他们还能够应用所学知识对实践进行理性判断,进行批判性的分析,愿意进行终身学习。

标准五:应是学习共同体的成员。优秀教师与课程政策、课程编制和人事发展等方面的优秀人员一道合作,共同致力于提高学校效率;能够对州和地方的教育目标及对发展学校资源的安排进行评价;能够充分利用学校和社区各种资源来帮助学生学习;能够利用各种途径与家长进行合作,鼓励家长参与学校事务。[1]

很明显,全国专业教学标准委员会所设置的教师标准,相较"州际新教师评价与支持联合体"所提的标准已经简化了许多,更具有概括性和适应性,因此在美国得到比较广泛的认可与接受。但是不管二者之间在具体的标准方面有什么差异,二者研究的取向是一致的,即在教师素质结构的研究中,他们都采用了技术取向的思路,当然美国已经于 2000 年由"美国全国教师教育鉴定委员会"颁布了新的 6 项教师标准,但基本上还是遵循了这种研究取向。

---

[1] National Board for Professional Teaching Standard (1994). What Teachers should Know What be able to Do.

　　这种教师素质结构范型虽然涉及的要素比较多,而且似乎操作性也更强一些,但是笔者以为这种技术取向的教师素质研究方法走入了另一个误区,我们以为解决空泛的问题,就是细化指标,殊不知,细化指标仅仅解决了素质的具体所指,而并没有从根本上认清教师职业的性质。教师职业本身是一个创造性的职业,当我们无限制地制定了许多人为规范的时候,教师的生命力其实也在这种规约中不断地萎缩。这正如库姆斯所告诫的:如果我们对教学持所谓科学(主要指行为主义的"科学"态度)的态度,那就必然会给教师规定出各种各样的"能力"或"技能",而且这样的"技能"清单可以无穷无尽地开列下去,这个清单并不能保证教学的质量,而如果以此去评价教学,那就没有一个教师的教学会是成功的。[①] 库姆斯的话可谓一针见血地道破了我们虚妄的幻想,意图用技术的处方,弥补教师素质的空泛,只能使我们在错误的道路上越走越远。

　　尤其在今天,我们进入了一个知识激增的时代,世界的图景瞬息万变,我们永远不可能穷尽未来将会出现什么新的要求,因此我们永远不可能以技术去应对世界的挑战。在这种背景下,人们的视野跨越过"技术"的藩篱,走向智慧的探索。

三、智慧取向的教师素质结构

　　当前,许多人已经明确地意识到 21 世纪,将是一个回归"智慧"的世纪,"转识成智"将成为我们的时代主题,我们将在知识教育的超越中寻求教育的"另一半":智慧的教育,当然智慧的教育必然要求教师的智慧,据此有的学者提出了智慧型教师应该具备的素质结构。具体图示如下[②]:

---

① 施良方. 教学理论:课堂教学的原理、策略与研究[M]. 上海:华东师范大学出版社,1999:429.
② 吴也显. 追寻智慧型教师的整体素质与综合能力——"智慧文化综合能力"解读[J]. 扬州大学学报(高教研究版),2003(9).

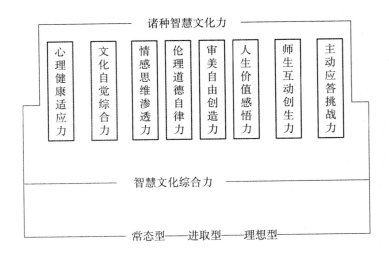

诸种智慧文化力

| 心理健康适应力 | 文化自觉综合力 | 情感思维渗透力 | 伦理道德自律力 | 审美自由创造力 | 人生价值感悟力 | 师生互动创生力 | 主动应答挑战力 |

智慧文化综合力

常态型——进取型——理想型

　　教育的目的不仅仅在于"授知",更在于"成人",教师不是一个"知识的二传手",而是塑造生命的艺术家。教师应该在教育的过程中体验到创造的快乐和职业的尊严感,因此教师的素质应该体现出智慧的特质。

　　我们认为教师的教育智慧是教师在面对具体的教育情境,解决具体的教育问题时,能够自主地、理性地、灵活地选择自己行动方式的内在品质。"他是有敏锐感受、准确判断生成和变动过程中可能出现的新情势和新问题的能力;具有把握教育时机、转化教育矛盾和冲突的机智;具有根据对象实际和面临的情境及时作出决策和选择、调节教育行为的魄力;具有使学生积极投入学校生活,热爱学习和创造,愿意与他人进行心灵对话的魅力。教师的教育智慧使他的工作进入到科学和艺术结合的境界,充分展现出个性的独特风格。教育对于他而言,不仅是一种工作,也是一种享受。"①从这种定位来理解教师素质,我们觉得吴也显先生所设计的素质结构虽然还存在很多问题,但是它比较起前两种研究取向,更能展示"师之为师"的内蕴。这里我们不用担心我们的素质指标全面不全面,具体所指明确不明确,只要教师能在这种素质的要求里,看到

---

① 叶澜. 新世纪教师专业素养初探[J]. 教育研究与实验,1998(1).

创造的可能,感受到职业的尊严,体验到智慧的挑战,明确了前行的方向,我们就可以宣称,这种素质结构的构建是合理的。我们不要因为拘泥于学理的探究,而漠视了真实实践的声音,学理的探究是必要的,但不是唯一的,因为学者常犯的一个错误是用"逻辑的实践代替实践的逻辑"。

目前有关教师素质结构的研究,仍然在向纵深发展,教师素质结构的探讨呈现出百家争鸣的局面,多种研究取向并举,这是一个很好的现象,但是,不管我们持有哪种研究取向,有一点我们觉得是需要大家慎重的:在教师素质结构构建的过程中,我们应该多做"减法"而不是"加法"。

第一章

教师教育智慧生成的价值辩护

第一节　何谓教师的教育智慧

随着理论研究的制度化与规范化,有关教师的研究越来越多,越来越深入,但是我们蓦然发觉,我们离真实的教师越来越远,"教师"这个充满亲和力的词汇,披上了学术的外衣,一下子变得神秘起来,变得令人困惑起来。"怎样才能成为一个合格的教师,教师到底应该具备什么素质"成为理论研究者和第一线教师共同追问的话题。当前的理论研究必须对这一问题,给出一个明确的答复。

进入 21 世纪后,一个新的词汇——教师教育智慧,成了理论界人士关注的一个主题。我们隐约地感觉到这个充满诗意的概念,必将给教师研究带来一些新的变化,它抛却了教育研究的技术化品质,开始向真实的教育世界回归。

教育的本质是育人,是要把人的潜能尽最大可能地发掘出来。它不应该是一个容器,仅仅把许多知识硬塞进学生的头脑之中,它应该是一个火把,点燃学生求知的欲望,但是长期以来由于我们对教育理解的偏差,知识的获取成了最终的目的,而人的智慧的生成成了"被遗忘的角落",结果导致"知识仅仅成了谋生的手段,知识增长伴随着对价值的漠视,也伴随着心灵的贫困和心胸的狭窄"。[1] 这已经背离了教育的真义,哲学家雅斯贝尔斯早就说过,"教育是人的灵魂的教育,而非理性知识和认识的堆积。……如果人要想从感性生活转入精神生活,那他就必须学习和获知,但就爱智慧和寻找精神之根而言,所有的学习和知识对他来说却是次要的"。[2]

教师教育智慧这个概念的提出,使我们又一次触摸到教育的灵魂,它能使教师不为物役,诗意地栖居;它能使教师体验到为师的尊严与幸福,它能使学生体验到成长的

---

[1] 陆有铨. 躁动的百年[M]. 济南:山东教育出版社,1997:173.
[2] [德]雅斯贝尔斯. 什么是教育[M]. 邹进,译. 北京:生活·读书·新知三联书店,1991:4.

"烦恼"与快乐;它能使我们的教育"理直气壮"地拥有自己的"领地"。但是何为教师教育智慧呢?我们今天所谈的教育智慧,与我们的古代先哲孔子、苏格拉底、柏拉图、毕达格拉斯……所倡导的智慧教育,是不是取向一致呢?让我们一起来考察一下当前我们对教师教育智慧的理解。

有的学者认为"教育智慧是教师具有的教育理念、教育意识、教学能力、教学艺术等所达到的教育境界。在任何一种以培养人为目的的活动中,都存在着某种智慧。哪里有教育,哪里就有教育智慧,课堂教学过程更是集中体现着教育智慧的地方,比如课堂教学如何能够在有限的时空中让学生得到更多的启迪和智慧,素质和能力如何得到提高等。凡是被实践证明的行之有效、先进的教育思想、理念、方法和模式,均可称为教育智慧"。[①] 也有的学者认为,"教师的教育智慧集中表现在教育、教学实践中:他是有敏锐感受、准确判断生成和变动过程中可能出现的新情势和新问题的能力;具有把握教育时机、转化教育矛盾和冲突的机智;具有根据对象实际和面临的情境及时作出决策和选择、调节教育行为的魄力;具有使学生积极投入学校生活,热爱学习和创造,愿意与他人进行心灵对话的魅力。教师的教育智慧使他的工作进入到科学和艺术结合的境界,充分展现出个性的独特风格。教育对于他而言,不仅是一种工作,也是一种享受"。[②]

这种对教育智慧的界定方法,肯定了教师在教育过程中的主体性和创造性,阐明了教师教育智慧的表现特征,但是他们共有的一个局限是,把教育智慧设定为一种境界。它背后的潜台词就是只有少数人才能够拥有教育智慧,对于大多数教师来讲那可能是一辈子都不可能企及的一个梦想。如果这样理解教师的教育智慧,那么教育智慧的研究很可能成为一种教育的乌托邦。因为我们不能把改变教育现状的希望仅仅寄托在少数人的手里,杜威曾经说过:教师中的天才像其他职业者一样,不可多得,教育目前是并且将来也是托付于平凡人的手上。对于这些研究者,我们可以发问:你们何

① 李巧林,梁保国.论教师的教育智慧[J].合肥工业大学学报(社会科学版),2004(3).
② 叶澜.新世纪教师专业素养初探[J].教育研究与实验,1998(1).

时才能从"天上"下降到凡人所处的土地上来,以面对现实和未来? 更重要的是,在向教师提出种种要求时,是否使他们受到应有的训练和为他们提供必要的条件。① 正是基于这种考虑,我们认为教师的教育智慧是指在具体的情境中,教师自主、理性、机智的选择自己的行动方式的内在品质。把教育智慧界定为一种境界的前提是教育智慧只能成为少数人的专利,而把教育智慧界定为一种内在品质,则暗示了每一个人都有权利去追求智慧的教育。智慧不可能占有,只可能追求,教师教育智慧的生成,不是提供一种范式,帮助教师拥有智慧,而是对教师发出一种邀请、一种召唤,鼓励教师追求智慧的教育。事实的情况也确实如此,我们在日常的教育实践中,时常会发现,教师在处理一些教育问题时,他们的一些做法本身就蕴含着智慧的火花。只不过这时,教师的智慧往往体现为一种经验状态、自发状态,我们研究教师的教育智慧生成的意图就是使这种教师的智慧从自发走向自觉,从经验走向理性。

第二节　我们的教师缺乏教育智慧吗

当我们把教师的教育智慧界定为一种内在品质的时候,当我们把经验作为智慧生成的源泉的时候,当我们把教育智慧作为任何一个教师都可能拥有的特质的时候,另一个相关的问题就凸现出来,我们的教师缺乏教育智慧吗?

要回答这个问题,我们觉得有必要先厘清智慧与知识,智慧与能力,智慧与经验,智慧与素质的关系。因为一个不能否认的事实是,我们必须承认我们的教师拥有知识、拥有能力、拥有经验、拥有素质。可是当我们拥有这些东西的时候,我们是否就拥有智慧呢? 下面我们就意图通过辨析这几者的关系来考察一下我们的教师是否缺乏教育智慧。

---

① 张人杰. 中外教育比较史纲·现代卷[M]. 济南:山东教育出版社,2001:591.

首先，智慧不是知识，但智慧需要知识。"智慧根源于知识，但知识不应掩埋智慧，知识需要创生智慧。智慧的教育往往就潜藏在知识教育的背景里，潜伏在知识海洋的深处，一旦时机成熟，它将会放射出耀眼夺目的光辉来！"①"缺少智慧的知识只能是肤浅和平庸的知识，缺少智慧的教育只能是跛足和平庸的教育。"②反观教育实践，我们恰恰割裂了知识与智慧的内在联系，我们的教师拥有很多知识，但是在教育实践中，却很难把知识生成智慧。智慧来源于知识，也并不意味着一个人拥有了许多的知识，就会自然而然地达成智慧，"转识成智"需要许多中间环节和各种环境保障，教师的意识、信念、理论素养等在其中起着重要作用，其中最为重要的是教师的行动，教师正是通过自己的教学行动与反思将各种知识进行"内化"与"活化"从而生成智慧，正是在这种意义上，我们认为智慧是化知识为生活能力、化知识为人生价值、化知识为教学艺术的基本品质。

其次，智慧不是能力，但智慧内蕴着能力。在日常的教育场景中，我们常常会发现有一些教师在面对突发性教育事件的时候，往往能够举重若轻，用高超的教育艺术化解矛盾，解决冲突，达到很好的教育效果。我们这时可以说这些教师具有教育智慧，也可以说，这些教师解决教育问题的能力很强。但是据此我们并不能得出一个结论，智慧和能力是划等号的。我们承认有智慧的教师肯定是一个有能力的教师，可是一个有能力的教师就一定是个有智慧的教师吗？能力是一个心理学的词汇，它指涉的是一种客观拥有，是一种"物之术"的技巧，智慧是一个具有伦理学意蕴的词汇，它更倾向于一种主观诉求，它对一个教师的品行有比较高的要求，它体现了一种"人之思"的品质，它的核心是"爱与尊重"。从能力向智慧的转换的前提，需要教师"心中有人"、"行中有德"。

再次，智慧不是经验，但智慧包含着经验。无庸置疑，智慧不是一种先验性的"存在"，高深玄虚，神秘莫测，那样它会因缺少现实的指向，而成为一件美丽却不适用的饰

---

① 靖国平.教育的智慧性格——兼论当代知识教育的文革[D].武汉：华中师范大学，2002：5.
② 靖国平.教育的智慧性格——兼论当代知识教育的文革[D].武汉：华中师范大学，2002：4.

品,同样智慧不是经验的简单堆积,那样它将失去理性的色彩,而成为俯拾皆是的垃圾。教师教育智慧的生成,来自于对生活的真切感悟,来自于对经验的理性反思,它是教师不断地检视自己教学理念和教学行为的过程中自我理论素养的发展的结果,经验是智慧生成的源泉。杜威对这一问题曾有精辟的论述,"一盎司经验之所以胜过一吨理论,只是因为只有在经验中,任何理论才具有充满活力和可以证实的意义。一种经验,一种非常微薄的经验,能够产生和包含任何分量的理论(或理智的内容),但是离开经验,甚至不能肯定被理解为理论"。① 杜威的论述虽然直接指涉的是经验与理论的关系,我们认为这种关系同样适合经验与智慧的描述,经验与智慧虽然不尽相同,但他们是一对不可分割的孪生兄弟。

最后,智慧不是素质,但智慧是素质的一种体现。《辞海》对素质的解释有三种含义。一是人或事物在某些方面的本来特点和原有基础;二是人们在实践中增长的修养;三是指人的先天的解剖生理特点,主要是感觉器官和神经系统方面的特点,是人发展的生理条件,但不能决定人的心理内容和发展水平。某些素质上的缺陷可以通过实践和学习获得不同程度的补偿。②《辞海》的解释告诉我们,素质首先是人的一种自然禀赋,但是素质的提升与完善却是后天实践和教育的结果。与素质的特性一样,我们承认智慧人人都有,可智慧潜能的发展,也离不开教育功能的发挥,一个有智慧的人除了要有较高的技能、能力和丰富的知识条件外,还需要有更好的心理、情感和道德素质。素质是智慧生成的基点与保障,没有综合素质的全面提高,就难以开发人的潜在智慧,反过来,智慧是素质的表征与载体,是创新精神和创新能力的基础和动力源泉。没有智慧的灵性与神韵,素质就只是一个缺乏生命意义的生理学词汇。

通过概念的阐释与辨析,我们进一步明确了作为一种内在品质的教育智慧,我们一线教师并不缺乏,但是目前我们所拥有的只是智慧的因子,真实的教育要求我们教师要在日常的教育实践中不断地提升我们的智慧水平。智慧生成依然是我们必须面

---

① [美]杜威. 民主主义与教育[M]. 王承绪,译. 北京:人民教育出版社,2001:158.
② 夏征农主编. 辞海[M]. 上海:上海辞书出版社,2002:1607.

对的一个时代主题。

第三节　为什么要强调教师教育智慧的生成

　　既然教育智慧是教育的应有之义,为什么我们还要在今天特别强调教师教育智慧的生成呢?我觉得这是时代命题,而不是一个理论命题。当前新一轮基础课程改革已经全面展开,它在理念上凸显"以人的发展为本",关注学生生命价值的提升。但是反观我们的教育实践,我们发现,种种迹象告诉我们,当现代教育大踏步地向现代科学迈进的时候,当我们面对信息洪流而成为一个虔诚的"知识信徒"的时候,我们离智慧的教育却越来越远。而这一切改变的前提取决于我们的教师是不是具有教育智慧,因此,教师智慧生成依然是一个紧迫的时代课题。具体来讲主要体现为以下几个方面。

　　第一,课堂教学现状:重知识,轻智慧;重纪律,轻自由。在论述这一问题的时候,笔者首先表明自己的立场,无论在什么时候我们都不能否认或轻视知识的重要作用。教育的最终目的是促进人的发展,但人的发展不是无源之水、无本之木,它需要一定的载体,这个载体就是知识,即人的发展要通过知识的学习与获取来实现。我们传统教育的一个误区是把知识的学习当作唯一或最终目的,而把人的发展放在一个次要的位置上,这自然会导致许多教育问题的出现。因为在人的发展过程中,除了知识获取,还有更重要的任务就是智慧的生成。教育说到底是一个育人的过程,它需要关注人,关注人的主动性。教育不是一件"告诉"和被告知的事情,而是一个主动和建设性的过程,也就是说,课堂教学不仅仅是通过机械的手段,让学生死记硬背,生吞活剥地去背诵和记忆许多概念、原理和知识点,而是让学生在课堂上体验到成长的快乐与幸福。这个道理几乎在理论上无人不承认,而在实践中又无人不违反。我们老师都走过高中的岁月,我们对那段岁月都有着切肤之痛,但是,当我们成了老师以后,我们淡忘了往日的伤疤,我们又开始把自己当年的痛苦转嫁到学生头上,逼迫学生日复一日的在书海中苦读、记诵。当然我们的教师都有苦衷，可是这是剥夺孩子童年幸福的理由吗？难道我们真的别无选择吗？如此的教育，只能把原本生动活泼、充满灵性的学生塑造成记诵和模仿的机器。假如教育只有记忆而无怀疑，它能说是智慧的教育吗！

此外，在我们真实的课堂教学实践中，我们比较看重课堂纪律的控制，而对学生的自由不屑一顾，当我们的学生在小时候，他们最具有自由精神的时候，我们想方设法用各种手段把他们纳入我们所谓的规范之中，而当他们长大的时候，他们最需要自由精神的时候，他们的能动性却被泯灭殆尽。试想一个连自由都没有的课堂，怎么能孕育智慧的教育。假如教育缺失了智慧的灵韵，又怎么能让课堂教学焕发生命活力。

第二，观念形成的过程：内生的而非外部强加的。课程改革的成功与否在很大程度上取决于教师能否认可和理解新课改的理念以及是否有能力胜任新课改所提的要求和任务。但是反观我们的课程改革，我们却发现，虽然我们一直强调教师应该转变理念，但现实的效果并不理想。为什么？我发现一个根本的问题是走错了道路，在课程改革过程中，我们专家根据自己的理解，设定了一套教育理念，然后希望通过培训等方式，让教师接受并运用这套理念。殊不知，观念形态的东西是不可能从一个人告知另一个人的，通过听报告、受培训等手段，教师也可能明白专家的意图是什么，但是由于外在的观念并没有和教师已有的经验结合起来，而且也没有提供可操作的教学模式和策略，并不能让教师真正从心里面接受它，即使接受了也不一定在自己的实践中去运用它。正是因为这种原因的存在，导致了新的课程改革很难推进，甚至出现新瓶装旧酒的情况。事实上，我们都忽略了一个重要的事实，其实，每一个教师都有一套自己独具特色的教育理论（教育智慧），只不过这种理论它是处于经验状态，如果我们能通过一定方式和策略，能够促使教师自觉地反思自己的教学经验，使他逐渐走向理性和自觉，那么不但能有效地促进教师发展，教师的观念转变也就顺其自然地发生。对于这一问题杜威早有预见，他曾说，"思想、观念不可能以观念的形式从一个人传给另一个人。当一个人把观念告诉别人时，对听到的人来说，不再是观念，而是另一个已知的事实。这种思想交流也许能刺激别人，使他认清问题所在，提出一个类似的观念；也可能使听到的人窒息他理智的兴趣，压制他开始思维的努力。但是，他直接得到的总不能是一个观念。只有当他亲身考虑问题的种种条件,寻求解决问题的方法时,才算真正在思维"。①

其实,任何教师的教学,不管其是否意识到,背后都有一定的教育观念在作支撑,只不过这种观念是处在一种无意识状态,教育教育智慧生成主要是指我们要创造一定的条件,使教师的这种观念,由自发走向自觉,由经验走向理性。

第三,教师成长的需要。没有反思的经验是狭隘的经验,至多只能成为肤浅的知识,如果教师仅仅满足于获得的经验而不能对经验进行深入地思考,那么他的教学水平的发展将大受限制,甚至会有所滑坡。为此波斯纳提出了一个教师成长公式,"经验＋反思＝成长",即教师的成长不仅仅体现在教学中经验的增长,更体现在反思经验的过程中理论的提升。波斯纳的理论暗示我们,教师不仅仅是理论的践行者,更是真理的言说者,教师也要搞研究,但教师要研究什么？是外在于自己的理论,还是自己的实践经验。为什么要研究？是为了标榜自己的学识,还是改进自己的行动。我们以为对于教师而言,不要把"研究"看作是赶时髦,动辄"宏大问题"、"热点探析",俨然把自己定位为一个理论研究者,也不要对"研究"望而生畏,心生反感,觉得研究是"坐而论道"、"闭门造车",教师的研究就是要讲述自己的教育故事,在事件的叙述中开启智慧之门,使日常的教学经验彰显理性的品格。从这种意义上说,智慧的生成不是外加之物,而是教师的应有之义,因为教育智慧既指向于行动也指向于理性。

第四节　教师需要什么样的教育智慧

我们强调教师教育智慧的生成,决不是停滞或满足于教师在日常教学实践中形成的一些零散的、个性化的感受与体验。如果这样的话,智慧生成就没有探讨的必要了。

① ［美］杜威.民主主义与教育［M］.王承绪,译.北京:人民教育出版社,2001:175.

我们认为教师的教育智慧是有层次的,一般来讲,教育智慧有三种形态,即经验智慧、理性智慧以及实践智慧。经验智慧主要是指我们每一个教师在实践中形成的独特的教学观念,当我们进行课堂观察的时候,我们就会发现一个有意思的现象,不同的老师在处理同样一篇文章的时候,往往会采用不同的策略与方法,体现不同的教学风格,为什么? 事实上,教师的这种选择背后反映了我们一直忽略的事实,其实每一个教师都有一套独特的教育理论,而且这种理论具有非常个人化的特征,我们把教师的这种特质,称之为教师个人实践或是教育智慧。它是非常宝贵的教育资源,它可能是教师发展最切实的保障,但是,我们不得不承认,教师的这种教育智慧,仅仅属于一种经验智慧,它仅仅停留在自发和经验层次,教师在教学的过程中可能会不自觉地运用和实践它,但是教师却不知道他们为什么这样去运用,这种选择背后到底体现了一种怎样的理论支撑。或许也正是这种现象的存在,所以建国 60 多年来,我们拥有无数的优秀教师,我们的教师拥有很好的教学经验,但是我们一直没有产生出像苏联的苏霍姆林斯基式的教育大家,这不能不说是一件非常遗憾的事情。

今天,教师教育智慧生成已经成为一个时代主题,我们开始考虑如何在教师已有的经验智慧的基础上,进一步引导和发掘,使其走向理性智慧、实践智慧。如果说经验智慧关注的是"如何"的问题,理性智慧则更多的指向于"应当"的探究,它为经验智慧提供一种价值取向和合理性论证。具体到教师教育智慧生成而言,我们首先要明确一个立场,教师理性智慧的形成,不是从一个预定的理论出发,提供一套规范,设计一种蓝图,强行使教师理解、认可和接受它。我们以往的经验已经告诉我们,这套做法收效甚微,当我们以纯粹的理性的形而上而自鸣得意的时候,我们其实已经规约和简化了教育智慧的丰富内涵,而走向了智慧的反面。正确的做法是我们在尊重教师经验智慧的基础上,剔除经验的琐碎与繁冗,挖掘和发现其内含的理性意蕴,引导教师自己去理解自己教育行为背后的价值理念和思维方式,真正做到"知其然",更"知其所以然"。

理性智慧是我们追求的价值标尺,却不是智慧生成的最终目的,教育智慧生成的旨趣,不仅仅是去造就另一个理论家群体,而是要更好地改进实践。我们都知道教学实践是一个情境性名词,它具有复杂性和不完全预期性的特征,它对教师的教育智慧是一种挑战。这里所指涉的智慧，更多的是强调教师的实践智慧。实践智慧是一种比理性智慧更高级的智慧①，它是指教师面对复杂的教育情境，能够运用教育艺术与教育机智，化解矛盾，解决冲突，营造一种和谐的教育氛围。教师的实践智慧是"潜藏于教师个体生命之中，又在具体的教育教学实践中体现和发展的一种独具个人魅力的特质。它依附于教师个体，依赖于教师的独创性，又在实践中不断形成并创生着强大的教育力。每一次个体理论知识的增长，每一点教师实践经验的丰富，都伴随着能力素养的量的积累和质的突破。教师的教育智慧就是在个体的教育理念和教育实践的撞击中实现着动态的发展。对教育时机一次次恰到好处的把握，对教育难题一回回妙趣横生的讲解，对教育危机一处处有惊无险的应对，使教师不断地实现着教育艺术的精进，也实现着对教师自我生命的超越"。②

教师实践智慧的发挥，能够使教育的意蕴更加丰盈，能够使教育活动更加充满魅力。事实上，最初的教育就是诗性的，当夸美纽斯宣称，"教育是把一切知识交给一切人的艺术"的时候，当怀特海一再强调"教育要遵循节律性原理"的时候，教育是充满灵性和睿智的活动，只不过后来随着教育科学化的历程，我们用知识取代了智慧，用技术抑制了激情，教育在逐渐走向规范的同时，也越来越干瘪和无趣了，教师也逐渐蜕化为一个教育流程的"操作工人"，智慧的教育成了一个遥远的绝响。实践智慧的提出，使我们又一次如此地接近教育的真谛。

---

① 叶澜先生的观点，杨启亮先生也对这一观点深表认同。
② 彭娟. 教育智慧：为人师者的永恒追求——一则教育案例引发的思考[J]. 江西教育科研，2003(5).

第二章

教师教育智慧生成的国际视野

第一节　教育机智——范梅南的教育智慧

一、范梅南及其现象学教育学简介

马克斯·范梅南(Max van Manen),加拿大阿尔伯塔大学教育学教授、课程与教学研究院主任、国际质性方法学研究院高级研究员。作为世界著名教育学专家、教育哲学家、课程论专家,范梅南教授是"现象学教育学"的开创者之一,并担任世界第一本目前也是唯一的一本《现象学教育学》杂志的主编。同时他也是北美和欧洲六种教育与人文科学研究国际学术杂志的顾问和国际编委。

范梅南是当代现象学教育学最主要的代表人物。现象学教育学是在现象学运动的影响下出现的。自 20 世纪初德国哲学家胡塞尔开创现象学以来,由现象学以"回到实事本身"的态度和方法,将众多哲学家,如海德格尔、梅洛·庞蒂、萨特、伽达默尔等联合在一起,形成西方 20 世纪最重要的哲学运动之———现象学运动。现象学运动的效应跨越哲学界,广泛影响了其他人文、社会学科的问题提出和方法操作。

现象学教育学最早出现在欧洲大陆,它的源头是德国的精神科学教育学。[1] 德国的克里克较早把胡塞尔现象学的本质分析方法引入教育领域,梅塞尔曾将克里克的教育学称之为"现象学的教育学"。[2] 20 世纪 40—70 年代,"现象学教育学"这一术语在西欧教育思想领域被逐渐采用。荷兰的现象学教育学由以兰格威尔德为首的乌特勒支学院的成员们创立。20 世纪 70 年代以后,现象学教育学在加拿大得到很大发展。加拿大的阿尔伯塔大学成为现象学教育学的中心。此外,在美国,现象学教育学在杜

---

① 朱光明,陈向明. 理解教育现象学的研究方法[J]. 外国教育研究,2006(11).
② 宁虹,钟娅妮. 现象学教育学探析[J]. 教育研究,2002(8).

奎斯恩大学也有所发展。加拿大阿尔伯塔大学和美国杜奎斯恩大学的现象学研究都源自于荷兰的乌特勒支学派。

现象学教育学以现象学作为理论基础，开创了教育学研究的新领域，现象学教育学研究已经成为教育学研究的新的理论增长点。现象学教育学研究完成了教育学研究领域由认识论到本体论的转变，它关注教育的生活世界、关注真实的教育实践，充分体现了西方教育学研究由"探究普适性的教育规律"向"寻求情境化的教育意义"的发展趋向。范梅南是北美现象学教育学的主要代表人物，他的现象学教育学思想有着深厚的哲学基础，内容丰富、深刻、独特，他的研究成果代表了当今世界现象学教育学研究的最高水平。作为当代现象学教育学研究的领军人物和著名教育学家，范梅南与许多其他西方教育学研究者的不同在于，他高度评价中国的教育传统，并且他的现象学教育学思想中的理论主张与我国的传统教育思想中的观点存在许多耦合之处。研究范梅南的现象学教育学思想，不仅可以为我国教育学研究者提供直接的理论参考、借鉴，更为重要的是，还能够为我国当下教育学研究中的诸多问题提供新的解决思路。

范梅南的教育智慧思想构成了其现象学教育学思想的主要内容，从某种意义上说，范梅南在其教育智慧思想中集中地表达了他的现象学教育学思想，教育智慧思想是其全部现象学教育学思想的落脚点。一方面，范梅南的教育智慧思想较为系统地回答了"教育智慧的涵义"、"教育智慧的内在构成"和"教育智慧的生成途径"等一系列教育智慧的基本问题；另一方面，他的教育智慧思想研究教育智慧但并不仅仅局限于研究教育智慧，还研究了诸如教育反思、师生关系等教育学研究中的热点问题和基础问题，并提出了具有原创性的观点。

二、范梅南教育智慧思想的形成

（一）生活体验研究方法论的运用

1. 胡塞尔的现象学方法

现象学是现代西方哲学最重要的哲学思潮之一。什么是现象学？胡塞尔在 1907

年对现象学下了一个定义："现象学：它标志着一门科学，一种诸科学学科之间的联系；但现象学同时并首先标志着一种方法和思维态度：特殊的哲学思维态度和特殊的哲学方法。"①从胡塞尔的定义中我们可以划分出现象学概念的两种含义："作为方法的现象学"和"作为哲学的现象学"。现象学主要是作为一种方法传播的，作为看待事情的方法的现象学广泛影响了"心理学、病理学、美学、文学、艺术论、社会哲学、法哲学、神学、宗教理论、教育学、逻辑学、数学、自然科学，甚至经济学等学科的问题提出和方法操作"。②

胡塞尔的现象学方法是用来为解决现象学问题服务的。现象学的基本方法是现象学还原，包括本质还原方法和先验还原方法。现象学还原的第一层含义是中止判断（epoche，也译为"悬置"），它是本质还原和先验还原的必要环节，与本质还原和先验还原密不可分。中止判断是"对给予的东西是否存在暂不表态"，目的在于"用于帮助寻找可靠的开端"，并且"防止循环论证，在反省问题过程中重新运用间接知识"。③ 中止判断只是还原的第一步，现象学还原还要"进一步使得一切被认识者只作为显现者显现出来"。④ 还原去掉的只是关于对象事先设定的存在性，因此，还原后的对象更为丰富。

（1）本质还原方法

本质还原又名本质直觉、本质直观。本质还原方法的基本原则是"面向实事本身"。在此"实事"不是指物理事物，而是指"纯粹现象"或"意识活动"。本质还原方法包括两个步骤："中止判断；在对个别东西的直观的基础上使其共相清楚地呈现在我们意识面前。"⑤

本质还原方法旨在获得认识对象的本质，只要求部分的中止判断，即把有关对

---

① 倪梁康. 现象学及其效应——胡塞尔与当代德国哲学[M]. 北京：生活·读书·新知三联书店,1994:35.
② 倪梁康. 现象学及其效应——胡塞尔与当代德国哲学[M]. 北京：生活·读书·新知三联书店,1994:6.
③ 刘放桐,等. 新编现代西方哲学[M]. 北京：人民出版社,2000:315.
④ 张祥龙. 朝向事情本身——现象学导论七讲[M]. 北京：团结出版社,2003:54.
⑤ 刘放桐,等. 新编现代西方哲学[M]. 北京：人民出版社,2000:316.

象存在的信念"加括号"。通过中止判断,我们的目光集中于什么是事物向我们直接显现的方面,即我们达到纯粹现象。在这一基础上进行第二个步骤:在对个别东西的直观的基础上使其共相(即事物的普遍的本质)清楚地呈现在我们的意识面前。

(2) 先验还原方法

先验还原方法用以解决"科学认识何以可能"的问题。胡塞尔在康德哲学基础上使用"先验"一词。康德给予"先验"以新的含义,认为在研究存有者及其规定性之前必须研究认识如何可能的问题。"先验"不是表示研究认识的对象,而是研究对象的认识方式,并且这种研究必须以一种不依赖于经验的、先天的方式进行。① 所以,先验还原方法需要彻底的中止判断,不仅要求把有关一切认识对象存在的信念"加括号",而且要求把有关认识主体存在的信念"加括号"。

先验还原方法如何进行的呢? 胡塞尔认为,"在进行任何智性的体验和任何一般体验的同时,它们可以被当作一种纯粹的直观和把握的对象,并且在这种直观之中,它是绝对的被给予性"。② 可以看出,任何体验活动都有一个自构结构:在体验发生的同时,这个体验本身可以被当作是一种纯粹直观所把握的对象,在体验的同时又对体验进行直观。在这里,体验和体验到的东西都具有一种自明性。胡塞尔自认为从这里找到了科学认识的可靠起点。

2. 范梅南的生活体验研究方法论及其运用

在 20 世纪 70 年代,北美的教育研究取向主要是"实证主义和技术主义的",它们排斥形而上学的哲学思辨,执着地向自然科学的研究规范靠拢。范梅南认为,实证主义和技术主义的教育研究取向远离教育实践,一味地追求教育中的"规律"、"模型"和"因果关系",背离了教育学的精神。在这些研究中,"很多本该是有趣的文章,而且题目听起来也非常有意思,但内容却往往并不像所期望的那样丰富。这些文章很少关注

---

① 刘放桐,等. 新编现代西方哲学[M]. 北京:人民出版社,2000:316.
② 转引自:张祥龙. 朝向事情本身——现象学导论七讲[M]. 北京:团结出版社,2003:43.

人文方面的事情，相反的是，它们迷恋于方法的谨慎、测量和统计分析。当你拿起其中一篇文章开始看时，就好像事先被允诺可以得到一枚新鲜的李子，而结果却只得到一个李子干一样。由于谨慎和严密，汁液反而跑掉了"。①

虽然范梅南青年时代就开始阅读现象学著作，但直到 20 世纪 70 年代初他来到加拿大阿尔伯塔大学之后才开始把现象学方法运用于教育学的研究领域。加拿大阿尔伯塔大学（University of Alberta）是西半球现象学教育学研究的中心。在特德·奥凯（Ted Aoki）教授的领导下，"阿尔伯塔大学的现象学已经被制度化"②，不仅在中等教育系已经进行了多项现象学研究，在传统保守的系科里（例如，阿尔伯塔大学的教育心理学系）也可以发现现象学研究。

范梅南到加拿大后，在特德·奥凯教授的鼓励、指导下，范梅南认真梳理了西方社会科学的最新研究成果，并且在其博士论文 Toward a Phenomenology of Instruction 中探索了现象学、批判理论、系统理论对于教育的重要意义③，较早地系统提出了教育研究取向多样化的理论主张。范梅南把社会科学的主要传统分为"经验—分析"科学、"解释学—现象学"科学和批判理论三类，他认为，每一类都"为人类和社会的相关社会理论提供了哲学的框架"，因此，可以把这三大主要传统称为"当代的元科学（meta-science）"。④

范梅南认为，只有通过教育的"元科学"（即教育的哲学理论基础）的思考才能通达

① 转引自：朱光明，陈向明. 理解教育现象学的研究方法［J］. 外国教育研究，2006(11).
　Barritt，L.，Beekman，T.，Bleeker，H. & Mulderij，K.. A Handbook for Phenomenological Research in Education ［M］. Michigan：The University of Michigan，School of Education，1983：5 - 57.
② ［美］威廉·F·派纳，等. 理解课程（上）［M］. 张华，等，译. 北京：教育科学出版社，2003：428.
③ 在 Linking Ways of Knowing to Ways of Being Practical 一文的参考文献里，可以看到范梅南的博士论文题目为 Toward a Phenomenology of Instruction，而《理解课程》一书中文版第 429 页"介绍阿尔伯塔大学中等教育系的博士学位论文题目"部分所列出的范梅南的博士论文题目为 Toward a Cybernetic Phenomenology of Instruction。此处以 Linking Ways of Knowing to Ways of Being Practical 一文的参考文献为准，特此说明。
④ Van Manen，Max. Linking Ways of Knowing with Ways of Being Practicing ［J］. Curriculum Inquiry，1977，6(3).

对教育问题的深刻的理解。然而，"教育领域中的理论家还没有意识到，也没有探索当前哲学的可供选择的方法和范式所能给予教育的重要贡献"。① 在范梅南看来，"经验—分析"科学只是教育三种重要的研究取向之一，除了"经验—分析"科学研究取向之外，至少还存有"解释学—现象学"科学和批判理论这两种重要的研究取向，并且，"在社会研究领域，'经验—分析'科学研究取向正在失去统治地位，逐渐受到批判理论、人种学方法论、认知社会学、新马克思主义、结构主义、解释学、现象学的强有力的挑战"。② 实际上，上述教育研究取向的划分并不是范梅南的发明创造，它是西方教育理论研究两个传统——即大陆学派(the Continental School)传统和盎格鲁—撒克逊学派(the Anglo-Saxon School)传统——的历史演变的时代体现。在 Radnitzky 看来，"解释学—现象学"科学和批判理论这两种研究取向属于大陆学派传统，而"经验—分析"科学研究取向属于盎格鲁—撒克逊学派传统。③

在范梅南运用"现象学方法"于教育学研究的过程中，除了受到阿尔伯塔大学的特德·奥凯教授和他领导的现象学教育学研究团队的影响之外，荷兰乌特勒支大学(University of Utrecht)的著名教育学家兰格威尔德(Martinus Jan Langeveld)也起了重要的作用。现象学教育学最初源于荷兰和德国，荷兰乌特勒支大学是荷兰现象学教育学的发源地。乌特勒支大学的众多学者、专家从事现象学教育学研究，形成了大量的研究成果，被后来的研究者称为乌特勒支学派。兰格威尔德（1905—1980 年）是荷兰乌特勒支学派创始人之一，并且被认为是"迄今为止，最重要和最有影响的现象学教育学家"，仅在 1945—1974 年的 30 年间，他的主要代表作《简明理论教育学》(*Concise Theoretical Pedagogy*)一书在荷兰和德国共被印刷达 15 次之多。兰格威尔德在学生

---

① Van Manen，Max. An Exploration of Alternative Research Orientations in Social Education [J]. *Theory and Research in Social Education*. 1975,3(1).

② Van Manen，Max. An Exploration of Alternative Research Orientations in Social Education [J]. *Theory and Research in Social Education*. 1975,3(1). 需要说明的是，在范梅南这里，"现象学—解释学"与"现象学"两个术语指的都是广义上的现象学，而不是狭义上的胡塞尔的现象学，其内涵相同。

③ Van Manen，Max. An Exploration of Alternative Research Orientations in Social Education [J]. *Theory and Research in Social Education*，1975,3(1).

时代受到胡塞尔的直接影响,听过胡塞尔的演讲。① 后来,兰格威尔德"在教育学研究中接受了现象学方法,但拒斥了现象学的哲学的目的"。兰格威尔德说,"我们追随胡塞尔使用'现象学'一词","但我们仅仅在方法的意义上使用'现象学'"。兰格威尔德支持胡塞尔发展一种"生活世界的科学"的工作,他也同意胡塞尔的描述方法理论,但是他不认同胡塞尔建构一种"先验主体性"或"意识的本体论"的努力。兰格威尔德认为,在不破坏现象学方法完整性的情况下,拒绝胡塞尔的先验哲学是可能的。②

　　综上所述,一方面,由于范梅南来到加拿大后不满于教育学研究的实证主义和技术主义研究取向,另一方面,也由于"欧洲的关于教育中的人文科学文献极少注意到它自己的方法论的实践",因此,他"为了发展一种教学和研究程序,致力于探索人文科学工作的方法论因素和实践的方法"。③ 他在前辈学者研究的基础上,把"作为方法的现象学"引入到教育领域中,发展出一种自己的教育研究方法论——生活体验研究方法论。④ 生活体验研究的基本操作程序主要包括:(1)转向对一个深深地吸引我们并使我们与世界相连的现象的关注;(2)调查我们真实经历过的经验而不是我们所抽象的经验;

---

① Van Manen, Max. Phenomenological Pedagogy and the Question of Meaning. In: Donald Vandenberg (editor). *Phenomenology and Educational Discourse* [M]. Durban: Hernemann Higher and Further Education, 1996:46.

② Van Manen, Max. An Experiment in Educational Theorizing: The Utrecht School [J]. *Interchange*, 1978－79,10(1).

③ Van Manen, Max. Can Teaching Be Taught ? or Are Real Teachers Found or Made ? [J]. *Phenomenology ＋ Pedagogy*, 1991(9).

④ 范梅南的 Researching Lived Experience 一书系统地介绍了其现象学教育学研究方法论。国内学者宋广文等把 Researching Lived Experience 一书的书名译为"生活体验研究"是值得商榷的,书名的本义应是"重新寻找生活的体验"。因此,国内许多学者依据宋广文等翻译的书名而把范梅南的教育研究方法称为"生活体验研究方法"也是值得商榷的。范梅南在接受《开放教育研究》杂志记者采访时,把自己发展的方法论称为人文科学研究方法,并且较为详细地说明了他把自己的教育研究方法称作为人文科学研究方法的原因。(详见:李树英.教育现象学:一门新型的教育学——访教育现象学国际大师马克斯·范梅南教授[J].开放教育研究,2005(3).)我们认为,把范梅南的现象学教育学方法论称为"人文科学研究方法"而不是"生活体验研究"更符合其本意。但是,由于我国教育学者已经普遍接受了"生活体验研究"的译名,为了不引起歧义,本研究也把范梅南的现象学教育学方法论称为"生活体验研究"。

（3）反思提示现象特点的根本主题；（4）通过写作和改写的艺术方式来描述这一现象；（5）保持与这一现象的强烈而有目的的教育学关系；（6）通过考虑部分与整体的关系来协调整个研究。①

　　范梅南的教育智慧思想是其运用生活体验研究方法论获得的直接研究成果，也是迄今为止其运用生活体验研究方法论所取得的最重要的研究成果。从时间上来看，范梅南生活体验研究方法论的研究工作肇始于1973—1976年他取得博士学位之后在加拿大安大略（Ontario）教育研究所工作期间，先于教育智慧课题的研究。但是，由于生活体验研究方法论不是一套固定的、程序化的操作步骤，它有着很强的主观性，并且与研究对象密不可分，所以，范梅南的生活体验研究方法论不能脱离研究对象凭空产生，它是在运用于教育智慧课题研究的过程中逐渐走向成熟的。在这一意义上，我们也可以认为，范梅南对生活体验研究方法论的追求与教育智慧课题的研究是同步的。②

　　当我们说范梅南的教育智慧思想是其运用生活体验研究方法论获得的直接研究成果时，我们还需要回答这样一个问题：范梅南为什么把教育智慧作为生活体验研究方法论的首要课题呢？教育智慧问题成为生活体验研究方法论的研究对象是偶然的吗？我们认为，教育智慧问题成为生活体验研究方法论的首要研究对象不是偶然的，而是必然的。生活体验研究方法论以教育者和儿童的生活体验作为起点和研究对象，这就规定了生活体验研究方法论和教育智慧问题之间的天然的、内在的统一。范梅南的生活体验研究方法论具有解释现象学性质，它并不追求关于教育对象的数据、结论，不追求问题的解决，而只是追问一个简单的问题："拥有一种体验意味着什么？"通过这种追问获得对教育问题和生活体验本质的更深刻的理解。它致力于"重新寻找生活的体验"，要求将种种概念化的、理论化的观念括弧起来，从而将生活中儿童先于思考、概

① ［加］马克斯·范梅南.生活体验研究——人文科学视野中的教育学［M］.宋广文，等，译.北京：教育科学出版社，2003：38.
② 笔者研究中发现，范梅南关于生活体验研究方法论和教育智慧的主要论文最初都发表于20世纪80年代中期，这从一个侧面说明了生活体验研究方法论研究和教育智慧研究相得益彰。

括的生活体验凸显出来。而教育者在探寻儿童原初的生活体验的过程中，在对生活体验反思的过程中，教育者获得对生活体验意义的更为深刻的理解，能够增强关于具体教育情境的敏锐的理解力、洞察力和感知力。而范梅南就把这种教育能力称为"教育智慧"或"教育机智"。

（二）对教师教育的时代问题的回应

20 世纪 80 年代前后，教师教育日趋成为关注的焦点和教育改革的中心议题之一。作为一名有着时代责任感的教育学家，范梅南认真思考了教师教育问题，教育智慧思想就是他对这一问题深入研究形成的理论成果。

范梅南认为，任何一种教师教育模式和教师教育理念的提出，都是以一定的哲学假设作为理论基础的，只有对教师教育的哲学基础进行了充分的思考才能准确地表述教师教育的问题。范梅南分析了社会科学领域研究的新进展，梳理出三种主要的哲学传统："经验—分析"（empirical-analytic）哲学、"解释学—现象学"（hermeneutic-phenomenological）哲学和"批判—对话"（critical-dialectical）哲学。[1] 他首先回顾了"经验—分析"哲学支配下的"能力本位"教师教育模式的形成与发展，并对之进行了批判。同时，他从"解释学—现象学"哲学视角出发，提出了"教育智慧居于教师素质的核心"的历史命题，开拓了教师教育研究的新领域。

1. 对"能力本位"教师教育模式的批判

范梅南认为，从 19 世纪开始，北美的教育者已经把自己全部尊敬给予了这样一种承诺："科学成为了人类事务的实际向导。"[2]这里的"科学"是狭义上的，指当时占统治地位的"经验—分析"哲学。在"经验—分析"哲学的支配和影响下，教育研究者信奉在教育活动的背后必然存在着教育规律，教育活动不过是教育规律的确定性与必然性在教育情境中所外显出来的物象。在教育现象之间也必然存在着因果关系，甚至存在着

---

[1] Van Manen，Max. Rebuttal to Larkins' Critique [J]. *Theory and Research in Social Education*，1975，3 (1).

[2] Van Manen，Max. Linking Ways of Knowing with Ways of Being Practicing [J]. *Curriculum Inquiry*，1977，6(3).

一个模型。教育研究就是要找出这个教育现象之后的教育规律或教育模型,以简驭繁,预测未来将要发生的教育现象,制定科学的教育规划。相应地,在教师教育领域,也前提性地设定了存在着一整套绝对的教育理论知识体系,它构成了教师教育能力的基础。教师教育研究的首要任务在于运用严密的科学研究方法探寻教育理论知识,以及教育理论知识中核心的、本质的要素,在此基础上教师的教育能力才能得以建立。

"经验—分析"哲学的实证方法在教育研究领域的运用经历了一个由"确定教什么"到"确定如何教"的过程。20世纪20年代以前,实证的方法被用来进行教育的"内容分析","确定教什么"。到了20世纪20年代后期,随着知识领域的爆炸性增长,教师教育领域关注的重点由教育的"内容分析"逐渐转移到教育的"活动分析",即由"教什么"逐渐转移到"如何更有效地教",寻找"教的方法"。范梅南认为,查特斯在教师教育领域的研究对20世纪中后期教师教育领域的研究产生了深远的影响,成为"能力本位"教师教育观念的先驱。①

此外,20世纪初,在泰罗的科学管理动运动影响下,以提高生产效率为中心的标准化科学管理学说也被引入学校教育中,该学说试图用管理的原则来确定学校"生产"的理想标准,规定教师的必备资格,以及提供教师较细的工作准则,教师的任务即在利用标准化的方法与资源以产生标准的结果。学校成为工厂,"教育专业研究者(主要指大学教师)成为教育学企业家,教育管理者成为所谓的经理,教师和其他一线教育工作者成为只需要实施技术化的官僚制度已经制定好的计划的、可以被替代的工人"。学校教育中高度的技术取向和工业化生产特征束缚了教师能动性、自主性和创造性的发挥。范梅南认为,20世纪早期由于学校教育和教师教育领域追求效率至上,导致了"教师的教育学能力遭受侵蚀和破坏"。②

---

① Van Manen, Max. Linking Ways of Knowing with Ways of Being Practicing [J]. *Curriculum Inquiry*, 1977,6(3).

② Van Manen, Max. Action Research as Theory of the Unique: From Pedagogical Thoughtfulness to Pedagogical Tactfulness. (Draft paper). Presented at the American Educational Research Association, New Orleans, April 1984.

　　20 世纪 70 年代初,范梅南离开荷兰来到加拿大阿尔伯塔大学攻读博士学位。这一时期,以"经验—分析"哲学和行为主义心理学为理论基础的、强调"能力本位"和"成就本位"的教师教育模式在北美依然居于支配地位并有了新的发展样式。美国斯坦福大学教育学院依此创立的微格教学模式就是最典型的例子。这种模式旨在把教师培养成为"技术熟练者",它强调教学技能以及与此相关的其他的行为能力,以此来提高教师工作的有效性。范梅南认为,这种普遍存在于教师教育机构中的客观化、技术化的模式从根本上影响着教师组织课程要素的方式。被培训的教师接受了一套复杂的相互联系的信念、准则、价值等组成的思想体系,这套思想体系"限定"了教师看待学生、课程内容、教学过程、学业成就和评价等的方式。①

　　2. 基于"现象学—解释学"哲学的教育智慧思想

　　基于"经验—分析"哲学的视角,范梅南批评了"能力本位"的教师教育模式,提出了以教育智慧的生成为目的的教师教育新模式。然而,这一教师教育新模式如何确立的呢? 换句话说,"现象学—解释学"哲学如何会促生智慧型教师的新理念? 它与以教育智慧的生成为目的的教师教育新模式有何内在的关联? 这都是我们在探讨范梅南教育智慧的形成时所需要回答的问题。

　　首先,我们认为,"现象学—解释学"哲学对范梅南教育智慧思想产生的影响主要体现在两个方面:哲学方法上的和哲学内容上的。哲学方法上的影响前文已述,此处仅讨论哲学内容上的影响。范梅南教育智慧思想的许多观点都能在"现象学—解释学"哲学的成果中找到理论的渊源。伽达默尔的解释学理论恢复了古希腊亚里士多德的实践哲学传统,并强调人类需要通过拥有实践智慧来成为自己生活的主人,直接启示范梅南把教育智慧作为教师教育生活中的最重要的品质和能力;海德格尔对"烦(Sorge)"的阐述,列维纳斯的"他者"哲学对"关心"的凸显,直接成为范梅南教育智慧思想的理论资源……虽然范梅南强调自己的教育智慧思想是把现象学方法引入教育研究领域所获得的理论成果,但是"现象学—解释学"哲学在内容上的影响也是显而易

---

① Van Manen, Max. The Phenomenology of Pedagogic Observation [J]. *Curriculum Inquiry*, 1979,4(1).

见的,不容忽视的。

其次,范梅南基于"现象学—解释学"哲学的视角,由生活世界理论出发论证了教育实践的复杂性,并得出了教师需要教育智慧,教育智慧居于教育素质的核心的结论。生活世界理论是"现象学—解释学"哲学的主要理论成果之一,范梅南认为,教育中的生活世界即教育情境,教育情境是教育学研究的起点,一切教育实践活动都在教育情境中发生。教育情境是复杂的、真实的、多变的,教师在教育情境中没有反思的空间和时间,教师的教育行动是即刻的、瞬间做出的,教师需要的不是类似于技术的能力,而是教育智慧。

在教育智慧思想的形成过程中,范梅南对"能力本位"教师教育模式和反思型教师的批评遭到了芬斯特马赫(Gary Fenstermacher)的激烈反驳。范梅南认为,舒尔曼(Shulman)、波利纳(Berliner)依然是在"经验—分析"哲学的框架中思考教师教育问题,他们是"理智取向的代表人物"。针对波利纳"教室中的教师在采取行动时和物理学家的认知过程没有什么区别"的观点以及舒尔曼的"教师知识分类"、"教师推理"理论,范梅南指出,舒尔曼和波利纳追求的教师形象能够成为推理方面的专家,但是他们缺乏优秀教学所需要的核心品质。① 芬斯特马赫认为,范梅南忽视了文化和地区差异而仅仅从西欧的文化背景去讨论教师教育问题,对范梅南展开了反批评。② 范梅南撰文回应芬斯特马赫,并继续深化前面提到的学术主张。③ 和芬斯特马赫的辩论一方面促使范梅南教育智慧思想进一步走向成熟,另一方面也扩大了范梅南教育智慧思想的影响。

最后,西欧和北美有着不同的教师教育传统,范梅南在荷兰接受了教师教育,并且

---

① Van Manen, Max. Pedagogy, Virtue, and Narrative Identity in Teaching [J]. *Curriculum Inquiry*, 1994,4(2).

② Fenstermacher, Gary. On the Virtues of Van Manen's Argument: A Response to "Pedagogy, Virtue, and Narrative Identity in Teaching" [J]. *Curriculum Inquiry*, 1994,24(2).

③ Van Manen, Max. The Pain of Science: Rejoining Fenstermacher's Response [J]. *Curriculum Inquiry*, 1977,24(2).

去加拿大之前一直在荷兰生活、学习和工作。"由于欧洲大陆的教育教学研究受理性主义哲学支配,其教育学更多地表现为'人文科学取向'(geisteswissenschaftlich-oriented),所以,尽管作为北美的显学的行为主义心理学曾一度不可避免地传播到欧洲,但是,除了一些热心的支持者从教学技术的角度对之表示赞同以外,许多教育学者则从人文科学的角度予以批评。""在欧洲,行为主义心理学从来就没有像在北美那样取得过主导地位。"①范梅南到加拿大后,亲身感受到了北美和西欧之间不同的教育研究取向,并且敏锐地意识到了"能力本位"教师教育模式存在的缺陷。他认为,这些模式沉溺于学习结果的测量、成就的数量和教育目标的控制,"没有能够解决教育目标的价值和教育体验的品质的问题"。② 一名真正的教师的突出之处是他的"个性"。当许多教育学者从不同角度批评了"能力本位"教师教育模式的缺陷并提出了培养反思型教师的教师教育理念时,范梅南认为"智慧型教师"是教师教育所应追求的教师形象。

三、范梅南教育智慧思想的主要内容

(一) 教育智慧的涵义

教育智慧是什么? 对于这一首先需要回答并且必须作出回答的问题,范梅南并没有直接给出一个高度抽象的、概括的、清晰的定义。在范梅南看来,由于教育智慧自身具有高度的复杂性、模糊性,以及当前教育学话语具有抽象化、理论化特征,对教育智慧作出精确的定义几乎是不可能的。范梅南的教育学研究追求一种迥然不同于传统教育研究的语言,把"事例"(example)作为研究的方法论,因此,他对教育智慧的真知灼见往往蕴含在丰满的、真实的教育故事和故事中富有智慧的教师的言行举止中。通

---

① 张华.课程与教学论[M].上海:上海教育出版社,2000:61—62.
② Van Manen, Max. Linking Ways of Knowing with Ways of Being Practicing [J]. *Curriculum Inquiry*, 1977,6(3).

过对范梅南现象学教育学论著中的教育故事的研读，我们发现，范梅南主要从三个方面对教育智慧的涵义进行阐述。

首先，教育智慧是一种实践智慧，属于亚里士多德哲学思想体系中讨论的实践智慧的范畴。在亚里士多德的哲学思想体系中，人类活动被划分为理论（episteme）、实践（praxis）和创制（teche）三种基本方式。在每一种人类活动中，都有一种与之相匹配的品质和行为的能力。对于理论而言，这种品质是理论智慧或哲学智慧；对于创制而言，是技艺；对于实践而言，便是实践智慧。[①] 20 世纪 80 年代初期，范梅南在 Action Research as Theory of the Unique：From Pedagogical thoughtfulness to Pedagogical Tactfulness 一文中指出，"研究是一种学习"，"不同的研究取向意味着不同的学习方式、获得不同的知识"；"现象学研究是一种富有智慧的学习，通过现象学研究获得的是智慧"，它不同于源自于"生活实践的追求技艺的学习"，也不同于源自于"纯粹理论的追求准则的学习"。显而易见，范梅南关于三种教育学研究活动的划分参照了亚里士多德哲学思想体系中关于人类活动的分类，不同教育学研究活动获得的能力也与亚里士多德阐述的能力相对应。20 世纪 90 年代中期，范梅南又特别强调，由于教育实践"看上去在一些重要的方面不同于许多其他的专业实践"，所以，"教育智慧与人类生活其他领域中实践者的实践智慧有着显著不同"。[②]

其次，教育智慧是一种特殊的知识，这种知识"既源自于心灵也源自于头脑"。[③] 范梅南理解的"特殊的知识"是现象学知识，它突破了西方传统认识论框架内的"知识"的概念。在范梅南看来，知识不是储存于头脑中的信息或写在纸上的单词，不是外在于我们的、可以从外部拥有的东西，知识存在于单词和语言的"背后"。当我们问"现象学的知识是什么？在哪儿可以找到它？"之类的问题时，已经预设了知识是外在的客观存在，这种提问方式本身就把人们引入歧途。从现象学的视角出发，理

---

① 王南湜. 辩证法与实践智慧[J]. 哲学动态，2005(4).

② Van Manen，Max. Pedagogy，Virtue，and Narrative Identity in Teaching [J]. *Curriculum Inquiry*，1994,4(2).

③ Van Manen，Max. *The tone of teaching* [M]. London Ont：The Althouse Press，2002：9.

解知识需要"回到生活世界中,在那儿,知识通过我们的生活体验得以表达"。① 教育智慧是一种内在于身体的知识(embodied knowledge),是教师"作为人的在世界上的存在"。②

　　另外,我们在研究中发现一个往往不为人们所注意的变化:为了避免人们把作为特殊知识的教育智慧误解为可以通过学习掌握的类似于技术的知识,范梅南前后期分别用不同的词语表述"教育智慧"。1983 年之前,范梅南用"pedagogical wisdom"表述教育智慧,1983 年之后,范梅南用"pedagogical thoughtfulness"表述教育智慧。汉语言语境中的教育智慧一词的英文既可译为"pedagogical thoughtfulness",也可译为"pedagogical wisdom"。"pedagogical wisdom"和"pedagogical thoughtfulness"是意义相近的词组,为什么范梅南要进行改用? 李树英认为,主要有两个原因:一是范梅南受到德国教育家 Jacob Muth 于 1982 年出版的 *Padagogischer Takt* 一书的影响;二是范梅南后来发现,当别人去理解"pedagogical wisdom"的时候,容易把它理解成外部的、理性的知识,与他自己所指的有很大的区别,所以他才改用"pedagogical thoughtfulness"。③

　　第三,教育智慧是"指向儿童的多层面的关心"。④ 我们为什么需要教育智慧? 在范梅南看来,我们之所以对教育智慧感兴趣,是因为"许多教师不知道如何去关心儿

① Van Manen,Max. Pedagogical theorizing. http://www.phenomenologyonline.com. 2006 - 11 - 14.

② Van Manen,Max. Invitation to Phenomenology + Pedagogy [J]. *Phenomenology + Pedagogy*,1983,1(1).

③ 我就范梅南教授后来不用 pedagogical wisdom 而改用 pedagogical thoughtfulness 一词通过电子邮件请教了《教学机智——教育智慧的意蕴》一书的中文版译者、范梅南教授的学生李树英博士。李树英博士的答复如下:他后来发现,当别人去理解 pedagogical wisdom 的时候,容易将它理解成一个外部的理性的知识,与他所指的有很大的区别。所以,他才用这个词 pedagogical thoughtfulness 或 pedagogical tact。这种智慧或者说机智是融入身体的、感性的、对实践具有敏感性的。thoughtfulness 是指的 full of thoughts,对他人的体验敏感。所以,他觉得用这个词(thoughtfulness 或 tact)更合适。另外,tact 和 thoughtfulness 的使用也来自德国的一个教育家。这在《教学机智——教育智慧的意蕴》一书中在"机智"的论述中已说到。

④ Van Manen,Max. Beyond Assumptions:Shifting the Limits of Actoin Research [J]. *Theory Into Practice*,1990(3).

童,他们经常出于好的目的结果却做错事情",“还因为我们意识到仅仅把儿童带到这个世界上来或者作为一名教师却只把教育作为一种职业是远远不够的",“我们必须帮助儿童成长"。一个拥有了教育智慧的教师能够为真实情境中的儿童提供恰当的帮助,能够正确区分“什么是真正对儿童好的",并且总是做对于儿童来说是正确的事情。总之,教育智慧是指向儿童的,用范梅南的话说,教育智慧具有“一种指向儿童的意向性"。

以上三个方面的理解揭示了教育智慧不同的质的规定性,但是只有把它们整合起来,我们才可以完整、全面地把握范梅南的教育智慧概念的丰富涵义:教育智慧既是一种实践智慧,是对教育实践的整体引领,又是一种知道在行动中如何做的特殊的知识,还是一种指向儿童的多层面的关心。

前文已述,范梅南的教育智慧属于亚里士多德讨论的实践智慧的范畴,亚里士多德认为,实践智慧是“那些对人类有益或有害的事情采取行动的真实的、伴随着理性的能力状态"。[①] 我们认为,这一表述揭示了实践智慧的三层涵义:“对人类有益或有害的事情"强调实践智慧的道德性;“采取行动"强调对情境的感知、辨别与顿悟;“真实的、伴随着理性的能力状态"强调实践智慧对合理性的追求。参照亚里士多德的论述,我们可以发现,范梅南关于教育智慧的内涵的理解一方面继承并发展了亚氏实践智慧思想中对道德性和感知力的强调,体现出了与亚氏实践智慧内涵的理解的一致性,另一方面范梅南贬低了理性在教育智慧中的地位,也显示了与亚氏实践智慧内涵的理解的不同之处。

（二）教育智慧的内在构成

由于教育智慧自身的实践性、道德性和情境性等特征,以及居于支配地位的理性的教育学语言的局限性,当前国内外对教育智慧内在构成及其各构成要素之间关系的相关研究还不够成熟,没有形成得到教育界广泛认可的教育研究成果。范梅南是运用人文科学研究方法较为全面地、系统地研究教育智慧问题的第一位教育学者。虽然范

---

① 转引自:邓友超,李小红. 论教师实践智慧[J]. 教育研究,2003(9).

　　梅南没有明确地谈到教育智慧的内在构成问题,但是,通览他的相关著述之后,还是能够清楚地发现,从 20 世纪 80 年代初范梅南开始研究教育智慧问题到 90 年代形成教育智慧思想,"教育智慧的内在构成"这一问题一直贯穿于其研究的全过程,并且形成了独到的见解。在范梅南的研究中,教育智慧主要由教师的情感性知识、关心品质和教育学理解能力三个方面构成。

　　1. 情感性知识(pathic knowledge)

　　近代以来,西方传统认识论仅仅把亚里士多德哲学思想体系中的理论知识(episteme)作为研究对象,而把技艺(techne)和实践智慧(phronesis)排斥在其研究视野之外,传统认识论视域中的"知识"被理解为是外在于主体的、是普遍的、价值无涉的。20 世纪中期随着波兰尼默会知识论的提出,传统认识论受到强有力的挑战,人类对"知识"的涵义的理解逐渐发生着变化。与哲学领域中知识研究的进展相比较,教育领域中关于教师知识的研究相对滞后。一般认为,国外学者较为系统地研究教师知识是在 20 世纪 80 年代以后,而事实上,范梅南早在 1975 年就在 An Exploration of Alternative Research Orientations in Social Education 一文中指出,新兴的社会科学为教育学研究取向多元化奠定了理论基础,作为教育研究取向之一的现象学研究能够使教师获得现象学知识,而这种现象学知识对教师的教育学能力"有贡献"。1977 年,范梅南较为系统地阐述了自己的上述思想,认为教育领域中的"实践"概念的解释要以"知识"的哲学为基础,并且探索了社会科学的三种主要传统("经验—分析"科学、"解释学—现象学"科学和批判理论)的认识论及其支配下的教师教育模式。尽管范梅南直到 20 世纪 90 年代才明确提出"情感性知识"的概念和"教师知识是情感的、是非理性的"这一命题,但是我们认为,"情感性知识"与他 20 世纪 70 年代中期所说的"教师的现象学知识"属于同一概念,他之所以后期改称"情感性知识",是为了强调教师知识的"非理性"特征,为了与舒尔曼等人提出的教师知识的概念相区别。

　　范梅南认为,教育实践活动主要的不是认知的、理性的,而是情感的。[①] 因此,教

---

① Van Manen,Max. The Practice of Practice. http://www. phenomenologyonline. com. 2006 - 9 - 12.

师在教育实践活动中运用的知识是非理性的,是情感的。这些知识是"不能看见的知识,它们在我们的行动中,在我们的身体、我们的关系和我们周围的事物中"。① 在范梅南看来,教师的情感性知识包括源自行动的知识、源自身体的知识、源自世界的知识和源自关系的知识四种类型。

(1) 源自行动的知识(knowledge resides in action)

源自行动的知识包括行动中的自信、风格、实践的机智,还包括习惯和常规的实践。教师知识不同于系统的、客观的科学技术知识,而是一种独特的知识。教师的知识不是独立于行动之外的,它蕴含于教师的日常教育教学行为之中,不能与教师行为相剥离。从某种意义上讲,行动本身已经构成一种知识。

范梅南关于行动中的知识的观点在一定程度上受到了赖尔(Ryle)和波兰尼(Polanyi)的影响。赖尔强调了"思考和懂得区分'理智的实践'(intelligent practice)和'习惯的实践'的重要性"。他关于"知道什么"和"知道怎样"的区别表述了认知性的识知(cognitive knowing)和实际起作用的识知(active knowing)的不同。同时,赖尔指出,"知道怎样"是"知道什么"的应用这一观点是对实践的错误表征。而波兰尼关于默会知识和明确知识的划分与赖尔"知道什么"和"知道怎样"的区分十分接近。

(2) 源自身体的知识(knowledge resides in the body)

源自身体的知识包括手势、行为和对事物的感知等。在范梅南看来,教师知识主要的不是存在于理智或头脑中,而是在现象学意义上从属于教师个人的整个身体的存在。② 范梅南显然受到了梅洛·庞蒂的身体现象学理论的影响。早在1964年,梅洛·庞蒂在《知识现象学》一书中就指出,"我们身体的知识能够直接使我们达到对世界的理解。一直以来,人们越来越关注人类行动的身体作用现象。从现象学的观点看,甚至可以说人的整个身体都是认知的。因此,'身体知道'如何做事,甚至达到这样的程

---

① Van Manen, Max. The Practice of Practice. http://www. phenomenologyonline. com. 2006 - 9 - 12.

② Van Manen, Max. On the Epistemology of Reflective Practice [J]. *Teachers and Teaching : theory and practice*, 1995, 1(1).

度,如果我们想从理智上控制这种'知识',我们事实上可能会妨碍发挥我们的能力去做正在做的事"。①

范梅南举了"我们如何体验'注视'"的例子来解说这种知识。他认为,人们的目光交流是最真诚、最真实的。在"注视"中我们"看到"的同时也"被看到","我们在爱的或恨的注视中、在严厉或宽容的注视中、在自信或局促的注视中……与他者的灵魂相遇"。"一个富有意义的'注视'要比过多的言辞更具有深远的重要性!"②范梅南认为,"注视"的例子展示了教师的知识是如何不能被精确地描述的和知识如何存在于教师的身体之中。

(3)源自世界的知识(knowledge resides in the world)

源自世界的知识包括与世界的事物的存在(being with the things of our world)和居住的环境。范梅南的这一观点以胡塞尔的现象学时间理论为基础。胡塞尔的现象学时间不同于物理时间,物理时间是由一系列现在点构成的,而现象学时间存有一个"保持—原初印象—预持"结构,它是由现在、过去和未来三者交织在一起构成的。根据胡塞尔的现象学时间理论,我们身处其中的世界是事先就潜在地隐含着我们的知识的可能的世界。在现象学的意义上,对任何事物的哪怕是第一次认知,不管多么原本,都已经包含了比这一次认知更多的东西。这是一种事先的知晓,我们总已经事先就处于一个"视域"之中,通过这个"视域",我们总预先知道了某些东西。在这个意义上,这个世界永远不是完全陌生的,它总是一个与我们有内在相关的。

范梅南结合自己观察到的事例阐述了这种知识。他到一所学校访问,发现所访问班级的女教师在教室里如同在家里一般。她在学生们的座位间自如地来往穿梭,一边做事情一边与一个又一个学生轻松地谈话,并且她做所有这一切都不是很引人注意,看上去好像并没付出多大的努力。范梅南认为,女教师的知识中的很大一部分"是对教室的感受,是对作为一名教师的自身的感受,是对教师所教的内容的理

----

① 转引自:Van Manen,Max. The Practice of Practice. http://www.phenomenologyonline.com. 2006-9-12.
② Van Manen,Max. *The Tone of Teaching* [M]. London Ont:The Althouse Press,2002:47.

解……"①这种知识源自于她周围的事物:她置身于其中并把其作为自己的"家"的教室。

（4）源自关系的知识（knowledge resides in relation）

源自关系的知识包括与他者的际遇,还包括信任的关系、称赞（recognition）和亲密。范梅南认为,教师与学生的关系具有一种特殊的个人品质:教师不仅仅是向学生传授知识,而且是以一种个人方式体现自己所传授的知识。②

范梅南的源自关系的知识主要指的是由教师和学生共同营造的一种教育气氛（pedagogical atmosphere）。德国著名教育学家博尔诺夫（O. F. Bollnow）是系统研究教育气氛的第一位教育学者,范梅南翻译了博尔诺夫的《教育气氛》一文并发表在自己主编的《现象学教育学》杂志上。博尔诺夫认为,教育气氛指"那些存在于教师和儿童之间并形成教育关系基础的所有基本情感状态和可感知到的人类品质"。③ 它"对教育的成功具有极其重要的意义","是要达到教育目标所必须具备的根本不可缺少的条件"。④ 博尔诺夫分别从儿童的视角和教师的视角两方面建构了教育气氛理论。由于范梅南把教师与学生之间的关系视为替代父母关系,并把替代父母关系作为探求教育学的源泉。因此,范梅南对存在于师生关系之间的教育气氛作了更为本体论的理解。他认为,气氛属于人类存在的所有方面,是人类体验世界的方式。"教育气氛不仅是教师向学生存在的一种方式,也是学生向他们自己和教师存在的一种方式。"⑤教学的教育性方面依赖于教育气氛。

2. 关心品质（caring quality）

（1）关心的涵义

范梅南所讨论的"关心"不是抽象意义上的关心概念,不是关于"关心"的一套理论

---

① Van Manen, Max. On the Epistemology of Reflective Practice [J]. *Teachers and Teaching：Theory and Practice*, 1995,1(1).

② ［加］马克斯·范梅南. 教学机智——教育智慧的意蕴[M]. 李树英译. 北京:教育科学出版社,2001:104.

③ Bollnow, O. F. The Pedagogical Atmosphere [J]. *Phenomenology ＋ Pedagogy*, 1989,1(7).

④ ［德］O·F·博尔诺夫. 教育人类学[M]. 李其龙,译. 上海:华东师范大学出版社,2001:41.

⑤ Bollnow, O. F. The Pedagogical Atmosphere [J]. *Phenomenology ＋ Pedagogy*, 1989,1(7).

化的标准、体系,而是一种最源初的关心体验。勒维纳斯(Emmanuel Levinas)的他者哲学是范梅南的"关心"概念的最主要的理论来源。勒维纳斯的他者哲学提出了一种新的主体观:"我"担负着关心他者的重任。当"我"面对他者的时候,他者总是向"我"发出伦理的命令,命令"我"担负起为他者所应承担的责任。"我"总是处于聆听与服从的地位,"我"承担责任就是要作出回应。①

在勒维纳斯的他者哲学的理论基础上,范梅南区分了两种关心:作为"纯粹道德"的关心和作为"普遍道德"的关心。② 关于"纯粹道德"的关心,范梅南指出,当教师面对受到伤害或处于困境之中的儿童时,就会体验到儿童向自己发出的求助并不由自主地作出反应,这种道德体验就是最本源的关心体验,即"纯粹道德"意义上的关心。而作为"普遍道德"的关心是指教师把儿童视为外在于自己的个体存在,通过缜密的逻辑思考施加于儿童的情感或行动的支持。"纯粹道德"的关心是先于思考的,是与儿童的一种直接的、非媒介的际遇。在教师想去感到对儿童的责任感之前,就已经感到了一种责任感。

① 关心意味着"担忧"(care-as-worry)

从词源学的角度看,"关心"一词具有双重含义,一方面指忧虑、麻烦、焦虑、悲伤等,另一方面指慈善、爱、关注、利益等。范梅南指出,由于英语语言中的"关心"一词在社会服务、医疗、法律、咨询等领域被滥用,"关心"失去了它的本真意义,但是,在荷兰语、德语等国家的语言中,"关心"与"担忧"的意义是紧密结合在一起的。③

对于许多父母和教师来说,关心通常意味着"担忧",或者说,关心被体验为一种担忧的责任心。教师在"担忧"的意义上关心儿童,儿童不再是外在于教师的生活的存

---

① 对勒维纳斯他者哲学的解读主要参考了以下论文:顾红亮. 责任与他者[J]. 社会科学研究,2006(1);顾红亮. 责任的"体"与"知"[J]. 社会科学辑刊, 2006(6);顾红亮. 为他责任:走出自我责任与集体责任的困境[J]. 南京社会科学, 2006(10).

② Van Manen, Max. Moral Language and Pedagogical Experiece [J]. *The Journal of Curriculum Studies*. 2000,32(2).

③ [加]马克斯·范梅南. 生活体验研究——人文科学视野中的教育学[M]. 宋广文,等,译. 北京:教育科学出版社,2004:73.

在,而成为教师生活的一部分,甚至可以说,儿童就是教师的生活。担忧成为教师和儿童保持联系的一种方式,担忧的体验把教师与他们所关心的儿童紧密地联系在一起。正是在这个意义上,范梅南认为,"担忧"是使教师与儿童的生活紧密联系的精神上的粘合剂。

范梅南认为,内含着"担忧"的关心唯一地指向在场的教师。当教师与儿童相遇,儿童向教师发出召唤;教师不需要再去四处张望,去证实是否在召唤自己,关键是自己已经体验到一种责任感——在教师能够思考之前,就已经体验到一种责任感。用范梅南的话说,"我们就是被召唤的人","我们与儿童相遇时,我们成为弱小的儿童的'人质'"。①

② 关心具有非互惠性(non-retiprocal)

根据上文的论述,教师之所以践履"关心"是因为不得不如此,换句话说,教师是"被动的",是儿童"命令"教师、要求教师成为一个具有"关心"品质的人,教师和学生之间的关系是非对称的,因此,范梅南指出,关心具有一种非互惠性。② 教师的存在主要是为了儿童,而儿童的存在不是主要为了教师;教师要对儿童的发展负有责任,而儿童不必对教师负有责任。

在关心的道德体验中,教师并不把自己"际遇"的儿童视为与自己有着互惠关系的他者,相反,教师忽略自身,全身心地投注于儿童的幸福。教师对儿童付出的关心越多,担忧的情绪就会变得越强烈;反过来,这种担忧的情绪又会激发更强烈的关心的愿望。这种表达关心的强烈愿望与想得到物品的愿望不同。想得到某件物品的愿望一旦实现就会随即中止,但是,关心的愿望与此不同,内含着"担忧"的关心并不自我呈现,它仅在教师实施关心的过程中得到最大的满足。

范梅南认为,强调教师关心的非互惠性并没有消解教师自身的主体性。教师和学

---

① Van Manen, Max. Care-as-worry, or "Don't Worry. Be Happy" [J]. *Qualitateve Health Research*. 2000,12(2).

② [加]马克斯·范梅南. 对"关爱"意义的探究[J]. 中国德育,2006(1).

生之间根本上是一种道德关系,教师为儿童的发展负责,把儿童作为一个独特的、值得尊重的主体来对待,由此反证出教师自身的主体性。[①] 教师的主体性不是那种孤立存在的主体性,它是通过儿童建构起来的。也就是说,教师的主体性不是事先就已经存在的,它一定是在教师与儿童的道德关系中才展开其内涵的,一定是在教师践履"关心"的行为中建构起来的。

（2）关心品质的种类

在范梅南看来,关心品质主要包括教育爱、教育责任和教育希望等主要类型。

① 教育爱

范梅南认为,教育爱先于教育关系而产生。不是教育关系孕育了教育爱,而是先有了教育爱,才形成教育关系。教育爱是如何产生的呢? 他认为,当教师出现在教室里与学生相见时,这种相见就蕴含了某种教育爱的可能性。范梅南引用马丁·布伯(Martin Bubber)的话说,"当学校的教师第一次走进教室的时候,他看到他们都在那儿,随意地,一组一组地坐在课桌间:他看到了表情阴沉的和气宇轩昂的,身材匀称的和身体畸形的——好像他们是创造的代表","而且,他的眼神,教育者的眼神,拥抱了他们所有的人,并把他们看到眼里"。[②] 在这个眼神里就包含了一种神圣的使命感,教育爱就产生于教师与学生相遇的一瞬间。因此,范梅南认为,教师对学生的教育爱是教育关系发展的先决条件。

教育爱与朋友间的友爱、恋人间的情爱不同,朋友、恋人爱的是对方现在的样子,某一方的变化常常会导致友谊和爱情的破裂。而教师是将学生看作一个正在成长变化过程中的人来爱的。儿童是一种可能性的存在,正是这种自我发展的可能性隐藏着教育学的真正含义。教师对学生的教育爱,就是在一个更广泛的背景下以他们的成长和变化的价值为前提的,以这种价值对发展学生的自我人格和个性所起的作用为前提的。

---

① ［加］马克斯·范梅南. 教学机智——教育智慧的意蕴［M］. 李树英,译. 北京:教育科学出版社,2001:93.
② ［加］马克斯·范梅南. 教学机智——教育智慧的意蕴［M］. 李树英,译. 北京:教育科学出版社,2001:89.

② 教育希望

教师对学生有两种希望:作为行为的希望和作为面对学生的方式的希望。日常生活中,教师往往从自我感受出发表达自己的希望,如:我希望学生学习好;我希望他们能按时完成家庭作业;我希望他们会远离烟草和毒品……这些希望都是随着时间的流逝而来去的希望,是作为一种行为的希望。而教育希望是一种面对孩子的方式的希望,是教师的一种生存方式。这种希望使得教师可以超越自我,找到希望与他们的基本生活体验的最初关系。教育希望能够使教师生活在希望中,教师的生活使他们体验到孩子就是希望。教师的希望明确传达给学生这样的信息:"我不会放弃对你的希望的。我知道你可以造就你自己的生活。"①因此,教育希望的体验能够将教育生活与非教育生活区别开来。

教育希望指的是那些给了教师对学生的发展的各种可能性的耐心和信任。耐心,能够沉着平静地等待。当学生好像不知道怎样做时,或者开始做得不对时,或者做事慢得要命时,需要教师有耐心,给予孩子们成长中自己的空间和时间。范梅南认为,如果此时教师去干预、"帮助"或直接代替他们做,结果孩子得到的只能是失败和自尊心受挫的滋味。信任就是教师的自信,就是不管教师的自信可能会受到多少次失望的检验,始终相信孩子会向教师展示他将如何生活。体验到教师的信任的孩子会受到激励,对自己也充满信任。信任能够激发孩子,使他们对自己的前途和发展充满信心。

③ 教育责任

范梅南认为,"每一个人都是我们的'他者'。他者实际上或者潜在的都是脆弱的。他者的存在并不是自动地表现为我们对他者的被伤害和痛苦的怜悯和同情。我们将他者体验为一种声音、一种向我们的呼唤"。② 而这就是我们所说的当教师与学生一块儿生活所体验到的使命感和召唤感。学生的柔弱性呼唤着教师去关心他们,这种被

---

① [加]马克斯·范梅南.教学机智——教育智慧的意蕴[M].李树英,译.北京:教育科学出版社,2001:91.
② [加]马克斯·范梅南.教学机智——教育智慧的意蕴[M].李树英,译.北京:教育科学出版社,2001:188.

呼唤的体验就是使普通人成为教师的那种本质的东西。

范梅南认为,学生的出现会变成教师的一种体验,教师面对的仿佛是一种恳求,恳求他们作出教育性的回应。这样,学生的脆弱就变成了一种奇怪的驾驭教师的力量。教育责任就是教师体验到学生的脆弱性后作出的道德和道义上的反应,教育责任在教师身上表现为教育学的权威(pedagogical authority)。因此,无论从本体论的角度上看(从教师的角度上看)还是从个人的意义上来说(从学生的方面来说),"教育学的权威是学生给予老师的责任"[①],教师和学生之间,真正的权威是在学生那里,而不是在教师这里。通过孩子的给予而具有教育学的权威(即教育责任)的教师需要清醒地意识到学生的需要,对他们的需要必须作批判性的自我反思,使自身的行为符合教育的价值。

范梅南一方面继承了古希腊时期亚里士多德哲学思想体系中"实践智慧考虑的是对于整个善良而幸福的生活有益的事情"和"善总是具体的、个别的"的思想,另一方面又汲取了当代现象学伦理学研究的最新理论成果并加以创造性地改造,形成了自己的关心思想。范梅南的关心思想具有多重理论意蕴。首先,近代以来,受到"经验—分析"科学的影响,教育领域中事实与价值分离,教育实践活动以"有用"(usefulness)为旨趣而远离了"善",教师教育实践变成了技术性实践活动。因此,把关心品质作为教育智慧的核心,重新恢复了教育实践的道德性本质。其次,基于对关心的独特理解,范梅南提出一种新的师生关系观:教师与学生之间是替代父母关系,教师承担了越来越多的原本属于父母的责任,在学生的成长中,教师以"替代父母"的角色关爱学生。

3. 教育学理解能力

(1)教育学理解的涵义

"理解"作为一个重要的教育概念最初由狄尔泰(W. Dilthey)引入人文科学教育学之中。狄尔泰认为,理解"不是一个单纯的主体对客体的单向涉入,而是对象作为另

---

① [加]马克斯·范梅南. 教学机智——教育智慧的意蕴[M]. 李树英,译. 北京:教育科学出版社,2001:94.

一个人(你)同我的对话过程,一个自我揭示的行为和价值生成过程"。① 其后,斯普朗格(E. Spranger)进一步发展狄尔泰的教育理解论,把理解作为教育方法的基础,将理解分为言语的理解、人格的理解和文化的理解三个方面,从具体的方面丰富了理解的内涵。到 20 世纪 60 年代,福利特纳(W. Flitner)建立文化教育学的当代形态——解释学教育学,从而将"理解"作为其解释学教育学的核心概念。福利特纳认为,理解是"视界融合",是"学生以新的视界取代原初视界的过程"。② 上述学者的研究为范梅南的教育学理解思想提供了理论资源。

范梅南的教育研究秉承了西欧特别是德国和荷兰的人文研究传统,德国文化教育学的理解观对他的教育学理解思想的形成具有深刻影响。范梅南认为,理解是"进入或分享他人情感或兴趣的行动或能力"③,而教育学理解是指教育者对处于一定教育情境中的儿童具有教育学意向的理解。

(2)教育学理解的特征

显然,范梅南的"教育学理解"的概念特别强调了"教育性"和"实践性"特征。教育性是教育学理解的内在规定性,指教师出于为儿童好的动机,尽可能地加强儿童的积极品质。范梅南认为,成人对儿童的理解并不一定是教育学理解。只有对儿童的理解具有教育性,即是从教育学的角度出发的,它们才能成为教育学理解。

教育学理解还具有实践性。教育学理解始终是一种应用型理解,它不仅要知道事情是什么样子,而且它总有一种实践的指向。范梅南认为,教育学理解必须对我们与儿童相处有意义。教育学理解的实践性还表现在:教育学理解表现为一种能力,"是一种敏感的聆听和观察"。④ 具备了教育学理解,教育者就能够分辨儿童的声音、眼神、动作和神态的细微差异表征,能够感受到儿童的体验的意义。

---

① 邹进.现代德国文化教育学[M].太原:山西教育出版社,1992:44.
② 邹进.现代德国文化教育学[M].太原:山西教育出版社,1992:181.福利特纳借鉴了伽达默尔"视界融合"的概念。在福利特纳这里,视界主要指学生带入学习过程中的"前判断体系"。
③ 转引自:王鸣迪.对"教育学理解"的理解[J].学科教育,2002(11).
④ [加]马克斯·范梅南.教学机智——教育智慧的意蕴[M].李树英,译.北京:教育科学出版社,2001:111.

（3）教育学理解的类型

① 非判断性理解（non-judgmental understanding）

非判断性理解是指以一种开放性的态度聆听学生，而不作任何批判性的或否定性的判断。当它的目的是为了培养孩子的自我责任意识、自我方向感以及应该如何面对生活的时候，它就成为教育学理解。非判断性的教育学理解主要表现为一种真诚的聆听。这种聆听指向于感知和理解儿童在情感和建构意义方面的主体性，它知道何时该保持沉默，何时该给予支持，以及如何提出一个问题帮助他们将自己的想法说出来，以消除他们压抑的情感、紧张的心情和内疚不安的情绪。

② 发展性理解（developmental understanding）

发展性理解是指教育者运用心理学等方面的专业理论知识解读学生的内心世界，理解他们特有的文化的、家庭的和社会的各类发展模式。发展性理解的优秀实践者拥有丰富的理论知识和对话方面的技巧，能够通过测试诊断和分析案例，提出学术性的建议和治疗性的干预模式。当教育者知道怎样帮助儿童克服障碍并使之更加成熟的时候，发展性理解就变为教育学理解。在教育学理解中，教育者的专业知识不再仅仅是一般的理论知识，而成为由具体的儿童生活环境所确定的特定案例的理论知识。

③ 分析性理解（analytic understanding）

儿童是一个丰富的、完整的世界，他们的生活中潜伏着种种可能的苦恼（如对某种行为的内疚感、罪孽感、悔恨感等）和否定的情感（如对他人的憎恨、妒嫉等）。教师往往把它们视为消极的因素，认为必须尽快把它们从儿童的内心世界中清除。实际上，这些苦恼是儿童生活的必然的一部分，它们是不可能回避的。教师不仅要看到它们的消极作用，更要看到它们的积极作用。分析性理解就是要帮助儿童面对这些黑暗的苦恼和否定的情感，促使他们从中解脱出来。当教育者的目的是将儿童有害的而又隐藏起来的情感转换成他们成长的积极力量，即帮助他们形成了强烈的良知、精神和勇气时，这种理解就成为教育学理解。

④ 教育性理解（educational understanding）

教育性理解是在对学生学习过程中的长处和短处进行评价的基础上，了解他们现有的学习能力与潜力。它是对儿童如何体验课程的理解。当教师对儿童的教育状态进行的诊断和评价指向于领悟儿童在发展过程中成为一个受教育的人的真正意义时，教育性理解就真正成为教育学意义上的理解。教育性的教育学理解不仅仅对儿童所具有的和所缺乏的知识进行诊断和评估，还关注到儿童在社交和情感发展中的弱点。一位优秀的教师善于在学习过程中帮助学生将他们学业方面的成就融入到一个成熟的和具有社会责任感的自我中来。

⑤ 形成性理解（formative understanding）

形成性理解是指对一个具体的儿童的生活和它的特殊之处全面而亲密的认识。当教育者能够将自己希望孩子成功的愿望，与教育者所固有的对孩子走向成熟方面什么对孩子有利的感觉区分开来之后，形成性理解就变得具有教育学意义。形成性的教育学理解常常面对一种挑战：如何在"希望给予最好的"和"什么是真正最好的"之间作出适切的选择。教育者要与儿童足够亲近，希望给予他们最好的；同时，又要与儿童保持足够的距离，以了解什么才是对他们最好的。范梅南认为，一位真正的教师"通过非常亲近但仍然保持恰当距离的观察服务于学生"。①

教育学理解的五种类型有各自的实践领域。非判断性理解强调的是开放的、真诚的倾听；发展性理解要求知晓学生身心发展规律并给予学生帮助；分析性理解把学生内心的消极因素转化为成长的积极力量；教育性理解旨在正确评价学生并引导他们全面发展；形成性理解主要是在亲近与疏远的平衡中促进学生的发展。教育学理解五种结构形式的划分只是理论上的，在现实的运用中它们是相互交叉、融合在一起的。教育学理解的实践是这五种理解形式的动态结合。

在范梅南教育智慧的构成要素中，教育学理解处于关键地位，"一个富有智慧的人比一个相对而言缺乏智慧的人更能显示出对他人在一个具体环境中的真正理解"。②然而，相比较于教育智慧的另外两种构成要素的阐述，范梅南的教育学理解思想显得

---

① Van Manen, Max. *The Tone of Teaching* [M]. London Ont:The Althouse Press, 2002:28.
② ［加］马克斯·范梅南.教学机智——教育智慧的意蕴[M].李树英,译.北京:教育科学出版社,2001:113.

较为单薄,不够丰富,主要表现在两个方面:一是范梅南仅仅着力于教育学理解的类型研究,其他方面没有涉及;二是范梅南研究教育学理解问题直接源自于现实中"孩子们对成人不理解他们的抱怨"①,因此他侧重于在实践的层面思考这一问题,理论思考较少。此外,他在研究中还过多地引用了其他学者的研究成果,原创性的研究成果较少,这不能不说是一大缺憾。

范梅南开创性地把情感性知识、关心品质和教育学理解能力作为教育智慧的三大构成要素,并对每一个构成要素都进行了相应的卓有成效的研究,其理论贡献是显而易见的。正是由于这是一项开创性的工作,因此,也不可避免地存在着理论上的缺陷,突出表现之一就是对教育智慧的三个构成要素的内在关系缺乏应有的关照。这也是我们研究范梅南的教育智慧思想时所要警惕的,"我们养成了分析的习性,但是,当全面观点成为根本需要时,我们却忽视了力量的集中"。②

(三) 教育智慧的外在表现:教育机智③

1. 教育智慧与教育机智的关系

由于近现代教育学研究的视野集中于认识论领域,侧重于寻求确定的、精确的教育理论知识,在该知识论教育哲学观的支配下,"教育理论与实践之间的哲学关系是认识论的"。④ 范梅南认为,"现象学教育学是一种实践哲学",它不仅知道"事物如何"的知识而且懂得"如何行动的知识"。⑤ 因此,在现象学教育学视野中,"教育智慧与教育

---

① [加]马克斯·范梅南. 教学机智——教育智慧的意蕴[M]. 李树英,译. 北京:教育科学出版社,2001:111.

② 转引自:高德胜. 知性德育及其超越[M]. 北京:教育科学出版社,2003:168.

③ 范梅南把"教育学"定义为"优秀的教学和抚养孩子","优秀的教学"指的是"教师与学生在一起的活动",学校教育被范梅南视为"优秀的教学"。因此,范梅南对"教育机智"与"教学机智"没做明确的区分。在《教学的调子》(The tone of teaching)和《教学机智——教育智慧的意蕴》两本著作中,范梅南交替使用了教育机智和教学机智这两个概念。

④ Van Manen, Max. Action Research as Theory of the Unique:From Pedagogical Thoughtfulness to Pedagogical Tactfulness. (Draft paper). Presented at the American Educational Research Association. New Orleans, April 1984.

⑤ Van Manen, Max. . An Experiment in Educational Theorizing:The Utrecht School [J]. *Interchange on Educational Policy* . 1978 - 1979,10(1).

机智之间的关系不是认识论的,而是本体论的"。① "教育智慧和机智只是同一事物的反思的/行动的(reflective/active)方面。"②此外,范梅南在其研究教育智慧的代表作《教学机智——教育智慧的意蕴》一书的书名中也间接地道出了教育智慧与教育机智的关系——教育机智即教育智慧的意义。

我们还可以结合"教育健康性"(pedagogical fitfulness)的概念来更深入地理解教育智慧和教育机智的关系。"教育健康性"是范梅南创造发明的一个学术术语。范梅南认为,它是"心灵加身体的机智"。③ 范梅南通过词源学考察认为,"如果智慧具有'心灵'的精神因素,机智就是其具体的对等物"。④ "机智是智慧的体现,是身体作出的反应。"强调机智所包含的身体方面的特性,不是忽视精神方面的因素,而是说"机智不只是智力和认知的方面",机智是"使心与身,智力与感情,理智与情感更紧密地相结合"。⑤

因此,在范梅南看来,教育智慧和教育机智互为表里。没有智慧就没有机智,而没有了机智,智慧最多也只是一种内部的状态而已。机智的行动总是充满智慧的。只有在智慧的支持下,教师才能机智地行动。

2. 教育机智的表现形式

(1)语调调和机智

范梅南指出,温和的言语能够创造出一种积极的气氛。一位教师可能会对学生说,"现在我要大家拿出课本来,翻到第 86 页。我不想听到任何的讲话声!你们首先阅读第十四课的说明,然后在阅读的基础上完成列出来的问题……"另外一个教师可

---

① Van Manen, Max. Action Research as Theory of the Unique: From Pedagogical Thoughtfulness to Pedagogical Tactfulness. (Draft paper). Presented at the American Educational Research Association. New Orleans, April 1984.

② Van Manen, Max. Beyond Assumption : Shifting the Limits of Action Research [J]. *Theory into Practice*. 1990, XXIX(3).

③ [加]马克斯·范梅南. 教学机智——教育智慧的意蕴[M]. 李树英,译. 北京:教育科学出版社,2001:161.

④ [加]马克斯·范梅南. 教学机智——教育智慧的意蕴[M]. 李树英,译. 北京:教育科学出版社,2001:270.

⑤ [加]马克斯·范梅南. 教学机智——教育智慧的意蕴[M]. 李树英,译. 北京:教育科学出版社,2001:271.

能会说,"卡西似乎已经准备好了。我们是不是像卡西一样,我们现在开始来讨论诗歌好吗? 这些诗歌我们昨天觉得有趣极了,让我们翻到第 86 页来……"①我们能够明显地感觉到两位教师向学生讲话的语调和方式的区别。前者将自己摆在中心位置,教师和学生之间存在着某种距离,教师的语气折射出一种管理式的态度;后者则是从学生的情境出发,创造出亲切的言谈方式。语调的变化对创造积极气氛具有重要意义。同样的话以不同的方式说出来可能会产生截然不同的教育效果。教师语调的变化所传达出来的遗憾、失望、伤心,或者惊讶、满意、赞赏能够引起学生的共鸣。因此,在范梅南看来,语调是教育机智的重要表现形式之一。

（2）沉默调和机智

范梅南高度重视教师的沉默在教育中的作用,认为沉默调和是教育机智的又一种重要表现形式。他指出,"沉默是机智的最有力的调和剂之一。"②在机智的交流中,沉默可以以三种不同的方式起作用。一是"无声胜有声"的沉默。在这样的谈话中,唠叨和多余的提问很不适宜,它们只能够打扰和伤害学生。在良好的谈话中,拥有教育机智的教师知道沉默的力量,也知道何时保持沉默。二是给予的沉默。它给学生自己认识和成长留下空间。这种沉默不仅仅是以语言的空缺为特征,相反,它是一种耐心的等待,它可能涉及一种默默的信任式接受,或者是一种果断的转开,或者是静静地让它过去,或者是一种非打扰性地出现在你面前。三是聆听的沉默。这是一种对学生全心全意的注意,它并不是指教师拒绝说话,而是指教师认识到,在有些时候聆听要比说话更加重要些。

（3）眼睛调和机智

我们体验到他人的存在大多数是通过眼睛来进行的。目光与目光的接触就是存在的接触。通过眼睛我们可以体验到对方的内心深处,通过眼睛我们可以相互"谈论"那些用言语不能完全传达的信息。因此,范梅南认为,教育机智的重要表现之一是眼

---

① ［加］马克斯·范梅南.教学机智——教育智慧的意蕴[M].李树英,译.北京:教育科学出版社,2001:228.
② ［加］马克斯·范梅南.教学机智——教育智慧的意蕴[M].李树英,译.北京:教育科学出版社,2001:233.

睛调和。它一方面是指教师知道如何理解学生的目光所传达的信息,能够读懂学生脸上的表情和眼神,从而看到并理解他们的心灵——产生这种眼神和表情的源泉。另一方面,它是指教师必须学会通过眼睛表达自己。许多时候,"机智的眨眼、温暖的目光、请求的目光就能够让愤怒的瞪眼缴械、融化无精打采的目光、改变批评的蹙眉"。①

(4)动作调和机智

范梅南认为,教育机智还表现在教师的动作调和上。它一方面指教师能够理解学生的动作的意义。身体动作是一个人情绪的征候,一个富有洞察力的教师可能会对学生姿势的心理状态十分注意。当教师发现一个学生在座位上低垂着头时,教师需要判断这个学生是学习疲劳了,还是一种懒散的表现。另一方面是指教师能够通过自己的动作创造出一种气氛、关系、理解和情绪。范梅南认为,从师生相遇和互动的那一刻开始,他们就是以他们的身体和身体的动作出现的。机智的教师在与学生的谈话过程中,其身体的动作体现出对学生的开放性:友好的点头、微微前倾的身体、微笑的表情……这些都表达出一种对学生的肯定与支持,学生从教师肯定性应答中获得鼓励。

(5)气氛调和机智

每一个家庭、每一间教室、每一所学校都包含有一种特定的气氛,"气氛"像水蒸气一样影响着其中的每一种事物。范梅南指出,气氛的感觉是我们存在的深刻的部分,它是存在于世界并认识世界的一种方式。通过它我们知道环绕在我们周围的世界的特征。因此,了解"气氛"概念在教育学意义上是一个积极的现象。气氛调和是教育机智的重要表现。具有教育机智的教师不仅懂得气氛对于儿童的美好生活的重要性,而且能够营造出一种有利于学生生活和学习的气氛。气氛通过教师对教室里的课桌、板凳和其他设施的摆设,通过在墙上和教室走道做些布置体现出来。

(6)榜样调和机智

范梅南认为,"无论自己喜欢与否,教师总是不由自主地为学生作出榜样"。② 教

① [加]马克斯·范梅南.教学机智——教育智慧的意蕴[M].李树英,译.北京:教育科学出版社,2001:236.
② [加]马克斯·范梅南.教学机智——教育智慧的意蕴[M].李树英,译.北京:教育科学出版社,2001:245.

师每时每刻都在向自己的学生展示着在这个世界上的生活方式,向学生展示着这个世界对于我们的意义。榜样示范的教育从短期看可能看不出明显的变化,但从长远来看却是有效的。范梅南认为,虽然并不是每一个班、每一个学生都能受到教师榜样的激励和影响,但是比那些将作业本甩给学生,同时厌恶地嘟哝的教师,榜样的教育显然更富有机智。教师需要坚信,通过使用自己的积极的榜样来作为一种教育方式的行动能够将消极的方面从孩子身上去掉。

3. 教育机智的意义

(1) 防止学生受到伤害

范梅南认为,"机智的教育努力防止使孩子们心灵受到伤害的环境和因素出现"。[①] 防止儿童受到伤害,首先要求教育者能够分辨出儿童身上那些积极的但可能是孩子的弱点的品质。机智绝不轻率、粗暴地对待学生的弱点,相反,机智要求教师以"看见了却不去注意它"或"分享秘密"的方式来对待这样的情境。范梅南举了一个例子:一位教师带学生去游泳时,发现一个学生不敢下水。教师将他的内心恐惧看在眼里,但觉得如果直接去干预,公开地鼓励他战胜恐惧,会引起别的同学的注意。后来,教师找到一个不引人注目的机会单独给他指点了一两下,帮助这名学生完成了第一次跳水。

范梅南所举的下面的教学案例更为充分说明了教育机智在防止儿童受到伤害同时给予儿童成长空间中的作用。"考瑞在演示一个科学实验时遇到了困难,不知所措地站在讲台上。下面的同学有的开始窃笑。这时候,教师递给考瑞一支粉笔,问他能否先把要点写下来,然后再演示。考瑞转过身去,避开了同学们注视的目光。镇静下来的考瑞很快回忆起了操作的步骤……"在上面的例子中,教师适时的干预让考瑞摆脱了尴尬的局面。然而,教师干预非但没有取消考瑞的操作,实际上还帮助他恢复了对局面的控制。在闯入情境后,教师又迅速撤出来,让考瑞自己处理。范梅南指出,教育的机智意味着可能的时候撤出来,但是当事情出现问题的时候,又随时在场。通过撤出来,成人给孩子创造了空间,这样孩子得以用自己的方式来作决定。

---

① [加]马克斯·范梅南.教学机智——教育智慧的意蕴[M].李树英,译.北京:教育科学出版社,2001:255.

（2）加强学生的独特性

所有的儿童在性格、能力和背景方面都不一样。范梅南认为，教师时刻要注意孩子的独特性，并应当不断地问自己这样一些问题：这个孩子在哪些方面与其他人不一样？孩子怎么会有这样的差别？我能够做些什么来帮助这个孩子认识到自己的与众不同呢？一个机智的教师知道如何去识别差异性，并且加强这些在孩子的成长和发展过程当中所存在的差异。一个没有机智的教师看不到孩子的差异性，因此，用同样的方式来对待所有的学生，并且错误地认为这样的方法符合公平和正义的原则。事实上，这恰恰违背了公平的原则。按照亚里士多德的理解，"公平"即指对"条件同等者平等对待，对条件不同者差别对待"。①

范梅南区分了性格（character）与个性（personality）的不同，认为性格是学生"个人与众不同之处"，说一个人"有性格"时是指"那个人一举一动、一言一行有一种基本的和谐与一致"。谈到某人"有个性"时，是指他或她通过行为举止让别人感到惊奇。有很多"个性"是由做作的行为构成的，因而也是令人厌恶的。范梅南认为，只有基于性格的个性才是在教育学意义上需要形成的。性格的形成主要是教育者的任务，教育学总是关注这个与众不同的人：这孩子是什么样的人，他正在成为什么样的人。当教育学不再与人的独特性相关时，儿童的独特性和差异性被忽视，教育也失去了本真的意义。

教育机智是教育领域中的一个重要研究课题。赫尔巴特在近现代教育史上首次把机智的概念引入到教育领域，并且进行了一系列的研究。他认为，"谁将成为好的教师或是坏的教师，左右这个问题的只有一个，这就是如何地形成机智"，"机智理应成为实践的主宰"。② 后来，机智概念在非英语语言国家的教育理论中得到进一步的讨论③，但在英语语言国家中从未被系统地研究。范梅南对教育机智的研究受到了德国

---

① 肯尼斯·A·斯特赖克，乔纳斯·A·索尔蒂斯. 教学伦理[M]. 洪成文，等，译. 北京：教育科学出版社，2007：67.
② ［德］赫尔巴特. 世界的美的启示[A]. 日本筑波大学教育学研究会. 现代教育学基础[C]. 钟启泉，译. 上海：上海教育出版社，1986：240.
③ 教育家乌申斯基认为，"不论教育者怎样研究教育学理论，如果他没有教育机智，他就不可能成为一个优良的教育实践家。"参见：［俄］乌申斯基. 人是教育的对象[M]. 郑文樾，译. 北京：教育科学出版社，1959：27.

教育学者的启发,同时也远远超越了他们的研究成果。范梅南讨论的教育机智不再是赫尔巴特意义上的"理论转换为实践的工具",它与教育智慧是本体论关系,同教育智慧一样,是一种寓于教育者身体中的知识。

(四) 教育智慧的生成途径

1. 反思

(1) 反思的种类

反思种类的研究在范梅南的教育思想中占有重要的地位,它不仅构成了其教育反思理论的基础,而且为后来的研究者提供了基本的研究框架。

范梅南对反思种类进行了三次划分。1977 年,基于哈贝马斯(Habermas)认知兴趣理论,范梅南提出了三种不同水平的实践的概念:作为有效控制的实践、作为交流理解的实践、作为批判性反思的实践。由于每一种实践都有其相对应的反思水平,范梅南区分了三种不同水平的反思:经验—分析模式的反思、解释学—现象学模式的反思和批判—辩证模式的反思。[1]

1990 年,范梅南把反思分为四种类型。[2] 第一,教师每时每刻都在进行的反思;第二,教师对日常生活中的实际体验以偶然的和有限的方式进行反思;第三,教师以一种更加系统的和更加持续的方式对教师自身和学生的经历进行反思,以便能够对教师的日常行动形成理论性的理解和批判性的观点;第四,教师对自身反思的方式、理论化形式进行反思,以期对知识的性质、知识在行动中如何发生作用、如何将知识运用于对我们实际行动的积极理解等方面达到一个更加自我反思性的领悟。

1991 年,范梅南根据反思与行动发生的时间关系把反思分为行动前反思、行动中反思、作为智慧性行动的反思和行动后反思等四种类型。[3] 行动前反思是指向未来的

---

[1] Van Manen, Max. Linking Ways of Knowing with Ways of Being Practicing [J]. *Curriculum Inquiry*, 1977,6(3).

[2] [加]马克斯·范梅南. 教学机智——教育智慧的意蕴[M]. 李树英,译. 北京:教育科学出版社,2001:133.

[3] [加]马克斯·范梅南. 教学机智——教育智慧的意蕴[M]. 李树英,译. 北京:教育科学出版社,2001:134—135.

行动的,它能使教师对各种可能的选择仔细地思考,计划需要做的各种事情,期望由于计划的实施而可能得到的结果和体验。行动中反思在范梅南看来只是在很有限的程度上才是可能的,范梅南对"行动中反思理论"进行了批判。作为智慧性行动的反思"以一种不同的反思类型为特征:一种全身心的关注(mindfulness)"。[①] 正是这种全身心的关注将富有智慧的教师与其他的行动形式区分开来。行动后的反思是对过去经历的反思,即追溯型反思。

纵观范梅南关于反思种类的研究,我们认为,他的第一次和第三次分类原创性明显。范梅南基于哈贝马斯的认知兴趣理论对反思种类的第一次划分有着深厚的哲学基础,既体现了不同反思之间的内在的连续性,又具有外部的可描述性,具有开创性的理论贡献。许多研究者(如 Pultorak,Sunya,Collier)"直接把范梅南关于反思种类划分的理论作为对教师反思水平进行评价的标准",还有一些研究者(如 Carr,Kemmis,Zeichner 等)从范梅南的研究中汲取理论营养[②],深入地研究了教育反思的种类。在第三次分类中,范梅南提出了一种新的反思类型"作为智慧性行动的反思"。他的"反思与行动是同一事物的不同方面"的观点为我们重新思考"反思"与"行动"的关系提供了新的思路。

(2) 反思与教育智慧的生成

范梅南认为,承认教育实践过于忙碌而没有真正的理性反思的时刻,并不意味着教育实践是盲目的冲动。教育学本质上是一种规范性实践,教育学的概念内含着谨慎、判断、慎重、小心、事先考虑(forethought)的意义。教师的教育行动中总是内含着道德的、伦理的目的,教师总是在对于儿童来说"什么是恰当的"与"什么是不恰当的"之间作出选择。因此,教育实践是"自我反思的","养育和教学活动常常是高水平的反思性活动"[③],反思居于教育者生活的核心。

---

① [加]马克斯·范梅南. 教学机智——教育智慧的意蕴[M]. 李树英,译. 北京:教育科学出版社,2001:135.
② 申继亮. 教学反思与行动研究——教师发展之路[M]. 北京:北京师范大学出版社,2006:68.
③ Van Manen, Max. Phenomenological Pedagogy [J]. *Curriculum Inquiry*,1982,12(3).

　　前文已述,范梅南把反思分为行动前反思、行动中反思、作为智慧性行动的反思、行动后反思。在范梅南看来,特别有助于生成教育智慧的反思是行动后反思。他认为,教育学要求教师有一种对生活的反思取向,这一类反思发生在教育事件发生之后。反思可以通过与他人的对话来进行。事实上,正是常常在与他人的对话中教师能够最好地对一个具体的情境的意义进行反思。当教师向别人讲述自己与儿童在一起的体验时,就已经在试图通过将体验言语化来理解这些体验。教师对生活体验作反思的同时也获得了认识这些体验的意义的机会。反思是对过去的生活体验的追溯,它指向对儿童生活的事件和情境的教育意义的理解,它的目的是获取事物的本真意义,进一步理解在儿童的生活方面自己或他人的过去行为的教育恰当性。因此,反思对父母、教师与儿童在一起的生活起着重要的作用。

　　反思关注教育情境中的行动的恰当性。换句话说,对行动进行反思的教师总是在问:“我本应该怎样做?”通过对“我本应该怎样做”进行全面的反思,教师实际上决定了想成为什么样的教师。范梅南认为,在反思中,教师会对过去的教育体验获得新的或更深刻的认识。教师同时也将自身的存在和准备行动与某种智慧融在一起。当获得进一步以适当方式行动的机会时,教师就能够通过可能的行动展示出在反思中生成的智慧。[①]

　　2. 现象学写作

　　“经验—分析”科学支配下的教育学研究关注方法问题,写作只是一种表达研究成果(如统计数据、图表、结论)的过程,它与研究过程是完全分离的。而在现象学教育学研究中,关注的焦点不是方法的问题而是意义的问题,因此,“写作与研究、与实际的教育生活密不可分”,“现象学教育学研究从根本上说就是一种写作活动,研究和写作是同一过程的两个方面”。[②]

---

① [加]马克斯·范梅南.教学机智——教育智慧的意蕴[M].李树英,译.北京:教育科学出版社,2001:154.
② [加]马克斯·范梅南.生活体验研究——人文科学视野中的教育学[M].宋广文,等,译.北京:教育科学出版社,2003:9.

（1）现象学写作的涵义

范梅南认为，现象学写作，就是尽可能地用生活世界的语言去描述个人的、简单的体验，捕捉、传达生活体验的意义。现象学写作需要关注细节，需要注意对生活体验的解释和因果性分析。现象学写作的目的是将生活体验的本质以文本的形式表达出来，通过挖掘生活体验的意义丰富生活体验自身，并且在写作的过程中生成教育智慧。

（2）现象学写作的要素

范梅南关于现象学写作的思想部分地受到了著名现象学家拜登迪克（Buytendijk）的启示。拜登迪克提出了可以使现象学研究者的感觉力更加敏锐的方法：增加研究的情境的数量；对某一情境的结构分析和寻找辨识本质所必须的条件；发展能够成为研究和实验基础的关于某一情境的意义的知识。在拜登迪克观点的基础上，范梅南深入研读了乌特勒支学派，尤其是兰格威尔德和比茨（Beets）的现象学文本之后，结合自己的研究经历提出了现象学写作的三要素。

第一，"收集生活体验素材"。[①] 它指的是写出个人的生活体验。范梅南认为，写出个人的生活体验还不能够称为是真正的现象学写作，但它能够被视为现象学方法的准备性构成——类似于传统的教育学研究的资料收集过程。

第二，研究素材以获得生活体验的"根本结构"。"根本结构"是范梅南现象学教育学思想中的一个重要概念，即生活体验的"本质"。现象学教育学研究就是对生活体验的"根本结构"（本质）的研究，目的就是要揭示生活体验的"根本结构"。生活体验的"根本结构"不同于"经验—分析"科学视域中那些可以经过逻辑推理得到证实的"系统结构"等一类的概念，它是一种生活体验中不可替代的东西，某一生活体验失去了"根本结构"就不成为这一生活体验。

范梅南认为，可以通过两种方式研究生活体验的"根本结构"。一是变换例子（即自己个人的在不同时间不同场合中的生活体验）以从不同角度研究生活体验的"根本

---

① Van Manen，Max. An Experiment in Educational Theorizing：The Utrecht School [J]. *Interchange on Educational Policy*. 1978 - 1979，10(1).

结构"；二是与现象学家创作的诗歌、小说、民间故事、日记等描写的生活体验进行类比，以获得对生活体验的"根本结构"的把握。

第三，现象学描述中包含着指向教育学行动的建议（recommendations）。

（3）现象学写作与教育智慧的生成

现象学写作是一种教育情境的描述分析①，是一种生活体验的本质的捕捉和表达。要理解现象学写作与教育智慧生成之间的联系，首先需要理解"生活体验的本质（根本结构）"和"教育情境"这两个术语。生活体验是现象学研究的出发点和归宿，生活体验具有确定的本质，它表现为生活体验的特殊结构和蕴含于其中的意义。"教育情境"是"生活世界"概念在教育领域中的体现，是范梅南现象学教育学思想中的少数几个核心概念之一，它在其教育思想中的地位类似于"生活世界"在胡塞尔现象学思想中的地位。在范梅南这里，"教育情境"不是抽象意义上的而是正在发生着意义的真实的情境。

范梅南认为，教育情境的描述分析能够在两方面产生现象学知识。一方面，"教育行动的法则隐晦地包含在教育情境之中，这些法则通过教育情境的描述分析而显露出来"。② 因此，在某种程度上说，"教育情境的描述分析是实践的"，"教育情境的描述分析发展出大量的关于教育的知识"③，这种类型的知识是现象学意义上的知识。另一方面，在教育情境的描述分析过程中，写作者须臾没有离开真实的教育生活，始终置身于自身创造的文本的空间中。文本的空间是写作者在写作中创造出来的，但在某种意义上它已经存在于那儿。写作者能够清晰地意识到它们的存在，为了追寻意义需要使自己置身于这一空间，在描述着真实的教育情境的同时也参与了教育情境的建构。

---

① 由于现象学写作是对教育情境中发生的意义的描述，所以，"现象学写作"与"教育情境的描述分析"、"生活体验的描述"、"生活世界的描述"都是同义语，范梅南在不同的语言背景中交替使用这些术语，没有做严格的区分。

② Van Manen,Max. An Experiment in Educational Theorizing：The Utrecht School ［J］. *Interchange on Educational Policy*. 1978 - 1979,10(1).

③ Van Manen,Max. An Experiment in Educational Theorizing：The Utrecht School ［J］. *Interchange on Educational Policy*. 1978 - 1979,10(1).

因此,写作者在教育情境的描述分析中能够清晰地体验到"一种获得关于生活的感受"①,这种感受也是一种现象学知识,"它构成了教育智慧的合法性的基础"。

范梅南强调指出,教育情境的描述分析能够剥离出一个实实在在的被当场呈现和构成着的东西——体验的本质或根本结构,而"生活体验的根本结构使教育智慧成为可能"。② 范梅南对此并没有加以解说,而是把它作为一个自明性的观点呈现出来。那么如何理解范梅南的这一观点呢? 我们认为,范梅南的这一观点是以胡塞尔哲学思想体系中的"本质直观"思想为前提的。胡塞尔提出,可以通过"直观"获得现象的本质,范梅南把这种教育领域中能够"直观"到现象(即生活体验)的本质的能力称为教育智慧。通过真实的和想象的体验的分析性描述的运用,教育情境的根本结构被揭示出来。这一过程实际上也是描述者个人的生活体验与这一根本结构持续性的对话过程,"我们把自己的体验置入一种反思性对话之中"。③ 因此,现象学写作过程,就是教育情境的根本结构被揭示的过程,是其被"直观"到的过程,因而,也就是教育智慧的生成过程。

四、范梅南教育智慧思想的意义、局限与启示

(一) 范梅南教育智慧思想的意义

1. 表达了对"教育学"和"教育"的不同理解④

范梅南用"Pedagogy"表述"教育学",致力于创建"一门新型的教育学"——"智慧

---

① Van Manen,Max. The Phenomenology of Pedagogic Observation [J]. *Canadian Journal of Education*. 1979,4(1).
② Van Manen,Max. An Experiment in Educational Theorizing:The Utrecht School [J]. *Interchange on Educational Policy*. 1978 – 1979,10(1).
③ Van Manen,Max. An Experiment in Educational Theorizing:The Utrecht School [J]. *Interchange on Educational Policy*. 1978 – 1979,10(1).
④ 范梅南的"教育学(pedagogy)"概念既涵盖了我国的"教育学"概念,又涵盖了我国的"教育"概念。为了不引起歧义,相应地,此部分内容分开讨论范梅南关于"教育学"(国内意义上的)的观点和关于"教育"(国内意义上的)的观点。

教育学"。范梅南的教育智慧思想是其智慧教育学思想的集中表达。在范梅南看来，教育学是"一门成人（包括教师、父母和其他与儿童成长相关的人）与儿童如何相处的学问"，是"一门实践驱动的学科"①，它包括"与孩子们一道生活以及反思我们与孩子们生活的方式"。② 反思"与孩子们生活的方式"生成教育智慧，教育智慧在成人"与孩子一道生活"时以教育机智的形式体现出来。正是在这种意义上，范梅南认为，"教育的智慧和机智可以看作是教育学的本质"，"智慧构成了教育学的内在方面，机智构成了教育学的外在方面"。③ 把教育学理解为一门实践学科，并把教育智慧和教育机智视为教育学的本质，是范梅南对教育学作出的不同理解。

在教育学作为一门独立的学科构建时，赫尔巴特就指出，"教育学……是以实践哲学和心理学为基础的。前者说明教育的目的；后者说明教育的途径、手段与障碍"。④ 后来，由于科技理性在社会中的支配地位和心理学的迅速发展，20世纪北美的教育学科的发展完全以心理学为基础，而本应作为教育学的另一基础的实践哲学被绝大多数教育学家忽视了。范梅南对教育学的理解明显不同于同时代的其他西方教育学家。他把教育学定位于"一门实践性学科"，并强调了教育学科的伦理责任立场和教育学家的"儿童立场"。我们认为，范梅南的上述研究一方面在一定程度上恢复了教育学的实践哲学传统，另一方面范梅南基于他的教育智慧思想得出的关于教育学的独特的理解对于西方教育学发展中的许多基本理论问题的解决有重要的借鉴意义。

范梅南的教育智慧思想对教育也作出了不同的理解。首先，他认为教育是一种召唤。教育的召唤是"那种召唤我们聆听孩子需求的召唤"。⑤ 教师总是考虑对学生有益的事情，做教师就意味着生活中"有了召唤"；只要教师开始像真正的教师一样与学

---

① ［加］马克斯·范梅南. 教学机智——教育智慧的意蕴［M］. 李树英，译. 北京：教育科学出版社，2001：55.
② 李树英. 教育现象学：一门新型的教育学——访教育现象学国际大师马克斯·范梅南教授［J］. 开放教育研究，2005(3).
③ ［加］马克斯·范梅南. 教学机智——教育智慧的意蕴［M］. 李树英，译. 北京：教育科学出版社，2001：172—173.
④ ［德］赫尔巴特. 普通教育学 教育学讲授纲要［M］. 李其龙，译. 杭州：浙江教育出版社，2002：207.
⑤ ［加］马克斯·范梅南. 教学机智——教育智慧的意蕴［M］. 李树英，译. 北京：教育科学出版社，2001：35.

生生活在一起，学生就会以无法预见的方式触动他们，教师会时刻体验到一种被召唤感。其次，范梅南还视教育为一种关系、一种际遇。教育就是教师与学生之间"相遇"，就是教师与学生之间发生了的、发生着的一种教育关系。师生间的教育关系不再只是达到教育目的的手段，它也在其自身的存在中找到自身的意义，教育关系本身就是教育的一部分，它具有本体论的意义。范梅南如此理解的教育不再只是枯燥的、干瘪的概念，不再只是教育理论建构的工具，而是生存本体论意义上的教育，是鲜活的发生着的教育。

2. 预示了教师教育的可能发展方向

纵观 20 世纪西方教师教育的发展进程，教师教育理念的演变历经了"技术型教师"、"专家型教师"和"反思型教师"三个阶段。第二次世界大战结束后至 20 世纪 70 年代，科学技术的进步给西方社会带来了翻天覆地的变化，基于对科技理性的崇拜，教师教育领域把"技术熟练者"视为理想的教师形象，追求教育的效率性和有效性。进入到 20 世纪 80 年代，人们意识到教师是提高教育质量的关键，教师应当像医生、律师一样成为专业人员。随着"教师专业化"命题的提出，以"控制"为旨趣的"技术型教师"的教师教育理念遭到普遍的质疑和批判，"专家型教师"成为人们心目中理想的教师形象。20 世纪 80 年代中后期，西方教育界逐渐兴起"反思性教学"的理论研究热潮，相应地，在教师教育领域又提出了"反思型教师"的教师教育理念。实际上，"反思型教师"的教师教育理念并没有超越"专家型教师"，只是属于"专家型教师"中的一个较高层次。

早在 20 世纪 70 年代中后期，范梅南就意识到了追求"技术型教师"的教师教育理念可能产生的危险后果——掌握了所有的教育理论、教学程序和技术仍然不能胜任教学工作。基于现象学教育学的视角，范梅南提出教育实践需要教师富有智慧的行动，教师教育应培养"智慧型教师"。"智慧型教师"拥有的是教育智慧，教育智慧不同于"技术型教师"占有的外在于教师的、可以通过训练获得的教学技术、程序，也不同于"专家型教师"掌握的、李·舒尔曼（Lee Shulman）意义上的专业知识。教育智慧表达了教师整个身心的存在，与教师须臾不可分离。在范梅南这里，教育不是孤立于教师生活之外的,而是已经成为教师的一种生活方式,教育与生活是统一的,借用杜威的话说,"教育即生活";对于教师来说,教育智慧不是可有可无的,它是教师过好这种生活所必需的一种品质。正是在这一意义上,我们认为,范梅南教育智慧思想中培养"智慧型教师"的教师教育理念超越了"技术型教师"的教师教育理念,也超越了"专家型教师"的教师教育理念,它在很大程度上预示了教师教育的可能发展方向,对当代及未来教师教育的发展产生了深远的影响。

3. 强调了关心在教师素质构成中的优先性

第二次世界大战以后,由于经历了剧变的西方社会环境和家庭环境难以为儿童的发展提供足够的支持,而学校教育的努力往往局限于更新课程内容和发展出更富有效率的教学方法,所以,西方儿童产生了"没有人关心我们"①的抱怨。20世纪90年代以后,范梅南与其他一些西方教育学者,如古德莱得(Goodlad)、诺丁斯(Noddings)、杰克逊(Jachson)等一样,也敏锐地意识到真正的关心在儿童的生活世界中缺失这一问题,并从现象学教育学的视角对关心问题表现出浓厚的学术兴趣,进行了相关研究。范梅南的教育智慧思想极大地深化了教育领域中对关心理论的研究。

首先,范梅南对教师的关心品质作出了创造性理解。一般认为,关心是教师的专业素质的构成部分,是对教师的职业道德素质的普遍要求。倡导"关心教育"的美国著名教育学者诺丁斯认为"关心意味着一种关系"、"以专注和动机移情为特征"。② 范梅南深刻地指出,诺丁斯虽然踏上了"通往本源的关心的意义的道路","却没能够通达本源"。在其教育智慧思想中,教师的关心是一种道德体验,近似于教师的一种道德本能。关心不是外界对教师的职业要求,而是教师自己体验到的一种神圣的使命感,是教育本身向教师发出的一种召唤,召唤并不来自外界,"召唤本身在召唤"。因此,关心不是处于教师理性控制范围之内的,在教师理性的认识之前关心就已经在教师身上发

① ［美］内尔·诺丁斯. 学会关心——教育的另一种模式［M］. 于天龙,译. 北京:教育科学出版社,2003:7.
② ［美］内尔·诺丁斯. 学会关心——教育的另一种模式［M］. 于天龙,译. 北京:教育科学出版社,2003:
　　23—24.

生了。视关心为一种道德体验,是范梅南教育智慧思想对关心内涵的全新理解。

其次,范梅南的教育智慧思想强调了关心在教师素质构成中的优先性和核心地位。由于科技理性在教师教育领域中的深远影响,胜任教育工作需要的技能和教师的专业知识基础分别成为 20 世纪 80 年代之前和 80 年代之后教师教育领域研究的重点,而关于教师的关心品质问题的研究一直没有得到应有的重视。范梅南的教育智慧思想明确提出了在教师的教育实践中"道德性第一、理性第二","教师的教育行为首先体现的是一套规范性标准,其次才是理性的标准"①的观点,强调关心品质在教师素质中的核心地位。我们认为,范梅南的这一论断意义重大,对关于教师素质结构构成的已有观点发起挑战,迫使教育学者重新思考教师素质结构中各构成要素之间的关系。

(二) 范梅南教育智慧思想的局限

1. 忽略了制度化教育对教育智慧的规约与消解

范梅南讨论的教育智慧的内在构成要素中包括情感性知识和关心品质。从前文的分析可知,情感性知识孕育于教师的行动、身体、周围的世界和与学生的关系之中,是每一位教师都具备的;关心品质作为教育智慧的核心构成要素,是一种教师于教育情境中涌现的道德体验,是教师个人在生活中所生成的类似于本能的东西。在范梅南看来,普通一线教师是拥有智慧的,虽然这种教育智慧是属于较低层次的,但是一线教师完全可以成长为智慧型教师。并且,范梅南教授提出,智慧型教师至少需要拥有的最基本素质包括:"职业使命感,对儿童的喜爱或关心,可信赖的品质,对儿童高度的责任心,对儿童的信念,自我批评的开放性,智慧的成熟性,对儿童主体性的敏感性,阐释的能力,与儿童相处时处理突发事件的果断性,坚定的道德观,积极的希望,幽默和活力"。② 然而,一个明显的事实是,众多的一线教师与范梅南所描述的智慧型教师的

---

① Van Manen, Max. Practice-reflectivity and the Pedagogic Moment. http://www. phenomenologyonline. com/MAX/articles/index. html. 2006 - 9 - 12.

② Van Manen, Max. Can Teaching be Taught ? Are Real Teachers Found or Made? [J]. *Phenomenology* + *Pedagogy*, 1991(9).

素质要求之间存在着较大的差距,只有极少数的教师能够达到上述境界。范梅南对于这一事实没有给出解释。我们赞同范梅南作出的"一线教师是拥有教育智慧的"判断,但同时我们也认为,当前教育的高度制度化在很大程度上规约、消解了教师的教育智慧。教育高度制度化,直接导致教师的主动性、创造性被强调规范、高效的规章制度"屏蔽"掉。教育过程成为一种程序化的操作过程,教师只需要按部就班地实施课程内容。

范梅南没有讨论制度化教育对教师教育智慧的规约的问题,而是侧重于从学理上勾勒出一幅未来教师教育的发展蓝图,描绘出智慧型教师的美好形象,体现出明显的"乌托邦"色彩,是其教育智慧思想自身的局限所在。但是,我们同时也要认识到,范梅南作为一名有着世界影响的教育学家,不可能认识不到制度化教育对教师教育智慧的规约。他之所以没有过多地阐述这一问题,有他的现象学教育学背景方面的原因,但更为重要的是,范梅南是有着强烈的责任感的教育学家,教育智慧思想寄托了他作为一位教育学家的使命感和教育理想,他的教育智慧思想的"乌托邦"色彩恰恰反映了范梅南教育智慧思想的价值追求。此外,我们还要认识到,教育智慧思想的上述局限性也是一种"必要的乌托邦","必要的乌托邦"并不是空想,在经过一定的修正之后,也存在着实现的可能性。

2. 否定教育理论的价值

范梅南从两个方面否定教育理论的价值。首先,在范梅南看来,已有的教育理论往往是在不具备"完全的自身被给予性"的研究起点的前提下从事教育学研究所得出的结论,因此是不可靠的。其次,范梅南通过否定已有的教育理论对于教育实践的价值进而否定了教育理论的价值。他认为,"教育的意义与实质并不存在于枯燥的理论中"[①];虽然教育理论"对了解如何进行教育行动很重要",但"无法告诉我们怎样去

---

① [加]马克斯·范梅南.生活体验研究——人文科学视野中的教育学[M].宋广文,等,译.北京:教育科学出版社,2003:189.

做"①；"当我们有了诸多的理论之后，我们容易变得自以为是和想当然，这时候，我们就很容易忽视学生的真正的生活世界"。②

范梅南所从事的包括教育智慧思想在内的现象学教育学研究也属于理论建构，否定教育理论的价值不就等同于否定自己所从事的工作的价值吗？我们认为，首先要认识到，范梅南所否定的"教育理论"是"经验—分析"哲学支配下的教育理论，是以认识为取向的教育理论，而不是以实践为取向的教育理论。这是我们此处展开对范梅南的批评的起点。

我们认为，范梅南以教育理论"在教育的时机无法告诉我们怎样去做"为理由而否定其在教育实践中的作用是不恰当的。教育理论作为"教育的'理论'"，不是一种价值无涉的研究成果，而主要是一种对教育实践的关怀。教育理论的这种关怀不是在教育活动之外的，而是在教育活动范围之内的，体现在它对教育活动所做的每一点理解上。它的深层次目的在于加深或更新人们对教育与人之间的意义关系的理解，而不在于为教育活动提供一套实际的有效的工具。教育理论是以一种理性认识的方式参与教师对教育的理解。因此，范梅南以教育理论"在教育的时机无法告诉我们怎样去做"为理由而否定其在教育实践中的作用，这是对教育理论的错误期待。此外，现象学教育学研究只是教育学研究的诸多范式之一，现象学教育学研究不应排斥其他范式的教育学研究，范梅南对教育理论的价值重视不够既是其教育智慧思想的局限，也是现象学教育学研究范式的局限。

3. 模糊了一线教师和教育学研究者的角色差异

基于现象学"面向实事本身"的精神，范梅南把生活体验作为现象学教育学研究的起点和对象，发展出人文科学研究方法论——生活体验研究。范梅南对中小学一线教师和教育学研究者这两类研究主体没有进行区分。在范梅南看来，教育学研究者与中

---

① [加]马克斯·范梅南. 教学机智——教育智慧的意蕴[M]. 李树英，译. 北京：教育科学出版社，2001：60.
② 李树英. 教育现象学：一门新型的教育学——访教育现象学国际大师马克斯·范梅南教授[J]. 开放教育研究，2005(3).

小学一线教师一样,首先是一名教育者。作为一名教育者,教育学研究者"不能远离'教育学(pedagogy)'去搞研究",不应该"只顾建构自己的理论,而放弃对读者、儿童所应承担的教育义务",而应该"充分展示我们在生活中的教育立场……应在养育、教学的过程中承担起自己的教育责任"。① "从事教育学研究是让我们更充分地过好与儿童在一起的生活"②,教育学研究者也需要教育智慧。

范梅南强调教育学研究者的教育者身份和教育学研究不能远离教育的生活世界是非常必要的,但不能混淆中小学一线教师和教育学研究者这两类研究主体之间的界限。一方面,教育学研究者和中小学一线教师是两类不同的研究主体,由于分工不同,二者应该存在明显的角色差异。中小学一线教师从事生活体验研究,旨在提高自身素质,生成教育智慧,更好地实现教育的意义,使学生能够更加积极地发展;教育学研究者开展生活体验研究,除了获得对教育实践的解释力、介入并促进教育实践以外,还在于生产实践取向的教育学知识和建构实践教育学理论。另一方面,相比较于教育学研究者而言,一线教师教育哲学素养普遍欠缺,他们对以晦涩难懂的现象学、解释学为基础的生活体验研究方法论难以真正掌握。不加区分地认为生活体验研究作为方法论既适宜于教育学研究者,同样也适宜于一线教师,模糊了两者显著的角色差异,无论是对于一线教师素质的提升还是对于教育学研究者开展理论研究都是不利的。

(三)范梅南教育智慧思想的启示

2001 年启动的我国第八次基础教育课程改革在理念上大量地引进、借鉴、吸收了西方教育理论研究的最新成果,如建构主义理论、加德纳的多元智力理论、斯腾伯格的成功智力理论、范梅南的教育智慧思想等,其中,范梅南的教育思想被誉为"将是继霍华德·加德纳的多元智能理论引进后的又一引进理论热点"。③ 范梅南的教育智慧思

---

① [加]马克斯·范梅南. 生活体验研究——人文科学视野中的教育学[M]. 宋广文,等,译. 北京:教育科学出版社,2003:181—182.

② Van Manen,Max. We Need to Show How Our Human Science Practice is a Relation of Pedagogy? [J]. *Phenomenology ＋ Pedagogy*. 1986,4(3).

③ 丁钢. 像范梅南那样做叙事研究[J]. 上海教育,2005(Z2).

想给我国新课程改革以诸多启示。首先,范梅南关于教育智慧的内在构成和生成途径等方面的研究反映了其对教育智慧问题的深刻认识。范梅南的教育智慧思想不仅为我们提供了相对成熟的关于教育智慧的一整套理论标准,而且为我们提供了研究教育智慧的概念框架和研究方法,我们可以以此开展关于教育智慧这一课题的本土化研究。其次,由于范梅南的教育智慧思想集中批判了教育与儿童生活世界的脱离、学校教育中的学术训练中心倾向和传统教育方式使儿童失去智性等诸多问题,并且倡导回归生活世界,倡导在教师与学生之间开展真诚的交流,所以,它的启示意义并不仅仅局限于教师教育领域,而是体现在诸多方面。

1. "从生活本身出发"进行教育学研究

自 20 世纪 80 年代以来,无论在研究成果的数量上还是质量上,我国的教育学研究都进入了一个相对的繁荣期,构建起了相对完备的教育学理论体系。但是也一直存在着突出的、直接制约教育学研究发展的根本问题——教育学研究远离教育实践,忽视现实教育问题。而恰恰是这一点,致使教育学研究成果在发展变化的教育现实问题面前的解释能力和指导能力弱化,教育学自身也因此面临着合法性危机。

范梅南教育智慧思想启示我们,教育学研究需要从"建立一种教育理论着手,然后用这种理论指导我们的行动"转向为"从生活本身开始,用与儿童相处时的反思帮助我们更好地理解教育生活"。[①] 从生活本身出发研究教育,在研究态度上,教育学研究者需要"面向实事本身","悬置"自己已有的关于教育的种种观点、看法,直面真实发生着的教育现象,用自己的眼睛去观察,用自己的心灵去感受,在对教育现象的直接的生活体验中进入本真的教育世界。在研究目标指向上,教育学研究者要以改进教育实践为己任。教育学研究者不应是教育实践的旁观者,应该通过与一线中小学教师建立合作伙伴关系,针对现实的教育问题开展研究,在自己发展理论的同时更要引起教师、学生和教育实践的积极的变化。在研究成果的表达上,故事成为教育学研究成果的表达方式。教育是一种实践,教师和学生之间发生的各种各样的故事构成了教育的"生活世

---

① [加]马克斯·范梅南. 教学机智——教育智慧的意蕴[M]. 李树英,译. 北京:教育科学出版社,2001:279.

界",因此教育学研究者不应对教育作概括,"概括化倾向会阻碍我们发展我们继续关注人类体验的独特性的理解力"。① 实际上,传统的理性的教育学语言在叙述教育的过程中已经把丰满的教育事件干瘪化,阻碍了教育的真实表达。运用有情节、有情境、有人物的故事而不用抽象的概念表达教育学研究成果能够再现一个个充盈而真实的教育事件,让我们感受到教育本身的丰满。

2. 教师教育需要回归教育的生活世界

教师教育需要回归教育的生活世界,不是追随时髦的一句空洞口号,而是范梅南的教育智慧思想给予我们的实实在在的启示,它主要源自于范梅南对教育的重新理解。

范梅南的现象学教育学是一门以实践为取向的教育理论,它与以认识为取向的教育理论的根本区别在于,它保持了教育的丰富、充盈与生动。当范梅南把教育重新理解为一种召唤、一种关系的时候,"教育"从干瘪的语词概念的分析框架中竖立起来,它不再是抽象意义上的,而是"前概念"的、"前科学"的,具体地说,教育就是教师与学生之间发生着的一系列的故事和事件。如此理解教育,教育的世界就是由教师、学生、参与到教育中的其他人和物构成的发生着的世界。其中,教师起着关键性的作用。教师的教育实践是他们在与学生的交往活动中实现教育的意义的过程。教育意义的实现意味着学生受到了某种触动,获得了某种积极的发展。在每一个具有教育意义的故事或行动中,我们感受到教育的发生,感到教育的意义的存在,具体地说,"当课堂上身处困境学生感受到教师鼓励的话语所传达出的温暖时,当教师向学生眨眼睛表示对他们的工作赞赏时",教育如其所是地显现着、发生着。如此理解的教育只有在生活世界中才能寻找到。需要说明的是,这里的生活世界不是胡塞尔意义上的先验的世界,而是教师每天生活于其中的发生着教育的、"前概念的"世界。"前概念的"的含义在于它是未经概念固定下来的,正在发生着的。教育正在这里发生,这里就是教育的生活世界。

---

① [加]马克斯·范梅南. 生活体验研究——人文科学视野中的教育学[M]. 宋广文,等,译. 北京:教育科学出版社,2003:27.

循着以上对"教育"和"生活世界"的理解,我们就会发现,教师教育回归生活世界的含义在于:教师教育应现场化,应基于教师的教育体验;教师教育应是实践取向的,而不是理论取向的。以教师的课堂和任职学校为教师教育的主阵地,是教师教育发展的必然要求。教师的教育实践不仅是教师教育的起点,也是教师教育的途径和最终指向。

当前我国的教师教育依然存在远离教育的生活世界,远离教师的教育实践的倾向,教师教育较多地关涉教师的认知而很少能够真正触及教师的实践层面。虽然许多教师教育工作者注意到了教师的教育实践的丰富性和独特性,并把其作为重要课题予以研究,但是此类研究的旨趣大多不在教育实践本身,而在于教育实践之上或之外的学理化解释,教师难以从这类研究中得到切身的体验。我们认为,实现教师教育向教育的生活世界回归的两种途径:一是教师教育应从"教育"向"学习"转变,建设以"学习"为中心的追求教师自主发展的教师教育范式,即把教师教育与教师的教育实践融为一体,教师的成长与发展在自己的教育实践中得以实现。中小学校是教师教育的重要阵地,它不仅仅是学生成长的乐园,也是教师发展的场所。二是教师教育工作者和教师通过讲述以现象学文本形式已经存在的教育故事或以故事的方式述说个人的教育体验来共同营造出一个"教育的生活世界"。这样一个生活世界中,教育依然在发生着,它是另一种意义上的教育现场。

3. 把个人教育体验作为教师教育的重要课程资源

范梅南首次把教育体验作为教育学研究的内容,其智慧教育思想可称之为"教育体验之学"。受其启发,我们认为,师范生和教师的个人教育体验应成为教师教育的重要课程资源。个人教育体验即师范生和在职教师的关于教育的生活体验。无论是作为未来教师的师范生还是身处教育一线的在职教师,都有着丰富的个人教育体验。在职教师的个人教育体验主要来自实践中与学生的接触和互动,而师范生的个人教育体验主要来自于自己的作为学生在中小学校的成长历程。

确认个人教育体验对于教师教育的重要价值,是把他们的个人教育体验作为教师教育的重要课程资源的前提。首先,个人教育体验中含有教育的真实的发生。教育不是抽象地存在的,当教育发生时,总会使在场的教师和学生有所触动,生成教育体验。在这种意义上,我们完全可以认为,教育即"在场"的体验。其次,个人教育体验中蕴含了师范生和在职教师对教育的素朴的、源初的理解,是他们对教育的意义世界的深刻洞察,也是他们对个人教育体验中所负载的教育价值和意义的领悟。正是这些理解、洞察和领悟构成了师范生和在职教师对教育的"前理解",基于"前理解"的理解才真正可能。第三,个人教育体验具有对理性思考教育的优先性。我们总是先有了对教育世界的体验,才能对教育进行思考,并且在个人教育体验的日趋丰富中、在个人教育体验的日趋多元中,师范生和在职教师获得了不断的发展。最后,个人教育体验也是师范生和在职教师的一种在教育世界中的生存方式,是他们对自身在教育世界上的生存境遇或生存价值的具体的深层体会。因此,我们认为,个人教育体验是教师教育中最为丰富的课程资源,它为教师教育提供了广泛而坚实的基础,构成了教师教育的起点。

把个人教育体验作为教师教育的重要课程资源,从根本上确认了师范生和在职教师在教师教育中的主体地位。个人教育体验与其拥有者具有共在性,它是拥有者的体验,与其拥有者须臾不可分离,并且体验总是独特的,属于拥有者个人的内心感受。当师范生和在职教师的个人教育体验成为教师教育的起点时,教师教育工作者的任务就在于帮助他们追寻体验中的教育意义,教师教育工作者的角色是帮助者和引导者。此外,把个人教育体验作为教师教育的重要课程资源,师范生和教师的自主发展、主动发展在真正意义上成为可能。传统的教师教育体系提供给师范生和在职教师的教育学理论知识与他们的教育世界是割裂的,难以与他们的教育世界发生关联,接受教育学理论知识对于他们来说是被动的。然而,当我们把师范生和在职教师的个人教育体验纳入教师教育的视野中,让师范生和在职教师以故事的方式说出或写出他们的个人教育体验时,他们立即回到了真实的教育现场,置身于自己营造的发生着的教育世界中。表述个人教育体验的过程,就是一个不断深化对教育的理解、叩问教育的意义的过程。而获得对教育本真的理解,可能正是我们的教师教育所应真正追寻的。

4. 重视对我国传统师德思想的批判性继承

我国有着悠久丰厚的教育传统,自春秋战国直至 19 世纪末期,以孔子、朱熹等为代表的中国古代教育思想家发展出了丰富的师德思想,这是一笔极其宝贵的思想遗产,也是今天我国教师专业伦理标准建设的根基之所在。只有根植于我国传统师德思想的沃土之中,我国的教师专业伦理建设才能够获得鲜活的生命力。

我国古代封建社会的启蒙教育不仅在于传授给学生知识,更为重要的是帮助学生学会做人之道。将学生学会做人看得比学习知识更为重要,决定了对教师的师德的要求胜过对教师的学识和其他方面的要求。一个合格的教师,首先是一个有德行的教师。"师者,人之模范也。"我国古代教育思想家不仅提出了关于从教所应具备的师德方面的要求,而且尤为可贵的是,他们以身作则,率身垂范,以自己的言行为后世树立了榜样。

2004年,范梅南教授在中央教育科学研究所与朱小蔓教授进行学术交流时,说过这样一段话,"中国的传统教育有一定的价值在里面,这是中国一个非常好的传统,千万不要对自己的传统采取一种视而不见的态度"。[①] 范梅南高度评价了我国传统教育中的伦理价值因素,而且,在范梅南教育思想中,我们也发现了中国传统教育思想的伦理性的宝贵价值,范梅南教授教育智慧思想中所包含的一些概念诸如"替代父母关系"、"关心品质"、"教育的道德性"等,其实质特征和深层内涵,在我国传统教育思想中都能找到存在的依据或隐约的表达。

当前我国以教师专业化为核心的教师教育改革中,教师专业伦理建设是一项重要的工程,然而当下的教师专业伦理标准研究领域存在一个危险的倾向:几乎忽略了中国传统师德思想的现实教育意义,或至少是没有对我国传统师德思想进行有效的开掘和创造以发挥其对现实的教师专业伦理标准建设的实践价值;简单搬用西方制定的教师专业伦理标准,强调对教师专业伦理的底线要求。范梅南旨在针对教师专业发展时代问题的教育智慧思想中基于对中国传统教育的深刻理解而形成的对其高度重视和极高评价无疑让我们警醒,甚至更让我们汗颜。教师专业伦理有两个思想源头,一是

---

① 朱小蔓,其东.教育现象学:走向教师的教育研究——与现象学大师马克斯·范梅南教授对话[N].中国教育报,2004 - 10 - 21.

古代中国的伦理型,一是古代西方的科学型。中国与西方国家有着不同的教师伦理传统,我国的教师专业伦理的制定应以中国古代传统师德思想为主要思想来源。西方教师专业伦理标准的制定很大程度上参考了诸如医生、律师等较为成熟的专业,但是,"教育的本质是一项道德性活动"①,教育的道德性这一根本特征使得教师的专业伦理与医生、律师等专业人员有着根本的不同,强调对教师专业伦理的底线要求是与教育的道德性特征相违背的。因此,在目前的教师教育研究中,我们需要认识到中国师德传统是中国千百年来所积淀下来的一种内在精神,它是中国特色的教师专业伦理标准建设的本源之源,我国教师专业伦理标准的制定必须加强对我国传统师德思想的梳理、分析和批判性继承。

第二节 教育的节奏——怀特海的教育智慧

艾尔弗雷德·诺思·怀特海(Alfred North Whitehead,1861 - 1947)是"20 世纪最杰出的哲学家之一"②,过程哲学的创始人。他在数学、逻辑学、理论物理学、哲学、教育学等方面都有极深的造诣,被誉为"有七张面孔的思想家"。③

一、怀特海简介

1861 年 2 月 15 日,怀特海出生于英国肯特郡萨尼特岛兰姆斯格特的一个学术及宗教气氛都特别浓厚的家庭。幼年的他一直于家中在父亲的指导下读书,10 岁习拉

---

① [加]马克斯·范梅南. 教学机智——教育智慧的意蕴[M]. 李树英,译. 北京:教育科学出版社,2001:14.
② [英]怀特海. 观念的冒险·中译者序[M]. 周邦宪,译. 贵阳:贵州人民出版社,2000:1.
③ [日]田中裕. 怀特海——有机哲学[M]. 包国光,译. 石家庄:河北教育出版社,2001:3.

丁文,12岁习希腊文。直到1875年,15岁的怀特海进入位于南英格兰对面边缘德塞特州的舍伯恩(Sherborne)学校。① 在这所具有1200多年历史的学校里,怀特海接受了严格的古典语教育。

1880年秋,怀特海考入英国剑桥大学三一学院,标志着其学术生涯的正式开始,在此期间他一直致力于数学研究。其最主要的数学著作是与他的学生伯特兰·罗素(Bertrand Russsell)合著的四卷本《数学原理》。1910年,怀特海赴伦敦大学任教,开始了从数学向自然科学哲学的转向。1880—1924年,构成了怀特海思想发展的第一个阶段,即数学—自然科学哲学阶段。

1924年,怀特海从伦敦大学退休后赴美国哈佛大学哲学系任教,并于1927—1928年主持著名的"吉福德讲座"(Gifford Lecture)②,开始了其学术生涯的新阶段,即哲学—形而上学阶段。这是怀特海一生学术思想发展最重要的时期,正是在这一阶段他写了过程哲学的代表性著作:《科学与近代世界》(1925)、《过程与实在》(1929)、《观念的历险》(1933)等,其中最主要的当首推被高坂正显称为"具有七种色彩的神秘之书"的《过程与实在》,这是"一部在难度上可与康德的《纯粹理性批判》相媲美的著作"③,被公认为当代西方哲学最重要的著作之一。

怀特海出身于教育世家,祖父和父亲潜移默化的影响以及家乡美丽的古代文化遗迹使他对教育有着极大的兴趣。④ 此外,怀特海本人也曾在英美的剑桥大学、伦敦大学和哈佛大学这些著名学府里担任过包括教授、系主任、教务委员会主任、理事会主席在内的多个不同职务,使得他对现代工业文明社会中教育的理念、制度和实践(特别是

---

① 在怀特海有关教育的演讲论文集《教育的目的》(徐汝舟译)一书收录的《自述生平》中,怀特海写到,1875年他15岁时被父母送到舍伯恩学校读书。周邦宪在《观念的冒险》一书的"中译者序"中指出,怀特海于1876年15岁进入舍本恩(Sherborne)学校读书。日本学者田中裕在《怀特海——有机哲学》一书中指出,怀特海于1875年14岁时进入萨宾(Sherborne)学校。三处的时间不一致。此处采用《教育的目的》一书怀特海的《自述生平》中的时间,特此说明。
② 吉佛特讲座主讲是当时英语世界中的最高荣誉。
③ [美]菲利浦·罗斯.怀特海[M].李超杰,译.北京:中华书局,2002:1.
④ [英]怀特海.教育的目的[M].徐汝舟,译.北京:生活·读书·新知三联书店,2002:156.

其中的弊端,如保守的观念、狭隘的偏见、僵化的体制)有着切身的体验和独到的见解。他正是根据自己的切身体验,以及作为一位数学家和哲学家的敏锐的直觉和深刻的思考,提出了一系列富有创造性和针对性的"后现代教育思想"①——过程教育思想。

二、"现实实有":解读怀特海过程哲学的一把钥匙

与许多同时代的英美哲学家重逻辑论证不同,怀特海的过程哲学"似乎更接近于……中国的思想"。② 与此相对应,"智慧"这一颇具东方色彩的词汇也成为了怀特海过程教育思想的核心概念,他曾经说过,"教育的全部目的就是使人具有活跃的智慧"。怀特海所追求的教育,就是以"智慧"为目的的教育,他的一系列教育论文和演讲都是在"智慧"的主题下展开的。也正是在这一意义上,我们或许可以认为,"智慧教育"正是怀特海的教育理想。③

怀特海的教育思想集中体现在《教育的目的》一书中。《教育的目的》是一本演讲论文集,其章节大多发表于 1925 年之前,相比较于标志着怀特海过程哲学思想成熟的《科学与近代世界》和《过程与实在》等代表性著作,这本书是历史上的先在。同时,我们在研究中还发现,在怀特海全部教育思想中,"教育的节奏"理论是其核心,而《教育的目的》中用来表述这一核心理论的教育学语言在《科学与近代世界》和《过程与实在》

---

① 把怀特海的教育思想界定为"后现代",主要采纳了王治河博士的观点。王治河指出,后现代之主要和最有意义的特征为"一种向他者开放的态度"。从这样一种角度来看怀特海,他的确是个后现代主义者。正是基于王治河的研究,我们把怀特海的教育思想称之为"后现代教育思想"。此外,美国著名学者马尔康姆·伊万斯(Malcolm Evans)在谈到怀特海教育哲学的影响时也指出:"怀特海的教育哲学对现时代的影响,是后现代思想中的一个重要因素。"(Evans, Malcolm. *Whitehead and Philosophy of Education*. Atlanta, Amsterntan. 1998:21.

② [英]怀特海. 过程与实在[M]. 周邦宪,译. 贵阳:贵州人民出版社,2006:156.

③ 在怀特海的教育思想中,基本上没有关于"教育智慧"的直接论述。但由于其过程教育思想集中、深入地讨论了"智慧教育"的主题,并提出了许多具有原创性、启发性的见解,所以怀特海的过程教育思想不但为我们今天研究"教育智慧"提供了丰富的思想资源,而且他探讨的许多教育范畴正是我们今天研究"教育智慧"所必须要首先面对的基础研究。这也正是我们选择怀特海的思想作为本章内容的原因之一。此外,后文从"教育目的"的角度具体阐述了这一主题。

中都有所阐述,怀特海在《教育的目的》中使用的概念本质上已经触及了其思想形成的第二阶段的过程哲学意义上的使用。据此,我们认为,怀特海的"教育的节奏"理论是其整个过程哲学形成的前奏和先兆。"教育的节奏"理论(或者说其全部教育思想)只有放在怀特海过程哲学的背景下才能被更好地理解。

此外,严格地说,怀特海首先是一位数学家和哲学家,其次才是教育思想家。怀特海的形而上学哲学体系是其教育思想的基础,没有对其过程哲学的先行把握也就谈不上对其教育思想的真正理解。当然,全面概括怀特海的过程哲学显然不是一件容易的事情,这也不是我们此处行文的主旨。从与"教育的节奏"理论相关的角度,围绕着"现实实有"这一核心术语,我们可以简要地概括出怀特海过程哲学的以下命题。

(一)"构成世界的终极实在是现实实有(actual entity)"

怀特海的过程哲学一方面坚守了"传统的哲学和哲学的传统",主要表现在其承袭了自柏拉图、亚里士多德以来的建立庞大形而上学的努力,另一方面也是对"传统的哲学和哲学的传统"的一种超越,主要表现为以"现实实有"作为构成宇宙的终极实在,致力于传统形而上学的重建。

在怀特海的早期自然哲学里,"事件(events)"是一个核心概念。① "所谓事件就是以某种定量扩延着的、一种更具有普遍意义的、以某种决定性方式相互联接着的事态组合。"②作为怀特海自然机体观的终极成分的事件,它与时间和空间范畴密不可分。此外,事件与事件之间存在着"共生"和相互"感受"等活动,"事件与一切存在都相关,尤其与其他事件相关"。③ 怀特海在谈到事件与事件的关联时还指出,"一个事件的关联就其本身来说是内在相关的,也就是说,这些关联是构成事件本身的要素"。④ "每一种关联都参与到事件的本质里,所以离开这种关联,事件甚至就不能成为本身

---

① 曲跃厚认为,"事件"这个概念体现了怀特海的研究领域由数学向自然科学哲学的转向。
② A. N. Whitehead. *Process and Reality* [M]. Cambridge University Press, 1929:101.
③ [英]怀特海. 科学与近代世界[M]. 何钦, 译. 北京:商务印书馆,1989:100.
④ [英]怀特海. 科学与近代世界[M]. 何钦, 译. 北京:商务印书馆,1989:101.

了。"①怀特海用事件来指代事物时,特别指出,事件的意义只能作为其内在结构中的附加物而存在。事件的复杂结构是其自身的意义得以存在的前提,它是通过事件之间的扩延和保留活动共同实现的。在这种复合结构中,可被识别的事件通常是与其他事件相互关联的;而对于其他事件的特征,并不完全局限于直接意识的范围之内,而多数都是在这种关联结构中得到显露的。

在怀特海的后期著作中,"现实实有"成为其观念体系中最重要的哲学基本范畴,也是其过程哲学走向成熟时期的标志。他以此概念来替代早期的"事件"概念,而"事件"不过是怀特海在这一时期以同种方式考察自然的理论工具。"现实实有""是构成世界的终极实在,我们无法到现实的存在者的背后去发现任何更为实在的东西。现实的存在者之间是有差异的。神是一个现实的存在者,而居于离我们非常遥远的空荡荡的空间里的微不足道的一阵风也是现实的存在者。尽管它们在重要性方面有等级差异,而且其功能也不同,但所有的现实存在作为原理的例证都存在于同一个地平线上。关键就在于,这些都是同样的现实存在者。另外,这些现实存在者是构成复杂而相互依赖的一份经验。"②

现实实有成为终极实在后,心物关系的难题便迎刃而解。此时,"心灵"是精神实有,"物质"是物理实有。两者的共同特征为现实实有,而其差异只在于程度。怀特海关于现实实有的定义,完全颠倒了传统形而上学中的理念与现实事物之间的关系。自柏拉图以来的西方哲学的存在论原理可以简单地概括为:理念是一切现实的存在论根据,没有理念就没有根据。而怀特海则把存在论原理修正为:"没有现实实有就没有根据"③,"对任何根据的探索始终是对承担该根据的某种事实的探索"。④ 我们从这个存在论的原理中可以引申出以下结论:只有从现实的经验出发才能理解存在,没有经验

---

① [英]怀特海.科学与近代世界[M].何钦,译.北京:商务印书馆,1989:119.
② 周邦宪把 actual entity 译为"现实的存在者",特此说明。[英]怀特海.过程与实在[M].周邦宪,译.贵阳:贵州人民出版社,2006:31.
③ [英]怀特海.过程与实在[M].周邦宪,译.贵阳:贵州人民出版社,2006:32.
④ [英]怀特海.过程与实在[M].周邦宪,译.贵阳:贵州人民出版社,2006:72.

根据的判断、命题和哲学观点是无效的。如此说来，怀特海在本体论上强调现实实有的终极意义，实际上也就等于在认识论上强调经验的奠基意义。可以说，现实实有是怀特海在经验论基础上构筑自己的形而上学的逻辑基础。①

（二）"一只正在蜕皮的蝉"②——"现实实有是正在生成的过程"

现实实有又称"现实际遇"（actual occasion），怀特海指出，"'现实际遇'这个词和'现实体'是在同一意义上使用的"。③

一般而言，"际遇"一词是指在特定的环境下发生某一事情的机遇。当怀特海把现实实有称之为现实际遇时，显然要把前者理解为某一现实机遇下所生成的东西。也就是说，现实实有不是僵硬的实体而是正在生成的过程："现实的世界是过程，过程是诸现实实有的生成。所以，诸现实实有可以说是被创造出来的，因而也可称之为'现实际遇'。""现实实有如何生成决定着现实实有是怎样的。从而关于现实实有的两种描述不是相互独立的。即，现实实有之'存在'是由它的'生成'构成的。这就是'过程的原理'。"④怀特海的这一论述表明，过程是根本的，只有赋予现实实有以过程的内涵，它才有意义。

怀特海所理解的过程具有多方面的含义。一方面，过程是客观的，它体现为转变（transition）和共生（concrescence）。转变即一种现实实有向另一种现实实有的转化，它构成了暂时性；共生则意味着"一个现实实有的内在的生成过程"⑤，它构成了永恒性。另一方面，过程又是主观的，是一种内在的享受。怀特海认为，过程的所有单位都是以享受为特征的，都具有内在的价值。这是因为，缺乏享受，乃是纯客体的标志。而所有的经验都是享受，成为现实的，同时也就是成为一种经验际遇，因而成为一种享受

---

① ［英］怀特海. 过程与实在：宇宙论研究［M］. 杨富斌，译. 北京：中国城市出版社，2003.
② "一只正在蜕皮的蝉"原是中国社会科学院哲学所霍桂恒先生对"有可能成为现代西方哲学的生长点但这种可能性并没有完全变成现实的""怀特海哲学"的隐喻，此处这一隐喻的内涵与霍先生的不同，只是借用霍先生的说法，以表达怀特海哲学中的"现实实有"的"过程性"。
③ 曲跃厚. 怀特海哲学若干术语简释［J］. 世界哲学，2003（1）.
④ ［英］怀特海. 过程与实在［M］. 周邦宪，译. 贵阳：贵州人民出版社，2006：38，40.
⑤ ［日］田中裕. 怀特海——有机哲学［M］. 包国光，译. 石家庄：河北教育出版社，2001：217.

际遇,两者在本质上是相关的。①

　　那么,通过"生成"过程的视角去理解"存在"意味着什么? 首先,通常意义上的现实实有都不是永恒的,并且某一现实实有正是因为有了某种适宜的"契机"才开始存在的;其次,"存在"这个词的真实的含义就是"生成",因而现实实有的存在实际上指的就是它的不断的生成。② 当然,现实实有的生成不是永恒的。一个现实实有随着时间的推移必然会终结自身的生成过程,接踵而来的是新的现实实有的生成过程。但是,新的现实实有的生成过程不能脱离过去的现实实有,因为过去的现实实有仍以"顽强的事实"存在于现实之中,影响着未来的瞬间。另一方面,生成又是超越过去的"顽强的事实"而趋向未来现实实有的"创造性发展(creative advance)",因而现实世界每时每刻都处于创造性的过程当中。成为现实的就是成为过程的。过程立足的是现在,承继的是过去,面向的是未来。所以,怀特海把自己的哲学也叫做"过程哲学"。

(三)"现实实有既是主体又是客体"

　　众所周知,近代哲学的中心问题是认识论,而认识论的基本问题是主体与客体的关系问题。近代哲学家们认为,人与对象世界的关系是主体与客体的关系,对象世界的规定性是由人所固有的思维法则给出的。怀特海明确地批评上述主客二元对立的思维方式,并引入"摄入(prehension)"概念以消解二元对立的实体性思维并建立起新的主体性原则。

　　"prehension"是怀特海根据"apprehension"一词所造的词。什么是摄入? 摄入"表示的是经验际遇将任何其他现实实有包容在内的一般方式"。并且,"实际存在物的本性唯一地在于,它是某种正在被摄入的事物"。③ 怀特海还提出,"现实实有相互联系……它们相互摄入。正因为如此,便存在着现实实有共在的实在个体事实,它们是实在的、个体的,也是特殊的……现实实有中任何这样的共在的特殊事实,都被称为'联

---

① 曲跃厚. 过程哲学的硬核学说及其神学旨趣[J]. 求是学刊,2007(4).
② 元永浩. 怀特海形而上学的核心范畴——现实的存在者[J]. 吉林大学社会科学学报,2006(1).
③ [英]怀特海. 过程与实在:宇宙论研究[M]. 杨富斌,译. 北京:中国城市出版社,2003:73.

系'"。① 根据以上论述,摄入表达的是现实实有在生成过程中的本质特征,揭示的是现实实有之间的相互关系。一切现实实有在根本上都是相关的(首先是在和先前的现实实有内在相关的意义上,其次是在和后继的现实实有外在相关的意义上),某一现实实有跟其他现实实有之间存在着千丝万缕的联系。② 一个现实实有的生成过程是诸多现实实有规定一个新的现实实有的过程,同时,一个现实实有的生成过程也是该现实实有顺应其他现实实有并创造自身独特价值的过程。在这一意义上,现实实有既是主体,也是客体。因为,无论主体还是客体,都不是先前规定的,而是在过程中生成的。在过程发生之前,无所谓主体和客体之分。在怀特海看来,所有实际的客体都曾经是主体,所有的主体都会变成客体。主体与客体并非实际的两种事物,而是以不同方式考虑的同一些东西。当前的现实实有是当前对现实实有摄入的主体。过去的现实实有是这个摄入的材料,是给予主体的客体。

这样,以摄入思想为基点,怀特海就把主体概念从人扩展到一切现实实有,把任意一个现实实有与周围其他现实实有之间的关系都理解为主客体的关系,他把自己的这个新主体性原理叫做"改造了的主体论原则"。日本研究过程哲学的著名学者田中裕认为,"我们所遭遇的一切具体事物,不能仅仅理解成客体,要同时当作主体来把握。……现实中的事物,从其自身的角度考察时都是主体,而从他者的立场来看便是客体。从主体到客体、从客体到主体的能动地相互变换,怀特海视其为'过程'的真意所在"。③

三、"教育的节奏"理论之内涵

作为怀特海全部教育思想的核心,"教育的节奏"理论的内涵是丰富的。它不仅表达了怀特海对教育本质的理解,而且对教育的过程进行了具体的描述,为具体的教育

---

① [英]怀特海.过程与实在[M].周邦宪,译.贵阳:贵州人民出版社,2006:26.译文有改动。
② 怀特海有一句名言:"在一定意义上说,在所有的时间里,任何现实实有存在于任何地方。"(In a certain sense,everything is everywhere at all time.)表达的就是这一思想。
③ [日]田中裕.怀特海——有机哲学[M].包国光,译.石家庄:河北教育出版社,2001:96.

实践提供了可资借鉴的理论。

（一）"智慧人"：教育目的论

教育的目的归根结底在于培养人，这已经成为人们的共识，但在"培养什么样的人"这一问题上，存在着许多不同的观点。怀特海认为，"教育的全部目的就是使人具有活跃的智慧"①，在于培养"智慧人"。

怀特海尖锐地指出，20世纪初期的英国学校教育培养的是"空心人"。这种学校教育忽视了生命个体的丰富性、开放性和整体性。它把个体的大脑看作是"可以被人无情地塞满各种陌生思想的匣子"，把个体的成长看作是"往行李箱里装物品的过程"，把个体的进步看作"均匀不变的、持续稳定的、并不因为类型或速率的改变而有所不同"的匀速运动，把个体的生活经历看作是"想拆掉拼图游戏的七巧板那样，把它们拆成分离的小块"②……如此培养出来的人"就像被打了预防针，不再有任何智慧的火花迸发"③，他们缺乏想像力而仅仅机械地凭知识办事，会夸夸其谈却不知如何运用掌握的知识。他们所具有的只是"呆滞的思想"。

怀特海具体地描绘了他心目中的"智慧人"形象。"一个人仅仅见识多广，他不过是这个世界上最无用而令人讨厌的人。我们要造就的是既有文化又掌握专门知识的人才。专业知识为他们奠定起步的基础，而文化则像哲学和艺术一样将他们引向深奥高远之境。"④显而易见，怀特海所向往的"智慧人"是业余爱好者和专家的统一。业余爱好者有鉴赏力和虔诚心，他们爱好广泛，多才多艺，但缺乏专业知识赋予的预见能力。专家具有专业知识和强烈的责任感，他们立志为人类的福祉奔波操劳，但只有在崇敬感的呼唤下，以一种敬畏天命的心态面对宇宙，他的所作所为才合目的合理性。两者的统一则完美地体现在"智慧人"的涌现中。

此外，怀特海提出的"智慧人"形象还强调个体的"生命意义"与"社会生活"的和谐

---

① ［英］怀特海.教育的目的［M］.徐汝舟，译.北京：生活·读书·新知三联书店，2002：66.
② ［英］怀特海.教育的目的［M］.徐汝舟，译.北京：生活·读书·新知三联书店，2002：55，59，31，68—69.
③ ［英］怀特海.教育的目的［M］.徐汝舟，译.北京：生活·读书·新知三联书店，2002：68.
④ ［英］怀特海.教育的目的［M］.徐汝舟，译.北京：生活·读书·新知三联书店，2002：1.

完美统一。生命是世界中最可贵的存在,怀特海认为,探讨个体在世界中存在的样态必须要从感性的、当下的血肉之躯开始,人的意义的阐释也只有通过生命的再现才能得到表达。"在教学中,你一旦忘记了你的学生有躯体,那么你将遭到失败。"①个体不仅有生命,还有生活。正因为有了生活,个体的生存才被直接赋予社会实践的品质。怀特海认为,生活和实践是教育的唯一源泉。如果生活和实践是开放的、动态的和创造的,那么教育也理应如此。教育没有游离于生活和实践之外的主题,它"只有一个主题,那就是五彩缤纷的生活"。② 通过生活和实践所获得的知识必然是有用的,必然会服务于社会的发展和人类的进步。

(二)"循环说":教育过程论

怀特海的教育过程观具体地体现在"教育的节奏"理论中,教育的节奏是教育中"一个特定的原则"。③ 怀特海用了一种自己认为是"最不加掩饰的叙述方法"来解释"教育的节奏"的含义:教育的节奏是指"不同的科目和不同的学习方式应该在学生的智力发育达到适当的阶段时采用"。④ 怀特海认为,"任何有教育经验的人"对于这一原则"都是十分熟悉的"。但是,"在教育实践中,人们在对待这个明确无疑的原理时,并没有对学生们的心理给予应有的注意"。⑤

在怀特海看来,教育的节奏表现为一种"涡式的循环"。"涡式的循环"包括两方面的含义:一是教育过程的"三阶段说",二是周期性循环。

1. "三阶段说"

怀特海认为,"生命在本质上是周期性的"⑥,个体智力的发展也是如此,教育必须根据这种周期性或阶段性即节奏性来把握教育的特点和规律。怀特海把一个人从婴

---

① [英]怀特海.教育的目的[M].徐汝舟,译.北京:生活·读书·新知三联书店,2002:88.
② [英]怀特海.教育的目的[M].徐汝舟,译.北京:生活·读书·新知三联书店,2002:12.
③ [英]怀特海.教育的目的[M].徐汝舟,译.北京:生活·读书·新知三联书店,2002:27.
④ [英]怀特海.教育的目的[M].徐汝舟,译.北京:生活·读书·新知三联书店,2002:28.
⑤ [英]怀特海.教育的目的[M].徐汝舟,译.北京:生活·读书·新知三联书店,2002:28.
⑥ [英]怀特海.教育的目的[M].徐汝舟,译.北京:生活·读书·新知三联书店,2002:31.

儿到成年受教育的过程具体地分为浪漫阶段、精确阶段和综合运用阶段三个阶段,并对它们进行了详尽阐述。

浪漫阶段是开始领悟的阶段,覆盖了儿童生活最初的 12 年。这一时期,个体专注于语言,尚处于直接认识事实的阶段,个体的知识也不具有条理性。怀特海认为,在从接触单纯的事实到开始认识事实间存在重要的关系这一过程中,会引起儿童的兴奋,浪漫的情感本质上就属于这样一种兴奋。

精确阶段包含了青少年在中等学校受教育的整个时期,是"通过掌握精确的知识细节进而领悟原理的阶段"。[①] 在这一阶段,个体专注于科学,分析成为主要的方法,知识居于次要地位,从属于系统性和精确性。

综合运用阶段则是"摆脱知识细节而积极运用原理的阶段",其本质是"脱离那种被训练的比较被动的状态,进入主动应用知识的自由状态"。[②] 具体地说,它是青年迈向成人的阶段,是将一般概念应用于具体事实、并将孩子的知识转变为成人的力量的阶段。在这一阶段,知识的细节可能会减少,但个体获取知识的能力却提高了。

"现实实有"不是僵硬的实体而是生成的过程,"现实实有"是如何生成的决定了它是怎样的,因此,过程是根本的。在过程之过去、现在和未来这三个维度中,怀特海最看重的又是"现在"这个维度。因为"现在包含一切。现在是神圣的境界,它包含了过去,又孕育了未来"。[③] 显然,"三阶段说"与怀特海这一哲学思想是内在地一致的。同时,前文也已指出,过程既是客观的又是主观的,它是一种内在的享受;过程的所有单位都是以享受为特征的,都具有内在的价值。过程的内在价值和意义是其本身所具有的,而不是外加上去的。因此,只有关注"当下",在每一个阶段为学生提供最适合于他们身心发展的教育,而不是为教育树立一个个"遥远的目标",才能够避免教育的失败,才能够培养出创造性的人才。

---

① ［英］怀特海.教育的目的[M].徐汝舟,译.北京:生活·读书·新知三联书店,2002:66.
② ［英］怀特海.教育的目的[M].徐汝舟,译.北京:生活·读书·新知三联书店,2002:66.
③ ［英］怀特海.教育的目的[M].徐汝舟,译.北京:生活·读书·新知三联书店,2002:4.

此外，"三阶段说"与前文讨论的摄入理论也存在着内在的关联。我们认为，教育过程的"三阶段说"是"现实实有"的"摄入"理论的前奏。摄入表达的是现实实有在生成过程中的本质特征，它可以被描述为三个阶段：①反应状态；②补充阶段；③满足。[①]这三个阶段无论在形式上还是实质内容上都与"三阶段说"有着高度的相似性。

2. 周期性循环

教育的全过程一般受上述三重节奏的支配，需要指出的是，教育的过程绝不是浪漫阶段、精确阶段和综合运用阶段三个泾渭分明的阶段的线性传递。教育的过程是一种"周期性循环"。如何理解怀特海的"周期性循环"？

首先，个体受教育过程中三个阶段的划分不是绝对的，并不存在完全独立的某一个阶段。在任何一个阶段，"浪漫"、"精确"、"综合运用"都自始至终存在着，只是不同的阶段中的侧重点不同。"浪漫"、"精确"、"综合运用"在不同的阶段交替出现并且占据主导地位，正是这种交替构成了各个循环周期。

其次，怀特海认为，"并没有一个唯一的三重循环"，"整个智力发展是由多个这样的三重循环阶段交替构成"。"每个这样的循环是一个单独的细胞，或者可看作是一块砖；智力发展的整个过程是由众多这种细胞构成的有机体组织。在分析任何一个这样的细胞时，我称第一个阶段为'浪漫阶段'，称中间的阶段为'精确阶段'，称最后的阶段为'综合运用阶段'。"[②]

在这里，怀特海把教育过程比作"有机体组织"，把教育过程中的每一个循环比作"有机体组织的细胞"，由此可以看出，"涡式循环"作为教育的普遍规律，它不仅存在于从婴儿到成年这样一个大循环周期中，还适用于每一个"有机体组织的细胞"，正如怀特海所说的那样，"每天、每星期、每个学期都有若干较小的旋涡，它们本身又包含着三重循环"。[③]

---

① ［英］怀特海.过程与实在[M].杨富斌，译.北京：中国城市出版社，2003：215.
② ［英］怀特海.教育的目的[M].徐汝舟，译.北京：生活·读书·新知三联书店，2002：55,56.
③ ［英］怀特海.教育的目的[M].徐汝舟，译.北京：生活·读书·新知三联书店，2002：68.

整个智力的发展就由多个三重循环阶段交替构成,其中每一个阶段都是整个过程发展中的一个"小旋涡","如果教师在满足个体有节奏的渴望方面恰到好处地起激励作用,个体一定会不断地为某种成就而欣喜,不断地重新开始"。①

前文已述,怀特海把"现实实有"视为构成世界的终极实在,它是其过程哲学中最为核心的概念。这里,"现实实有"也是探究怀特海"教育的节奏"理论的"密钥"。现实实有是世界的基本要素,每一个现实实有都源自前一个现实实有,一旦条件成熟,它就将前一个现实实有取代并酝酿下一个现实实有——新的一轮循环就开始了。现实实有的周期性发展开始是一个被动和模糊地接受周围事物的过程,然后或多或少地主动转向确定,随后它再次变得模糊而形成新的现实实有。这种有节奏的循环贯穿于整个宇宙,但在生命体中表现得尤为明显。"教育的节奏"理论是这种有节奏的循环在人类学习领域的具体运用。

3."冒险精神":教育动力论

在怀特海72岁高龄的时候,他完成了《观念的历险》一书。该书开篇写道:"本书研究的是文明的概念,力图要理解的是文明的现态是如何产生的。我自始至终强调的一个观点便是:要提高和保持文明,冒险是很重要的。"②在怀特海看来,"冒险属于文明的本质"。③ 就人类的个体而言,"每一个个体都体现一种生存的探险,生活的艺术便引导这种探险"。④ 在人的一生中,每一个个体都有属于自己的冒险经历,正是这些经历促成并标志着个体的成长。取得了成就的人也常常是那些最具有冒险精神的人。

那么,"冒险精神"的具体所指是什么呢? 在怀特海的著作中,"兴趣"、"好奇心"、"热情"等概念都属于"冒险精神"的范畴。冒险不是莽撞,其基本的感觉应是热情与平和的统一。面对瞬息万变的世界,人们既有冒险的热情,又有大无畏的气概。只有二

---

① ［英］怀特海. 教育的目的［M］. 徐汝舟,译. 北京:生活・读书・新知三联书店,2002: 35.
② ［英］怀特海. 观念的历险［M］. 周邦宪,译. 贵阳:贵州人民出版社,2000:1.
③ ［英］怀特海. 观念的历险［M］. 周邦宪,译. 贵阳:贵州人民出版社,2000:347.
④ ［英］怀特海. 教育的目的［M］. 徐汝舟,译. 北京:生活・读书・新知三联书店,2002: 69.

者的统一,才构成冒险的精神。正如怀特海所说,"历险的统一体却包括爱欲,而爱欲则是追求一切可能性的活的冲动,它要求达到实现那一切的佳境"。[①]

冒险,不仅仅与人类的文明密切相关,怀特海认为,它还是教育的原动力。"没有冒险,就没有发生状态;没有发生状态,就没有未来;没有未来,也就没有新事物的诞生。冒险的价值就在于开辟未来的可能性,激发人们的创造力。"[②]冒险精神是教育过程的力量之源,是教育得以展翅高飞的双翼。正是在这一意义上,有人把冒险精神称之为教育的"根与翼"。

教育需要冒险精神。怀特海认为,"教育是训练对于生活的探险;研究则是智力的探险"。成功的教育应该在探究与创造的过程中,让青年体验到冒险与发现的乐趣。学校教育中,如果"不以激发首创精神开始,不以促进这种精神而结束,那必然是错误的教育"[③];如果"没有浪漫的冒险,至多只能得到缺乏创新的死板的知识"[④];使知识充满活力,不能使知识僵化,这是一切教育的核心问题。因此,学校"应该成为青年和老年人共同参与的探险活动的家园"。对于人类社会特别是现代社会来说,教育之所以重要,就在于通过教育,"行动的探险与思想的探险相汇合",从而推动社会的繁荣和文明进步。

四、建设性:"教育的节奏"理论之评价

怀特海是一位后现代哲学家,但与其他后现代哲学家有所不同的是,他的后现代主义是"建设性"的后现代主义。它对现代性的批判是辩证的扬弃而非摧枯拉朽式的全盘否定,它反对的是现代性的霸权而非要拒斥它已取得的成就。怀特海哲学的这种建设性向度对他的"教育的节奏"理论有着直接而深刻的影响,时至今日,当我重新回

---

① [英]怀特海. 观念的历险[M].周邦宪,译. 贵阳:贵州人民出版社,2000:348.
② 王治河等主编. 中国过程研究(第一辑)[M].北京:中国社会科学出版社,2004:35.
③ [英]怀特海.教育的目的[M].徐汝舟,译. 北京:生活·读书·新知三联书店,2002:66.
④ [英]怀特海.教育的目的[M].徐汝舟,译. 北京:生活·读书·新知三联书店,2002:60.

味怀特海富有智慧的教育论述,内心深处强烈地感受到一种穿越时空的共鸣。

首先,"教育的节奏"理论强调"具体个人"①意识。美国著名学者罗伯特·S·布鲁姆鲍格(Robert S. Brumbaugh)在《怀特海、过程哲学和教育》一书中指出:"在怀特海看来,学生是活生生的人,是一种具有创造性和审美旨趣的具体存在。"如前所述,怀特海认为,一切现实实有在根本上都是相关的,每一个现实实有都有内在的价值,都处于一种共生的过程中。为此,教育的过程需要尊重每一个现实体,尊重他者,尊重差异。和教师一样,学生也有其独特的情感、思想和行为。"一种想法不会适合各种类型的所有儿童"②,教育之所以具有魅力,是因为它面对的是具体情境中的一个个具体的个人,需要不断地判断对于某一个具体的孩子或者一群孩子来说什么是恰当的,什么是不恰当的,并且迅速地作出反应。或者说,教育的实践是一个面向具体个人的不断地进行反思性思考和行动的实践。正如著名的过程哲学家小约翰·科布所说:"教育是一种需要教师参与的艺术。如果一个教师选择了学生已经熟悉的命题,他们就会感到厌烦;如果他选择了与学生无关的命题,他们又会灰心丧气;如果他选择了与学生内心的信念相抵触的命题,他们可能会予以拒斥。因此,一个优秀教师的高超之处就在于他必须十分了解学生,能够发现和选择那些对学生有意义并能引起他们兴趣的命题。"③而"教育的节奏"理论最突出的一点就是关注个体,关注学生的身心发展特点,并把其上升为教育的主要原则。

其次,"教育的节奏"理论强调学生的主体性,强调学生的主动发展。怀特海认为,"人的大脑从来不是消极被动的"④,它是"一个不断发育的有机体","与教育过程最相似的是生物有机体吸收食物的过程"。⑤ 生物有机体是生命的存在,它充满活力,有着

---

① "具体个人"是借用叶澜先生提出的概念,但此处的内涵有所不同。
② [英]怀特海.教育的目的[M].徐汝舟,译.北京:生活·读书·新知三联书店,2002:17.
③ [英]小约翰·科布. 后现代主义与公共政策[M]. 北京:社会科学文献出版社,2003:126. 转引自熊华军. 个体生成:怀特海的过程教育哲学之意蕴[J].复旦教育论坛,2006(6).
④ [英]怀特海.教育的目的[M].徐汝舟,译.北京:生活·读书·新知三联书店,2002: 11.
⑤ [英]怀特海.教育的目的[M].徐汝舟,译.北京:生活·读书·新知三联书店,2002:59.

自己的节奏与规律,用"生物有机体吸收食物"来比喻"教育过程",表达了对作为主体的学生的尊重。其次,在怀特海看来,"'机体'的概念与'过程'的概念以双重方式相关"。① 过程与机体是一枚硬币的两个方面。过程是根本的,机体是活的,只有赋予机体以生命和生成(即过程)的内涵,它才有意义。由此我们认为,"教育"与"过程"也是密不可分的,"教育"即"过程","教育"的"过程"即学生个体生命生成的过程。这一过程是别人所无法取代的。尊重学生的主体性,就要尊重教育过程本身内在的生命的律动。实际上,"教育的节奏"理论对学生主体性的强调还可以从怀特海对"冒险精神"的推崇中找到答案。怀特海认为,个体发展的动力源自于内部的好奇心,源自于个体的"冒险精神"。"教育如果不以激发首创精神开始,不以促进这种精神而结束,那必然是错误的教育。"②

第三,"教育的节奏"理论揭示了现代教育弊病之所在,并指出改革的方向。怀特海认为,现代教育一个相当严重的错误在于导致了呆滞的知识,其原因就是过分强调了精确阶段而忽视了浪漫阶段。"没有浪漫的冒险,至多你只能得到缺乏创新的死板的知识。""以往的教育之所以如此的失败,就是因为没有对浪漫应有的地位进行认真的研究。"③浪漫阶段为学生提供了瞬间迸发兴奋与醒悟的可能性。没有自身内在的醒悟,学生就不可能有兴趣和好奇心去进一步深入探索周围的事物。在浪漫阶段如果不给予学生足够的空间和时间,就无法激发学生的内发动机。现代教育因为其线性的学习理念,与"教育的节奏"理论的核心原理是相违背的。

教育过程的不同阶段对教师提出了不同的要求。在浪漫阶段,学生的活动不应该由于过分强调细节和精确而受到约束。相反,应该给予学生运用已有的知识去解决问题的自由。鉴于学生已有的知识并不足以解决新问题,所以应允许他们犯错误和失败。教师在这一阶段的任务是要选择那些能激发学生"大脑中的活跃而纷乱"的问题。

---

① [英]怀特海.过程与实在[M].周邦宪,译.贵阳:贵州人民出版社,2006:294.
② [英]怀特海.教育的目的[M].徐汝舟,译.北京:生活·读书·新知三联书店,2002:66.
③ [英]怀特海.教育的目的[M].徐汝舟,译.北京:生活·读书·新知三联书店,2002:59—60.

这就意味着教师要具有良好的判断能力，在瞬间作出恰当的行动。在精确阶段，教师要介绍给学生一些新的、精确的、科学的术语以及被确认了的概念，使学生尝试把新的观点、概念和自己以前所学过的知识联系起来。教师在这一阶段的任务就是使用已被大众接受的术语和概念向学生介绍精确的知识。在综合运用阶段，需要达成的目标是把用精确的语言来表述的新概念应用到新的问题情境中去。教师应通过提出挑战性问题和提供信息资料来鼓励这种积极的探索过程，从而激励学生把已有的知识应用到新的情境中，并实现他们知识的主动转化。

虽然怀特海"教育的节奏"理论中没有直接对教师的素质提出明确的要求，但是从上面的分析中可以看出，由于"教育的节奏"理论本身的实践品质和对实践的解释力，这一理论自然而然地内含着对教师素质的高要求。教师必须掌握教育过程"三阶段说"，并能够判断自己的学生实际上正处于哪一个阶段。此外，教师还应该积极地关心学生的兴趣爱好，以便找出学生对什么内容真正特别感兴趣。而做到这些，需要教师具有能够应对复杂的教育情境的教育智慧。

第三节　教育的气氛——博尔诺夫的教育智慧

一、博尔诺夫及其哲学思想简介

O·F·博尔诺夫（Otto Friedrich Bollnow，1903－1991）是德国著名哲学家，当代德国教育哲学的首要人物，被誉为"德国教育学的世界权威"。他1903年生于今天属于波兰的什切青的一个"教师之家"。他的祖父和父亲都是教师，父亲曾做过一所国民学校的校长并提倡教育改革，母亲也受过师范教育。其祖父和父母的教育思想对他产生了十分深远的影响。

1921年，博尔诺夫从一所古典文科中学毕业后，进入夏洛滕堡（Charlottenburg）高等工程学校,在获得奖学金后,转入哥廷根大学,于 1925 年取得了物理学博士学位。之后不久,他去奥登瓦尔德(OL-denwald)一所学校做了一个学期的教师,结识了后来成为著名教育家的格黑布(Geheeb)和瓦根舍因(W. Wagenschein),这一段教师生涯把他的兴趣引向了哲学和教育学,改变了博尔诺夫的整个一生。

重回哥廷根大学后,博尔诺夫无心再继续他的物理学课题研究,而是开始攻读教育学。在这期间,他读到了《存在与时间》一书并被海德格尔的革新性思维所吸引,前往弗莱堡大学听了海德格尔两学期的课程。在学习中博尔诺夫又接触到狄尔泰的哲学思想,并被其所吸引,于 1929 年回到哥廷根大学,潜心研究狄尔泰的精神科学学说。1931 年,博尔诺夫成为德国教育学家和文化哲学家海曼·诺尔(Herman Nohl)的助教,在诺尔的指导和鼓励下,他以《雅可比的生命哲学》一文获得大学教师资格。

其后,由于纳粹的上台和战争的爆发,博尔诺夫被迫放弃了教学工作而埋头于生命哲学和精神科学哲学的研究工作。战后,1946 年博尔诺夫去了新开的美因兹大学,在那里,他形成了自己的教育人类学思想。1953 年,他被任命继承具有世界影响的著名教育学家斯普朗格(Eduard Spranger)的教席,同时担任德国教育学会会长。1970 年,博尔诺夫荣誉退休。

博尔诺夫一生著述甚丰,著有 30 多部专著和数十篇论文。在西方,他同伽达默尔一道被誉为战后德国哲学界最有创建的思想家,被认为"在赤裸裸的贫乏时代创立了高层次的理论"。博尔诺夫的哲学研究内容广泛,涉及生命哲学、存在哲学和哲学人类学等,在他的思想发展历程中我们能够看到一个一以贯之的主题,那就是对"人的存在"的关注。他自己曾说过,"在哲学中我最感兴趣的首先是直接与生命有关的'实践'领域:伦理学、美学、历史哲学、精神科学的方法论以及特别是称为哲学人类学的一切"。[①]实际上,他最终能够超越生命哲学、存在哲学,走向哲学人类学,与对"人的存在"、"人的生命"的关注密切相关。下面我们就围绕着"人的存在"这一主题,从生命哲学、存在哲学和哲学人类学三者的内在联系的角度尝试着探讨博尔诺夫的哲学思想。

---

① [德]O·F·博尔诺夫. 教育人类学·译序[M]. 李其龙,等,译. 上海:华东师范大学出版社,1999:5—6.

（一）存在哲学：生命哲学的极端

如前所述，博尔诺夫的哲学学术生涯由获得大学教师资格的《雅可比的生命哲学》开始，之后他又陆续发表了《气氛的本质》、《狄尔泰》、《生命哲学》等著作。能够看出，上述所有著作都与"生命哲学"有着直接或间接的联系。需要指出的是，在《生命哲学》之前，他的其他有关生命哲学的著作主要研究了微观的哲学问题或个别的哲学家，但是在《生命哲学》中，他则探讨了生命哲学的基本命题并直接涉及他所关注的未来哲学领域。博尔诺夫在书中指出，生命哲学视野中所谓的"历史"就是非理性之流，历史之中并没有任何普适的放之四海而皆准的规律和结构。因此，试图寻求普遍规律或以这种规律去试图说明历史是毫无意义的。"自然需要说明，而人需要理解。"（狄尔泰语）在这种背景中，博尔诺夫联系哲学人类学、解释学和精神科学等当代哲学思潮考察了生命哲学。

即使在《存在哲学》中，博尔诺夫也不只是仅仅阐述极端的存在哲学范畴，而是力图从生命哲学到存在哲学的演变中揭示出"生命哲学"的内容。与其他著作不同，《存在哲学》的特别之处在于阐明了生命哲学和存在哲学之间的内在联系和差异，指出了生命哲学的极端便是存在哲学。他指出，生命哲学曾于 19 世纪末至 20 世纪初流行于欧美的思想界。然而，第一次世界大战的爆发极大地破坏了生命哲学家们所倡导的诚信乐观的人际关系。鉴于普遍的忧虑、孤独和困惑等状态，存在哲学揭示了更深刻、更真实的存在体验，澄清了生命哲学中含糊不清的思想问题。于是，生命哲学未及充分展开其思想内容就被存在哲学取而代之。[①]

（二）哲学人类学：对存在哲学的超越

博尔诺夫第一次真正接触存在哲学是在 1927—1928 年间，他读到《存在与时间》并惊叹于海德格尔的思维方式，但他并不完全赞同海氏的思想，对海氏思想的许多方面持批判的态度。他第二次较为系统深入地研究存在哲学是在 1946 年去了美因兹大学之后，他全面探讨了法国的存在哲学，发表了《法国的存在主义》。在此书中，他首次

---

① 梦海.鲍勒诺夫教育学与哲学思想述要（下）[J].国外社会科学，1995(9).

把萨特、加缪和马塞尔等人的思想介绍到德国。他对法国存在主义哲学的关注,导致他转身德国的存在哲学,继而发表了《德国的存在主义》。

博尔诺夫认为,发端于克尔凯郭尔的关于"存在"问题的讨论,是对最内在的人的核心的关切。存在哲学对烦、忧虑、绝望等概念的分析是对人的此在深渊的新的发现和洞察,在这一意义上,存在哲学提供了一种崭新的人类学原理。但是,存在哲学把人的存在的否定性体验发挥到了极致,完全抹杀了人的存在结构的更重要的方面:信赖、希望和感谢。在博尔诺夫看来,真正的哲学人类学是从人的开放和发展的结构出发,得出一幅关于人及其在世界上的处境的光明图景,而存在哲学的根本错误正在于通过把存在体验加以极端化破坏了富有意义的人的生活。

博尔诺夫敏锐地指出了存在哲学的问题之所在,但他并没有否定和排斥存在哲学。他的哲学人类学的构想是建立在人的个体生命基础上的,他否认哲学人类学能够从整体上把握人的本质。因此,追问人的整体性是无意义的,所谓人的图景是站不住脚的。因此可见,尽管博尔诺夫试图克服存在哲学,但他依然接受了存在哲学的根本因素。事实上,在博尔诺夫那里,存在哲学的中心问题(忧虑、绝望、时间性等)构成其哲学人类学的基本因素。也正是在这一意义上,梦海先生认为,博尔诺夫通过强调"海德格尔存在哲学并不是人类学"而转向了哲学人类学。①

二、"教育的气氛"理论之内涵

(一)"教育的气氛"及其提出

何谓"教育的气氛"?博尔诺夫认为,教育的气氛是指"存在于教育者和儿童之间的最根本的情绪状态和能够被感受到的人类品质,它构成了每一种教育关系的基础"②,是"情感、情绪状态及对教育抱有好感或厌恶等关系的总和"。从博尔诺夫的上

---

① 梦海. 鲍勒诺夫教育学与哲学思想述要(下) [J]. 国外社会科学,1995(9).
② Bollnow, O. F. The Pedagogical Atmosphere [J]. *Phenomenology + Pedagogy*, Vol. 7, pp. 5 - 63.

述界说中,我们能够发现,"教育的气氛"主要包含了三方面的含义。

首先,它是一种弥漫于教育者和儿童之间的情绪情感状态。博尔诺夫教育思想汲取了存在哲学关于"人"的理解,认为人的情绪状态是人最本质的特性,是人的存在方式,这种情绪情感状态源自于人类的本性。实际上,无论身处教育情境之中的教育者和儿童是否意识到,教育的气氛都是客观存在的,是先于教育者和儿童的存在的。在教育者和儿童的每一次"相遇"中,都自然地蕴含着某种教育的气氛。

其次,教育的气氛被身处教育情境中的教育者和儿童所直觉到的。"被直觉到"既表明了它对于儿童和教育者的直接性,又意味着它难以被作为局外人的研究者所把握。教育的气氛就像笼罩于我们周围的空气,无时无刻不对浸润于其中的儿童产生着影响。只是这种影响更多的是隐性的,是不为人们所察觉的。

第三,教育的气氛"构成了每一种教育关系的基础"。这里所说的基础,并不仅仅意味着它是教育得以开展的背景和环境,而是说,教育的气氛本身就是达到教育目标所必须具备的根本不可缺少的条件,它对于教育的成功具有极其重要的意义。博尔诺夫认为,"它不仅表明有助于教育实施的有利情形和阻碍教育实施的不利情形,而且表明了在万不得已的情况下,即使没有有利条件或尽管存在不利的情形,教育仍将进行下去"。

从"教育的气氛"这一概念的上述分析中,我们可以感受到其内在的丰富意蕴。但博尔诺夫是如何能够提出"教育的气氛"这一教育理论呢? 抑或说,这一理论何以会由博尔诺夫创造呢? 我们认为,通过考察这一理论的提出背景,梳理其得以产生的哲学背景,可能更有利于我们正确地把握其内涵以及深刻地领会其价值。

首先,"教育的气氛"理论是对"大陆学派"教育学研究传统的传承。是西方的教育研究存在着两种不同的范式:"大陆学派"教育学研究范式和"盎格鲁——撒克逊学派"教育学研究范式。"大陆学派"教育学研究传承的是人文主义的传统,其一以贯之的主题就是对"人"的关注。由康德"主体性的人",到赫尔巴特的"观念人",再到精神科学教育学的代表人物狄尔泰"理解的人",博尔诺夫"现实关系中生存的人",我们能够看到,"大陆学派"教育学研究对人的理解逐渐从抽象到具体。进入 20 世纪,德国精神科学教育学派成为"大陆学派"的主导力量,作为当代精神科学教育学最重要代表人物的博尔诺夫,其"教育的气氛"理论延续了"大陆学派"关注"人"的研究传统,并进一步把这一传统发扬光大,彰显了现实关系中"具体的生存的人"。

其次,"教育的气氛"理论是博尔诺夫哲学和教育学研究主题的具体化。乌申斯基认为:"如果教育学希望全面地去教育人,那么它就必须首先全面地去了解人。"①正如乌氏认为的那样,博尔诺夫始终将人的存在问题放到人的教育活动中去审视。当然,他的教育哲学关注的"人",不再是抽象意义上的关于"人"的原理、规律等,也不再是前期精神科学教育学家们关注的"整体性的人",而是"现实关系中的人"。虽然博尔诺夫承认存在哲学对忧虑、绝望、畏惧等的分析是对作为此在的人的新的洞察,但是他认为存在哲学完全抹杀了人的存在结构的另一方面,即希望、信任和感激。博尔诺夫,人的本质并不限于消极和绝望,人类的本性中还具有积极乐观的一面。他的根本意图就在于以人的生命关系作为本源,在动荡不安的世界中寻求"新的安定性",为此,他撰写了《气氛的本质》一书,以期重新调节儿童的教育氛围。

第三,"教育的气氛"理论是博尔诺夫运用教育学人类学方法论获得的研究成果。在《危机与新开始》和《对于时间的关系》两本著作中,博尔诺夫详细地阐述了其教育学人类学研究方法论。他认为,教育学人类学不是某种新的教育学原理,而是旨在从哲学人类学把握整体教育的尝试。对他来说,所谓从事教育活动就是认识人本身。在这个意义上,教育学人类学不是单纯考察教育固有的现象,而是考察教育现象的人的意义。进而言之,教育不是从自身得到理解,而是从教育中的人的现实中得到理解。根据这种认识,博尔诺夫认为,为了理解人,就必须从人类学角度追问与人相关的各种事实。在博尔诺夫那里,无处不在的"教育的气氛"就成为其教育学人类学方法论的研究对象。从具体方法运用的层面来说,博尔诺夫是用"人类学阐释原则"来分析"教育的气氛"。它把"教育的气氛"视为人自身存在的本体现象,对这一具有特别重要意义的

---

① [俄]乌申斯基. 人是教育的对象:教育人类学初探(上卷) [M]. 郑文樾,译. 北京:人民教育出版社,1989:10.

对象进行深入的解释,可以真正探索人的意义。

(二)"教育的气氛"的基本形式

博尔诺夫把教育理解为人与人之间的灵肉交流的活动,是人的灵魂得以提升的活动。人的自我形成在人与人之间的相互对话与相互交往中得以实现。因此,"听"与"说"便成为了教育存在的前提。"说"意味着无拘无束地畅所欲言,"听"则意味着通常意义上的倾听。要达成这两个前提,重要的就是造成某种气氛。在博尔诺夫看来,营造教育气氛的目的是使儿童获得"安全感"与"愉快的心境"。这种教育气氛存在着两种基本的形式:一是"环境的安全感",二是"人际之间的亲密关系"。

首先,在博尔诺夫看来,为儿童营造一个"纯真的教育气氛",首先要使他们与"阴森黑暗"和充满危险的现实世界隔离开,生活在"受保护的环境中",从环境中获得安全感。博尔诺夫认为,"福禄倍尔关于建造一个充满美好情趣的象征世界,一种通过'安全窝'来隔绝野蛮的外部世界的'幼儿园'的思想",具有不朽的意义。① 因为儿童需要在熟悉的和可信赖的天地中安全地活动,这是一种天性,这种安全感对于儿童的正常发展是必须的。儿童在受保护的气氛中迈出人生的第一步,有助于培养其将来与来自敌对世界的危险作斗争的能力。

由儿童生活的环境出发,博尔诺夫在更普遍的意义上进一步研究了"空间"对于儿童乃至整个人类的身心发展的重要性。在博尔诺夫那里,"空间"不是单纯的数学空间而是与人生命的发展息息相关的空间。他揭示了儿童获取生活安全感的基本空间形式——家的人类学意义。他认为,人类不应把"居住空间——家"看作是某种外形的东西,而应看作是某种肉体的东西。"人由家而外出,又返回到家里。"在以家为中心的往返中,儿童建立了自己生活空间的关系网。没有家的保护,儿童就无法感受到安定感。因此,博尔诺夫指出,儿童"安全生活的基础就是拥有避开陌生世界目光的、不受侵犯的'安适气氛'"。"当人在其生命的发展中失去某个空间,比如父母的房子所提供的安全时,他便产生了建造一个新的保护性空间的任务。在这方面给他以帮助,这是教育

---

① [德]O·F·博尔诺夫. 教育人类学[M]. 李其龙,等,译. 上海:华东师范大学出版社,1999:78.

的一项重要任务。"①

其次,安全的环境只是儿童获得安全感的必要条件,儿童的安全感还需要与他们所爱所信的人(通常是母亲)的亲密关系中形成。通过亲密的人际关系的中介才能为儿童开辟认识世界和接触外界事物的道路。这一点,可以从对孤儿院儿童的研究中得到证明。② 博尔诺夫的这一观点很大程度上是受到其老师诺尔教授的启发,诺尔教授对这种"亲密关系"有着独到的见解。他从家庭关系和儿童在家庭中的最初教育出发构想教育者的基本活动方式,认为任何教育学都是"个体教育学",教育中的个体观点首先体现在家庭中。母亲以来自人类固有本能的充满爱的愉悦的母性态度在生命的当前状态中扶持着儿童,这种母亲般的姿态是一切教育活动的基础。教育者必须像家庭中的母亲一样为个体的成长承担责任。

诺尔教授还认为,把教育者与儿童联系在一起的具体的人际关系对于儿童的发展有着重要的意义,并把这种人际关系称之为构成教育先决条件的"教育关系"。博尔诺夫继承并发扬了自己老师的这一思想,他认为,这种关系对教育"具有无可估量的、怎么强调也不过分的意义"。③

总之,儿童的安全感需要从环境和"亲人"那里形成与建立起来,缺一不可。环境因素与人的因素就构成了营造一定教育气氛必须考虑的两个根本因素。使儿童获得安全感是对教育者提出的基本要求,对教育者提出的最高要求是使儿童获得愉快的心境。博尔诺夫认为,要使儿童获得"愉快发展的首要和最高条件是幸福和无忧无虑的、不为恐惧和担忧困扰的基本心境","获得、发展和保护这种愉快心境以及在各种不可避免的障碍后重建它,这是对教育者提出的最高要求"。④ 在博尔诺夫看来,愉快与悲

---

① [德]O·F·博尔诺夫. 教育人类学[M]. 李其龙,等,译. 上海:华东师范大学出版社,1999:80.
② 博尔诺夫指出,对孤儿院的研究表明,尽管儿童通常都得到极好的照料,但由于处在不确定的中间人之中,即由于照料者经常更换,儿童不能与其中某些人建立起持久的联系,因此他们的发展大大落后于同龄儿童,他们的死亡率也大大高于一般儿童的平均数。[德]O·F·博尔诺夫. 教育人类学[M]. 李其龙,等,译. 上海:华东师范大学出版社,1999:42.
③ [德]O·F·博尔诺夫. 教育人类学[M]. 李其龙,等,译. 上海:华东师范大学出版社,1999:47.
④ [德]O·F·博尔诺夫. 教育人类学[M]. 李其龙,等,译. 上海:华东师范大学出版社,1999:44.

哀或兴奋与压抑这一根本对立的情绪,不仅构成了人类生活中各种行为方式的基本矛盾,对人的生活存在巨大影响,而且对教育具有重要的意义。与成人相比,情绪对尚未成熟的儿童影响更大。因此,教育者必须尝试去促进有益的情绪,帮助受教育者防止或克服有害的情绪,并且要克服学校教育和教育机构的教育对人生艰辛的夸大和对游戏的忽视,使学校成为快乐的场所。

(三)影响"教育的气氛"的因素①

讨论影响"教育的气氛"的因素,我们首先需要重温博尔诺夫对人的理解。除了前文提到的存在哲学对人的深刻洞察给博尔诺夫以重要影响以外,德国哲学家舍勒(Max Scheler)的哲学人类学为他打开了另一扇理解人的窗口。舍勒认为,"人按其本性而言,本质上能够无限扩张到自己所处的世界所能延伸到的地方。人是一个能向世界无限开放的可能性"。也就是说,人是一种乐观的向未来敞开的生成过程。② 舍勒这种乐观主义的倾向帮助他克服了存在哲学对于人的理解的缺陷,并直接启发他从现实性和理想性两个维度理解人的本质:忧虑、烦、畏惧等是人存在的方式,但爱、信任和忍耐等是人的存在结构的更重要的方面。人类需要自觉地用爱、信任和忍耐等美好的品质去营造更为利于儿童成长的教育的气氛。

在博尔诺夫看来,影响"教育的气氛"的首要因素就是"对每一个需要教育的儿童充满爱心"。爱心是一种关心,是一种责任,是建立教育活动中良好人际关系的前提与基础。德国精神科学教育学有着强调"教育之爱"的传统。狄尔泰认为,教师对学生的爱是情感性的而非理性的、冷静的,它在教育过程中具有重大作用。诺尔把升华了的爱视作教化共同体的深厚背景与巨大推动——这种爱既是对现实的儿童的,又是对儿童的目标与理想的,完整地从儿童出发去创造应该创造出来的东西;现实主义的观察

---

① 博尔诺夫认为,教育爱、教育期望、耐心和希望是教育者的美德。(参见 Bollnow, O. F. The Pedagogical Atmosphere [J]. *Phenomenology + Pedagogy*, Vol. 7, pp. 5 - 63.)我们认为,它们也是影响"教育的气氛"的因素,这四种因素并不是并列关系。在博尔诺夫的哲学体系中,关于"爱"和"希望"的哲学理解占有着重要的位置,而"期待""信任"和"耐心"都是"希望"的应有之义。

② 邹进. 现代德国文化教育学[M]. 太原:山西教育出版社,1992:150.

与理想主义的意愿是深刻地联合的。① 博尔诺夫认为,教育中的爱是教育作为一门人文科学的本质特征,它是教育学的核心问题。② 由狄尔泰到博尔诺夫,我们能够看到一条精神科学教育学关于"教育中的爱"的阐述的清晰脉络。

博尔诺夫还认为,教育中的爱是以母爱为起点的。"母亲的照料之爱为儿童创造了一个值得依赖的、可靠的、纯洁的空间。儿童所获得的将是依附的、有意义的、熟悉的、亲近的和易于交往的品格。"③也正如极力倡导爱并实践爱的瑞士教育家裴斯泰洛齐所认为的那样,"如果说,爱、感激、信任和服从的萌芽是母子之间本能情感的吻合的简单结果,那么,进一步发展这些萌芽了的情感便是人类的崇高艺术"。④ "随着孩子的长大,他便从爱母亲进而爱双亲,爱兄弟姐妹,爱周围的人。当儿童上学校以后,社会交往和人际关系日益扩大,又把爱逐渐扩大到爱所有的人,爱全人类。"⑤

实际上,由于所处时代的特殊性,博尔诺夫对"教育之爱"的讨论具有着比裴氏更为丰富的内涵和现实的针对性。犹太神学家马丁·布伯提出将"我与你"的关系设定为社会构成的最基本单位,博尔诺夫认为,教师——学生的教与学关系是"我—你"关系的一种,是"爱"将教与学这种"我与你"的关系变成了"我们"的关系,即一种相互依存、互相协调而达到人性融贯的深挚关系。如果仅仅严格地要求学生,从纪律上约束,从课业上强制,从考试上施加压力,并不能使学生心灵健康发展,并且阻绝了师生之间的情感交流,人格心灵的陶冶消失了,教育变成了单一的知识授受。此外,他还认识到,对于经历过世界大战的处于危机社会中的学生来说,面对着身边危机四伏的环境,他们需要得到一种爱的支持和生活的力量;此外,人对人与人的隔离冷漠,对自己心灵世界的恐惧,人为自己的丑恶肮脏、为自己的本能和恶的本性而绝望无助,这也需要教育以爱之心帮助学生,使之增强生命的信念和消除丑恶的信心。在博尔诺夫那样一个特

---

① 陈锋. 狄尔泰教育学思想研究[D]. 华东师范大学博士后研究工作报告,2005:66.
② 邹进. 现代德国文化教育学[M]. 太原:山西教育出版社,1992:156.
③ [德]O·F·博尔诺夫. 教育人类学[M]. 李其龙,等,译. 上海:华东师范大学出版社,1999:42.
④ [瑞士]裴斯泰洛齐. 裴斯泰洛齐教育论著选[M]. 夏之莲,等,译. 北京:人民教育出版社,2001:186.
⑤ 吴式颖主编. 外国教育史教程[M]. 北京:人民教育出版社,2003:219.

殊的时代,教育之爱更显得弥足珍贵,它是教育的灵魂之所在,是重新构筑与稳定受到战争摧残的西方教育机制与理念的重要力量。

其次,在博尔诺夫看来,信任和耐心是教育者必须具备的素质,也是影响"教育的气氛"的重要因素。博尔诺夫对"信任"和"耐心"的强调源自于其关于"希望"的哲学理解。博尔诺夫把希望理解为人对待未来的独特态度。人不仅是抱有当下计划的存在,也是抱有未来希望的存在。与希望哲学家布洛赫(Ernst Bloch)一样,博尔诺夫也把"希望"置于自己思想的重要位置。这种希望不是那种唤起某种舒适和安逸的安定感,而是某种创造性地实现"生命的安定感"。

"希望"直接导致"信任","信任"是指在没有任何保证的条件下相信人。这种无条件的信任感源自于对生命的信任。只有在这种包容性的信任中,人才能真正感受到自身行为的安定感。博尔诺夫认为,信任具有一种使人振奋的和教育人的巨大力量,它不仅仅是儿童"在其中成长的一般的信任气氛,而更多的是指尽管存在着某些困难和失望,但教育者对每一个儿童仍一如既往地表现出的那种完全具体的信任"。教育者的信任可以培养起儿童对自己能力的自信心并使其心情愉快,还可以增强他所假定的儿童具有的那种出色能力。如果教育者把儿童看作是诚实的、可靠的、助人为乐的……那么儿童的这些品质就会得到激发和增强;反之也一样,如果教育者把儿童视为好说谎的、懒惰的、阴险的……儿童就不会抵制这些行为,他们肯定会说谎、偷懒、耍诡计,正如教育者所猜疑的那样。为此,教育者必须避免过早地对儿童产生猜忌。相反,教育者必须学会在各种令人失望的情况下仍能建立起对儿童的信任,因为只有在信任的保护下儿童才能良好地发展。

在强调信任对于儿童发展的意义的同时,博尔诺夫还指出,教育者要避免假信任的存在。假信任就是指尽管实际上心中有保留看法,但嘴上说信任。假信任其实就是不信任,它不可能产生积极的效果。只有完全真诚的信任才会产生积极的教育意义。此外,他还指出,信任有时会面临失败,但教育者不能由于预料到可能失败而放弃信任,因为"一切信任和依赖都是一种冒险……"教育本身就不是一种可以预料的活动,它不像工程计划那样,人们能够准确地预测其结果,所有的信任都可能会落空。博尔诺夫认为,教育者需要正视所从事的职业包含的危险,必须要有意识地承担起自己的职责,"一个真正的教育者要有勇气信任并一如既往地表现出信任"。①

"希望"是人关涉未来的存在方式,体现了人与时间的内在关联。博尔诺夫认为,在与时间关系上最伟大的品质就是耐心。耐心是教育者的一大美德。无论是面对学生没有按时完成作业的情况,面对学生"没有取得预期的进步"的情况,还是"尽管有改正错误的良好愿望但仍然旧病复发"的情况,教育者都要有耐心。教育者的耐心,"不同于单纯的无动于衷,而是一种能力,放弃擅自超前的作法而与那些应按自身规律发展的事物保持步调一致的能力"。教育者的耐心也不是冷眼旁观,不是对儿童的发展匆忙行事,拔苗助长,也不是错失良机,而是使儿童按部就班、顺其自然地发展。

(四)"教育的气氛"的现实存在

在《教育的气氛》一文中,博尔诺夫详细考察了"节日"和"漫游"的人类学及其教育学意义,并把处于"节日"和"漫游"中的人与人之间的情绪情感状态作为"教育的气氛"的典型存在。

受伽达默尔的影响,博尔诺夫特别注重从节日中去分析人的精神状态和其对人的作用,并从中发掘出它在学校生活中的意义。伽达默尔认为,节日带来了它所特有的时间经验。生活中通常涉及两种基本的时间经验。一种是正常的实用的时间,就是人们支配的自行分割的时间,叫"填充"的或"空虚"的时间,也叫"为了某物"的时间。这些时间是空无的,人们必须要用某种东西将其填充起来。如果用虚无来填充,这个时间经验就是"无聊";如果用繁忙来填充,就是与"无聊的空虚"相对的"繁忙的空虚",也就是从来都不觉得没有时间,永远地在做着什么。时间在这里并不是来经历的,而是作为必须被排遣或已经被排遣的东西而体验到的。另外,还有一种完全不同的时间,就是节日所特有的时间。节日的时间是由节日的存在自行生成的,每一个瞬间和片刻都是被占满了实现了的,时间有自己的生命,自己成为自己的主体。这样的时间被称为"属己"的时间或"实现了"的时间。"属己"的时间并不像"为了某物"的时间那样是需

---

① [德]O·F·博尔诺夫. 教育人类学[M]. 李其龙,等,译. 上海:华东师范大学出版社,1999:48.

要填充而被排遣的,相反,它占用人的生存,排遣人的存在。节日的时间是真正存在的时间,是"昂扬的存在"。[①]

博尔诺夫接受了伽达默尔的节日思想,认为节日作为一种特殊的时间,它以一种沉醉之情和解放之感弥漫整个心灵,使人的精神感到格外亢奋和充实。节日是人们聚集在一起的庆典活动,而庆祝就是指人们不再工作,超越日常状态进入共同的欢聚。日常工作把人们拆散分开,为了忙忙碌碌的目的,他们不得不分散成单独的人。在节日庆典中人们又重新聚拢在一起,彼此沟通交流,体验共同的生命经验。

事实上,在博尔诺夫那里,节日就是一种游戏,节日中的人们与游戏的参与者同样是整个活动不可分割的部分,谁不参加节日的庆祝,谁就是节日的逃避者,谁就破坏了节日的气氛。在节日中,人们欢聚在一起,打破日常状态中人为的界限与障碍,敞开心灵,达成理解,走向"共通"。人与人、人与世界的关系从"我—它"对立走向"我—你"和谐,人不再作为个体而存在,人是节日的一部分,从属于节日而敞开于节日。

节日的时间打破了日常生活的一分一秒流逝的链条,而成为瞬间的生成,即节日的特有时间从整体到瞬间都与节日庆祝的特性直接同一,它仅仅作为一个时间整体而被人经验到,任何其中的部分都没有单独存在或被计数的可能。在节日里,时间仿佛停住和逗留,被感觉成一种完全静止的状态。当个人处在节日中时,他发现自己从日常生活中解放出来,而与原初节日的氛围和历史延续的维度接通了,他在节日中既感到历史、传统和文化和积淀,也感受到个人与集体、民族相沟通。于是以个体为中介,将历史继承性与现实创造性结合起来成为可能。节日,成为学生加入到民族文化之根的"特别仪式",成为使个体与群体结合为一体的永恒瞬间。节日战胜了时间性而把具有巨大差异性的传统文化与统摄在自己名下。博尔诺夫就这样通过节日找到了教育的人类学基础,并且重新发掘节日在教育学中的意义。

博尔诺夫认为,人们只是在一年中特定的若干时间庆祝节日,而"漫游不像节日那

---

① [德]伽达默尔.伽达默尔集[M].邓安庆,译.上海:上海远东出版社,2002:481.

样受到特定时间的限制,它的影响相对于节日而言要更为持久"。① 漫游是一种返回人的存在本源的深切体验,是要重新唤醒人那已经麻木了的职业化生活。它包括两个层次,一个层次指精神上的漫游遐思,另一个层次指学生走出校园去自然和社会中体验和实验。

在博尔诺夫看来,精神漫游是人自我反思和自我观照的一个重要方面。当学生在人生十字路口为生命的难题所困扰时,他就会卸下平时的生活"面具",认真地分析自己,他的思想由对外部世界的认知,转入内部世界的漫游,他心驰神往,畅游于思维的空间之中,这时往往是其觉醒的关键时刻,也是其自我教育上的转折点。而外部世界漫游也能使学生从紧张的校园生活中走出来,进入美丽的大自然,感受到自然的美丽和壮观,并激发起一种融天、地、人生于一体的宇宙人生感。而且,深入社会实践中受教育能够使自己身心都得到陶冶、锻炼,并增强现实生活能力。对此,博尔诺夫认为,"虽然住宅对于人是安全与和平的区域,但如果人把自己关锁在自己的住宅内,以逃避外部空间的危险,那他就会枯萎下去,他的住宅也立刻会变为一个牢狱。相反地,人必须走到世界中去,以办理他的事务,完成他的生命使命。安全和危险都是属于人的,生活空间的两个领域也是属于人的,因为生活就是在外部空间与内部空间之间通过紧张奋斗发展起来的。所以,人需要外部空间与内部空间的联系"。② 博尔诺夫在《教育的气氛》一文中讨论的主要是走出学校的"漫游"。在博尔诺夫看来,由于学校学生人数众多,不可能践行真正意义上的"漫游",真正的漫游体验也不会在学校里实现,"我们期望于学校的主要的是间接的影响"。③ "漫游"只实现于个别学生或少数群体之中,但是,学校中的漫游依然是重要的,它是"统一性时间中的休息,常规性工作的放松,冒险的机会"。博尔诺夫还认为,即使没有拥有过真正漫游体验,一个人也"能够在内心渴望它,并去创造漫游的机会",而这,"正是学校要发挥作用的地方"。④

---

① Bollnow, O. F. *The Pedagogical Atmosphere* [J]. *Phenomenology + Pedagogy*, Vol. 7, pp. 62.
② 邹进. 现代德国文化教育学[M]. 太原:山西教育出版社,1992:158.
③ Bollnow, O. F. *The Pedagogical Atmosphere* [J]. *Phenomenology + Pedagogy*, Vol. 7, pp. 62.
④ Bollnow, O. F. *The Pedagogical Atmosphere* [J]. *Phenomenology + Pedagogy*, Vol. 7, pp. 62.

如果说"漫游"是教育过程中自我精神提升或飞越的过程,那么如何让博尔诺夫提出的"漫游"的两个层次都可能在学校教育的场景中出现呢? 大家皆知的事实是,目前从基础教育到高等教育的整个过程中,出于种种客观原因或主观担心,学生的真正具有积极教育意义的走出校园、走进自然或社会的课外活动几乎不存在了。没有了走进自然和社会的"漫游"也就影响了精神层面的"漫游"。当然,学生从书本上得来的知识也能促成学生精神"漫游"的发生,也可能产生精神的教育价值,但失去了感性的真实体验,尤其在精神漫游与学生日后所接触的真实生活或社会情景有所差异时,势必会引起学生思想的迷惘甚至混乱。有人或许将此与直接经验和间接经验的关系相联系,其实就本质而言应是同一事实,不过讨论问题的视角有异,前者是站在知识观的立场上从认识论的维度来看;而后者是从人的精神世界、文化养成或心灵的教育出发,更关注人的全面生长。

三、"教育的气氛"理论与教师的教育智慧

对于博尔诺夫来说,一切理论研究,无论是教育学还是哲学,它们的共同基础是人的生命关系。他的根本意图在于以人的生命关系为本源,在动荡不安的 20 世纪中寻求"新的安定性",寻求"希望的德性",以期重新调节青年一代的教育气氛。因此,他所构想的绝不是作为纯粹形而上学的教育哲学,而是作为经验科学的教育哲学。

教育,与此相对应,也就主要不是一个认识的问题,而是一个实践的问题,即"'教育'如何成为那'教育'?"在博尔诺夫看来,教育是一种连续性和非连续性相统一的过程,其中非连续性具有更为根本的意义;教育绝不仅仅是知识和技能的授受,它的核心是"人格心灵的唤醒"。[①]

[①] 需要指出的是,博尔诺夫提出了"非连续性教育"的七个核心范畴:危机、唤醒、劝诫、吁求、遭遇、冒险和挫折是一个有机整体,但这七个范畴中的核心范畴仍是唤醒,因为它与其他范畴相比,具有心灵的深度和人格觉醒的广度。

基于这样一种理解,学生在成长过程中所遇到的挫折、危机甚至是灾难就不再是偶然的,而是人的生命成长中所必然要经历的;它们也不是完全消极意义上的,"向某个生命阶段的过渡只有通过危机才能实现","只有在危机中或经历过危机我们才能成熟起来"。① 教育不是一个循序渐进的过程,教育过程中有着许多不可预料的因素,并且这些因素对于学生的成长具有更为根本的意义。"教育"要成为那"教育",教师就不应只是掌握教学方法与技能的工程师,而应是在学生遭遇到成长中的危机时能够随机应变,作出恰当的反应以帮助学生在危机中成长的智者。

同样地,基于博尔诺夫对教育的理解,教师还应具有发自于内心的人文关怀,教师应是能够"摇动另一棵树、推动另一朵云、唤醒另一个灵魂"的"那棵树、那朵云和那个灵魂"。博尔诺夫认为,在人的心灵深处存在着一种所谓"本源性"的道德意识,这种道德意识通常处于沉睡状态。教育就是要深达人的存在本性和无意识的深处,唤醒学生处在沉睡状态的道德意识,使他们回到本源上去,使一个人可能真正认识自己和自己所处的世界,同时也理解自己的当下处境、历史及未来,从而使自己成为一个具有我意识和充满希望的真正的人。从"唤醒灵魂"的视角去审视教师应具有的品质,博尔诺夫提出了"教育之爱"和"教育希望"这两种品质。需要指出的是,"爱"和"希望"的问题不是科学的问题,而是哲学的问题,博尔诺夫是从"爱的哲学"和"希望的哲学"出发,进行"教育之爱"和"教育希望"的探讨的。这就使得一方面博尔诺夫的"教育之爱"和"教育希望"的研究为后来者提供了有益的启示,另一方面也为后继的研究者竖立了一座难以超越的丰碑。② 时至今日,我们在学习博尔诺夫"教育之爱"和"教育希望"相关论述的时候,不能不感叹其思想的超前性!他的研究触及了我们在讨论教育智慧时的一个核心话题——教师的伦理性。

---

① [德]O·F·博尔诺夫. 教育人类学[M]. 李其龙,等,译. 上海:华东师范大学出版社,1999:64.
② 这一点在后文将要讨论的范梅南教授的相关研究有着明显的体现。

第三章

教师教育智慧生成的理论反思

第一节　教师教育智慧生成的阻抗因素

一、教育传统的羁绊

（一）迷信管理至上

每一个学生的身体内都藏着两个孩子，一个好孩子，一个坏孩子。教师力图唤醒学生身体内的好孩子，而管理者则着重防范学生身体内的坏孩子。唤醒的过程就叫作教育，控制的法则通常命名为管理。教育的目的是灵魂转向，管理的目的在于行为规约。教育让人追求崇高，管理让人坚守底线。管理本来是为教育服务的，它通过外在行为的塑造养成学生内在的人格，可是在日常的教育生活中，教育的功能被逐渐弱化，管理的功能逐渐上位，简单的管理掩盖了教育的复杂，管理与教育站在了对立的两级，教师在追求管理的过程中，忘记了教育的本义，管理成了最主要的教育手段。

管理本身不是贬义词，在社会生活中，通过管理来规范人们的行为，使大家遵守共有的契约，是保证社会有序运行的必要条件，"人类如果从强制性的社会约束的限制中解放出来，就会成为野兽，而不是变成一个自由式的个人，脱离一种合理的社会规范体系的支持，人可能沦落为一种最为可怕的奴隶状态，束缚在人的欲望的内在压力之中，成为自己的奴隶。因此，规范的限制本身是一种解放的力量，是一种教化的力量。只有在社会规范的保护和支持之下，人才能借助社会规范的力量走出盲目和放纵，才不会处于一种在黑暗的大海中没有任何指引的状态"。① 可是，随着科学理性的张扬，随着我们对效率和控制的迷恋，管理的易操作、高效率的特征似乎更契合现代人的生活方式，我们陶醉在管理带来的便捷的温床中怡然自得，逐渐遗忘了教育是育人的工作，

---

① 金生鈜.规训与教化[M].北京：教育科学出版社，2004：28.

它是一项复杂的、耗费精力的系统工程,简单的控制并不是解决一切问题的妙药良方。当我们用管理取代了教育,当我们用规训替换了教化,当我们用科学遮掩了艺术,教育在程序化和简约化的道路上走得越远,我们就离教育的本真状态越远。在这种人为制造的现代教育图景中,教师生存需要的是权威、技术,而唯独不需要智慧。

教育传统中迷信管理至上,制约着教师教育智慧的生成,是一个既定的事实,可是我们关心的问题是回归的路到底有多远。事实上,我们发现在任何一所学校,在任何一个课堂上,总有一些教师,在努力突破传统的坚冰,以一己之力在践行着智慧教育,这就是希望,这就是火种。我们需要的只是矫枉和纠偏,我们需要的只是理想和责任,在原有管理的基础上,打开一条缝隙,让权力让位权利,让预设接纳生成,让简单孕育复杂,教育智慧就能重新焕发迷人的华彩。

(二)偏爱授受主义

最初的教育概念等同于学习,我们人类先祖的教育过程其实就是在社会生活中模仿学习的过程,他们在跟着父辈打猎的过程中学会狩猎,他们在跟着母亲采集的过程中学会采集,他们在参加部落宗教祭祀活动中了解了宗教图腾和部落的伦理道德规范。后来随着学校和教师的产生,知识的授受成了教育的专有功能。这一传统的延续使得人类的文明得以代代相传,同时也使人类的知识如同雪球一般越滚越大,尤其进入近代以后,知识的更新速度越来越快,知识的积累已经大大超过了人类的认知水平,人在有限的生命进程中,即使穷其一生精力也不可全部理解人类所积淀下来的知识精粹。但是已经确立了宇宙主体地位的人类,一直没有放弃认识世界、改造世界的"野心",如何调和这二者的矛盾,也一直是近代人思考的问题。在"思"的痛苦中,我们终于发现放弃整体,探究局部是一条可行的道路——即把知识谱系,按其性质分门别类,形成一门门学科,个体可以根据其爱好、兴趣以及能力倾向选择相应的科目。学科门类的具体化与精致化,确实是解决认知有限和知识无限矛盾的一条可行的出路,可是与之相应,教育在这一过程中越来越离不开授受主义。

走入日常的教育生活世界中,我们发现课堂是教师独演的舞台,学生是被动配合的观众,主题则是预设知识机械的排演,"教授"和"记诵"是主要的表演方式。在新课程改革的背景下,我们强调要转变教学方式,于是我们看到许多新的变化,多了"角色扮演",多了"虚假合作",多了"徒劳的探究",但是目的没变,仍然是知识授受。授受主义以强大的惯性主宰着教师的世界,形式的变化掩盖不了本质的沉重,喧闹的杂音掩饰不住主题的单调。如果教育不能关注生命;如果课堂不能走出表演;如果教师没有激情和个性;如果学生不能感受到学习的快乐与幸福,教育智慧只能是遥远的绝响。

(三)追求确定性

不确定性是人类的宿命,追寻确定性则是人类的本性。确定性与有序、必然、统一和可预见有关,确定性代表着人们对客观存在、普遍法则的认识。自从教育迈向科学化那一刻起,追求确定性就一直是教育的一个命题,从夸美纽斯开始透视教育现象,揭示教育规律就成了教育学者的责任和使命。经过几代人苦苦的追寻与探索,目前似乎成绩斐然,充斥市场的教育书籍中,处处可见教育规律的总结。在教育的生活世界中,追寻确定性不只是学者的偏好,同时也是教师孜孜以求的教育理想,最明显的一个例证,就是教师对教学模式的钟情;对标准答案的追捧;对确定性知识的推崇。如果说,教学模式是一种简化了的教学思想和理论,它通过某种便于理解的教学结构和易于操作的教学程序,把某些抽象的、纯粹的理论用比较具体的、形象的形式反映出来,为教师的教学提供了一个简单易行的教学行为框架,使教师在具体的教学实践中能够理解、把握和运用教学理论。那么,过分地迷信标准答案和确定性知识则可能僵化教师的思维,使其蜕变为一个只知道按既定程序机械操作的流水线工人。

教学它不仅是在"教知",同时也是在"教人",教一个个活生生的、具有整体生命性的人。在新的教学理念中,知识的学习要与学生的生活经验联系起来,只有这样知识的学习对于个人来说才是有意义、有价值的,知识才在个体的生活中是生生不息的"活"的知识,是"生活的知识"即"生活的智慧",也只有在这种教学活动中,学生才能够根据自己的经验和兴趣、自己的理解水平,能动地改造知识,赋予知识个性化意义,学生的主动性、参与性才能充分表现出来。这时知识的学习已不仅仅属于认知范畴,它已拓展到情感、人格等领域,伴随着知识增长的是人格的健全发展。追寻确定性可能为知识的学习提供了便捷的途径,但对于人的教育而言,确定性则是对人的发展多种可能性的框约。杜威就曾明确表示：这种停留在观念领域、纯理论上的对"确定性"的寻求，有可能错过我们实际上有可能得到的唯一"确定性"。因为，对一个充满风险的环境进行理智的支配，只有沿着实际的应对途径才有可能。①

确定性的探寻为我们展现了一个简约化的教育世界图景，通过它，我们能迅速地理解和把握教育的奥秘，这为教育理论的普及以及教师的专业发展，提供了极有价值的帮助。但对于教师的个人教育行动而言，不确定性却是教育生活的常态，一次次课堂上的节外生枝，一回回应答中的神来之笔，既反映了教育的复杂性，也彰显出教师教育智慧的魅力。其实，不确定性并不像我们想象的那样可怕，它可能会使我们的教育陷入相对主义的泥淖，我们害怕的不过是万一教育脱离了确定性的掌控，我们是否有信心和智慧去在应对和化解。对于这一点杜威很早就指出："确定性的寻求是寻求可靠的和平，是寻求一个没有危险，没有由动作所产生的恐惧阴影的对象。因为人们所不喜欢的不是不确定性本身而是由于不确定性使我们有陷入恶果的危险。"②在现代的教育生活中，"安全感"成了教师寻求确定性的合理借口，却成了制约教师教育智慧生成的痼疾，今天我们需要从确定性的迷信中走出，走向那片迷人的不确定的教育茂源。

二、教育惯习的束缚

（一）迷恋经验主义

教育经验是一把双刃剑，它是教师发展必要的支撑，教育经验的缺乏，很可能使教师在面对现实复杂的教育情景时，很难从容应对。可是经验一旦固化，成为一种强大的惯性，又将成为阻碍教师发展的桎梏。当教师习惯了用某一种方式应对教学情境的时候，对于新的教学方式就会产生本能的排斥，从而出现认知上的不认可，情感上的不

---

① 杜威. 确定性的寻求[M]. 傅统先, 译. 上海：上海人民出版社, 2004：4.
② 杜威. 确定性的寻求[M]. 傅统先, 译. 上海：上海人民出版社, 2004：5.

认同以及行动上的不作为,最终使新的教育变革流于形式。教师教育智慧生成是以经验智慧为起点的,它尊重和鼓励教师要善于从教学过程中不断地积淀经验,这是教育智慧生成最宝贵的资源,可是如果一味地迷信经验、固守经验,而缺乏不断地理性反思,教育经验就走向了智慧的反面。可怕的是在现实的教育生活中,经验主义常常因大多数人的认同而披上了"合法性"的外衣,从而成了人们拒斥变革的借口。但是合法未必一定合理,哈贝马斯曾说,"如果合法性信念被视为一种同真理没有内在联系的经验现象,那么,它的外在基础也就只有心理学意义"①,更何况合法是有一定的时空范畴的,当一个事件面对的时空条件一旦改变,曾经的合法性理应受到质疑,合法性是一个在博弈和协商过程中不断重建的过程,它是一个过程性概念。"合法性并不是来源于先定的个人意愿,而是个人意愿的形成过程,亦即话语过程本身······合法的决定并不代表所有人的意愿,而是所有人讨论的结果。赋予结果以合法性的,是意愿的形成过程,而不是已经形成的意愿的总和。讨论的原则既是个人的,也是民主的······哪怕冒着与长久传统相抗的危险,我们也必须肯定,合法性原则是普遍讨论的结果,而不是普遍意愿的表达。"②因此对于教育经验,我们一方面承认它曾有的价值甚至我们在新的变革中要承继其合理性的成分,但是,对于教育智慧生成而言,我们更需要根据时代的特征,不断地超越旧有的教育经验,让其具有理性的内核。

（二）因循教条主义

教师的教育行为具有"场域"性的特点,场域的复杂性、情境性以及变化性特征决定了教师在教育过程中应该基于实践逻辑,不断调整和修正教育行为。教条主义恰恰相反,它抱残守缺、因循守旧、不思变革,它信奉用唯一不变的"真理"去应对一切变化,它习惯用某种固定的框架规约一切问题。我们承认理论研究应该遵循科学的标准,应该探讨和提供普适性的规律,但是对于人文学科而言,由于"解释性"的方法论特征,标准和规律都是相对性概念,对于具体的教育实践活动而言,理论没有对错之分,只有合

---

① ［德］哈贝马斯. 合法化危机［M］. 刘北成,曹卫东,译. 上海:上海人民出版社,2000:127.
② ［德］哈贝马斯. 公共领域的结构转型［M］. 曹卫东,等,译. 上海:学林出版社,1999:23.

适与否之说。在教育活动中,一旦陷入绝对主义和教条主义的泥淖,教育智慧生成就很难成为一种现实。可惜的是近代教育研究一直致力于科学化和普适化理论的研究,而对于变化的实践关注不够。理论研究尚且如此,对于理论素养相对欠缺的一线教师而言,更容易因盲目的理论崇拜,而滑入教条主义的惯习之中。"在工业化生产的理论模式之下,人们似乎更热衷于发明一种能够制造标准化教师的理论机器,并用这种理论机器培养出标准化的学生。于是普遍代替了一般,权威压制着个性,权力消解了权利,模式限制了创新。教学日益器用化、模式化、抽象化,教师日益失去了其个性和原态,在大而空的理论的重压下,个人的实践性的知识被搁置在抽象的岸边,窒息于术语的海洋,悬浮于生活的上空。"[1]教条主义习惯于用理论的"帽子",裁剪丰富的实践,习惯于用别人的模式,套用自己的教学。教师自己的头脑成了别人思想的"跑马场",在面对具体的教育情境时,缺乏独立的判断和机智的应对,教师的个人实践知识被宏大理论压抑隐而不发,教师教育智慧的生成被虚假的理性遮蔽蛰伏不动。

(三)屈膝现实主义

教育需要必要的乌托邦,教育者需要一定的理想主义情结,"个人理想的丧失使人在生活中无法获得价值的召唤,也就是说,个人无法获得价值追求的精神动力,生活已经没有了恒定的目的,生命难以获得超验的抱负,而仅仅期盼欲望的满足。个人失去了价值抉择和判断的能力,因而也就失去了他自身的价值根基,生活的价值由具体化的现实欲望之物来规定"。[2] 可是,目前教师的生存状态,恰恰是与教育理想且行且远,由于体制的规约与教师自身的惰性,教师更习惯关注更为实用的模式、策略与方法,而对于教学行为背后的理论意蕴缺乏追问的品质;教师更习惯沿袭既定的传统做法应对变化的实践,而缺乏与时俱进的创造和革新,教育在强大的现实主义的包裹下,沉重前行,看不到特色,看不到个性,感受不到勃发的生命活力。教育中的现实主义犹如教师发展的一副枷锁,扼杀了教师的教育个性,同时也制约着教师教育智慧生成。

---

① 申宣成. 试论教师身份偏见与实践语言特权[J]. 内蒙古师范大学学报(教科版),2004(8).
② 金生鈜. 规训与教化[M]. 北京:教育科学出版社,2004:205.

三、教育偏见的禁锢

（一）教师是告知者

传统的教育中，教师被定位为告知者，教师的这种身份限定，包含三层含义：第一，教师是知识人。对于这种教师的这种角色界定，我们并不陌生，韩愈早就有过明确的表述，"闻道有先后，术业有专攻"，教师作为知识的拥有者，有责任也有义务担负起传承文明、教授知识的任务。第二，教师是知识的权威。教师是知识人的角色定位本也无可厚非，"没有知识内容，教育就等于无米之炊，学生无法获得精神营养"①，但是当知识以科学和标准的名义获得"合法性"地位以后，教师的知识权威，就具有了不可怀疑性和必须无条件接受的特点。导致的结果是，"教师总是带着知识权威的面具，而学生也只是被动接受知识，并没有形成积极的人际交流的情感体验。学生的教育生活被简化为一种知识学习内容，而精神的发展处于自发状态"。② 第三，教师拥有话语霸权。课堂教学活动是在特定的话语情境中进行的。话语可以说是课堂教学的逻辑起点，离开了话语，那么与人的存在相关的教育将无疑是不可想象的。当教师成了知识权威的化身以后，话语的掌控权主要集中在教师手中，教师在教学中拥有绝对的话语霸权，学生成了"沉默的受体"。这种状况造成的直接后果是教师角色的错位，教师逐渐习惯了灌输式的知识教学，成为知识传输的中介，"教师对知识的限定即是处理、准备'药剂'，并按照'处方'的剂量分配知识"。③ 这种对教师角色理解的偏见已经越来越不符合真实教育的需求，《学会生存》中强调"教师的职责现在已经越来越少地传递知识，而越来越多地激励思考，除他的正式职能以外，他将越来越成为一个顾问，一位交换意见的参加者，一位帮助发现矛盾论点而不是拿出现成真理的人。他必须集中更

① 金生鈜. 理解与教育[M]. 北京：教育科学出版社，1997：154.
② 金生鈜. 理解与教育[M]. 北京：教育科学出版社，1997：154.
③ 郝德永. 课程研制方法论[M]. 北京：教育科学出版社，2000：234.

多的时间与精力去从事那些有效果的和有创造性的活动：互相影响、讨论、激励、了解、鼓舞”。① 在教育过程中，如果我们不能矫正教师是告知者的偏见，不能激发出教师个人内在的潜能，就很难促进教师教育智慧的生成。

（二）教师是实践者

在传统的教育观念中，学者是理论的生产者，而教师则是理论的践行者。教师的职责就是验证理论的真伪，复制理论的程序，教师作为一个“行者”的形象，被排除在理论世界之外。我们承认对于教师而言，“行动”是其主要的教育方式，“实践者”的角色定位并没有偏离教师职业的本质属性。我们在强调教师教育智慧生成的时候，需要追问的是，难道行动仅仅是一种简单的程序复制，行动背后需要不需要有为什么行动的探究，行动难道只是一种做事的逻辑，行动之中有没有理性的支撑。事实上，“教师不是一个按照条例或工作手册行动的技工，他是灵活的技术人员或者反思的实践者，他是能推动其工作领域中的应用理论发展，使其更加有效的人。就像我们不能期望医生会对生物学有根本性的改进，但他会促进我们更好地理解一些治疗方法或治疗准则。我们的教师不会对学习理论和教育理论作出根本性的推动，但他们会在教学技能的发展上和促进学生的学习中展现出各种实践智慧，而且许许多多的教师在特定情境中所作的研究和特定的学校文化组合在一起，也能为教师提供一个可靠的实证理论基础，从而教师也可以在理论的发展中扮演自己的角色”。② 缺失了反思，缺失了“理”的探究，教师成了一个只做不思的匠人，教师智慧的生成就成了一个空洞的口号。

（三）教师是“技术工”

传统的课堂教学理念认为，教学过程就是学生在教师的指导下认识世界的过程，是接受人类已经积累的知识经验的过程。在课堂教学过程中，教师的教授活动和学生的学习活动是师生双方共同以教材为媒介所开展的探求真理的认识活动，这种课堂教

---

① 联合国教科文组织. 学会生存——教育世界的今天与明天[M]. 华东师范大学比较教育研究所，译. 北京：教育科学出版社，1999：108.
② 汪贤泽. 论教师的实践性知识[J]. 全球教育展望，2009(3)：76.

学理念揭示了教学过程中的基本矛盾是教师与学生之间,教师与教材之间,学生与教材之间,学生与学生之间的对立与疏离,但是对于这一基本矛盾,我们一直未能找到一种较好的解决矛盾的策略,我们认为其关键原因在于对教师、学生、教材的定位存在偏差。在教学过程中,由于过分看重学生认知的发展,而又错误理解认知发展只和知识的拥有量密切相关,所以在课堂教学之中,我们一直寻求一种最优化的方法,以期快速、便捷地把知识灌输给学生,从而使得教学过程成为教材——教师——学生的单向知识流程图,教师的教学成了多快好省的知识授受的活动,教师的教育智慧被标准化的程序框约,逐渐蜕化为教育生产流水线上的"技术工人"。

第二节　教师教育智慧生成的内在机理

　　教育智慧是教师拥有的一种内在的优秀品质,明晰教育智慧生成的内在机理是实现教育智慧价值的关键所在,也是教育智慧研究需要探索的重要课题。

　　我们认为,教师教育智慧生成的前提是教育理解,教师教育智慧生成的核心是教育信仰,教师教育智慧生成的关键是教育思维,教师教育智慧生成的载体是教师实践知识,教师教育智慧生成的方法是教育叙事。

一、教育理解

　　理解,不只是认识,已成为人的生存方式。唯此,理解与教育才发生了本然的联系。教育理解,是指发生在教育中的理解现象。① 教师和学生作为教育理解的主体,同时也是教育理解的对象。教育理解强调理解的教育性,凸显理解现象中的诸如"关

---

① 熊川武,江玲. 理解教育论[M]. 北京:教育科学出版社,2005:10.

心"、"同情"之类的"善",旨在实现"师生生命的成长与发展"。

问题的讨论需要在关系范畴内展开。教育误解总是与教育理解相伴相生的。教育理解是相对的,教育误解是绝对的;教育理解是包含着一定教育误解的,在教育误解中隐含了某种教育理解的倾向。实际上,并不存在着纯粹的教育理解,在处理与教育误解的关系中、在教育误解的消解和转化中,教育理解得以实现。因此,教育误解成为首要讨论的话题。

(一) 教育误解的羁绊

1. 教师对学生的误解

现实中,教师对学生的误解表现在两个方面。

一是意识层面的。学生仍然被人为地分成好学生和后进生,学校仍然设置了快班、普通班和慢班。上了快班(实验班、重点班)的学生,升学就有希望,学校将对其倾注较好的师资和教学资源,从各方面给予优惠照顾,以考出好的升学率;一旦编入慢班,学生就相当于被贴上了"后进生"的标签,升学无望,也就没有了学习劲头。这种群体性偏向会直接导致日常教育教学生活中教师的教育态度发生改变,"好学生好对待,后进生差对待"现象,无论对于"好学生"还是"后进生",都形成了教育误解,其后果是令人担忧的。对于后进生而言,这无疑是对他们的一种偏见和排斥,被严重挫伤了自信心与学习积极性的学生,怎么能够主动地学习?对于"好学生"而言,相比较于资源的优配提供给他们的更多机会,内心深处播下的不平等的意识、等级的种子是否伤害会更大?对于他们而言,不平等的、明显偏袒的呵护性竞争与创造相同条件的良性伙伴竞争,哪一个更有利于他们的成长?

二是行为层面的。有些教师由于没掌握足够的教育技巧而在教育情境中采取了不当的应对办法,由此产生了教育误解,如不得要领的说教、没抓住关键问题的辅导等。还存在一种情况,就是由前文意识层面的原因而引发的对学生的排斥与歧视。部分教师看不到后进生正处于不利处境和急需帮助,看不到他们的薄弱之处,而是对他们语言歧视和排斥、公布学生考试成绩、在教室开设"差生专栏"等,形成了严重的教育误解。

2. 学生对自我的误解

教师对学生的误解能够导致学生对自我的误解。在教育情境中,自我误解往往比相互误解更能使学生颓废。

社会标签理论认为:社会所赋予的消极标签制造了相当一部分所谓的越轨者。在学生自我误解过程中,来自教育者或权威人士所给予的消极标签作用不可忽视。学生在被贴上消极标签后,自我认同消极形象,发生自我误解,从而沿着负面方向下滑。不合学校规范行为的无意发生后,如果学生的这种行为被公之于众,情况就会发生急剧变化,社会将会视其为越轨并为之贴上消极标签:在学校里,如学生某次不守纪律,被当众点名批评;某次不完成作业,被勒令请家长;某次成绩后退,被张榜公布等等,都可能引发标签反应。

被贴上标签的学生从学校得到的是直接的否定性评价,这对学生形成否定倾向的自我形象起着直接推动作用,他们常会在原先的自我形象与消极的标签形象之间痛苦挣扎,被标定为差生的学生从老师、父母、同学的眼神中、态度里、行动中看到:自己和一般同学不一样,不守纪律,惹是生非,令人讨厌……这些都是社会环境对自己的评价,那么我到底是不是他们所说的那样呢? 当学生对不恰当自我形象自我认同后,他内心对自己的约束法则、判断标准、期望值等实际上已经发生变化和扭曲。反应在外显行为上,就是他的举动会朝那个不当的自我形象靠拢,以自我角色期待的方式让自我形象得以实现,并且寻找条件为这些行动取得支持,从而使越轨行为合理化、习惯化,滑入自我误解恶性循环圈。

(二) 教育理解的内涵

1. 教育理解的意识

教育理解的意识,是教育理解作为一种师生生存方式而不仅仅是认识工具的关键因素。它是对教育理解的自觉意识与唤醒,是一种自觉的敏感状态。教育理解的意识总是处于一种蓄势待发的"态势",总是集聚着力量,一旦与教育理解的对象遭遇,所有的背景都会生动起来,所有的意识就会指向它,某种意识、体验就会鲜活起来。因此,虽然教育理解发生的具体时机和具体内容并不是事先可以被规定的,但是这样的意识却总是事先就充满着积极的期待和主动的筹划。

有研究者认为,建立在自觉意识基础上的教育理解具有了特殊的性质,这种性质可从理解主体的行为上识别:首先,懂得教育理解的价值。其次,将教育理解视为自己的责任。第三,教育理解成为一种内在需要。①

2. 教育理解的能力

教育理解是处于教育情境中的师生与理解对象交流,在感情、认知与行为上筹划并实现生命的可能性。这一过程是沟通的过程,是双向的过程,是理解主体与理解对象的视界融合与关系的形成。这一过程交融于师生的情感、认知与行为,教育理解意味着"爱、喜欢或其他情感",意味着善解人意地呈现给人们得体的言行,意味着一种赏识与悦纳。

3. 教育理解的行为

无论是交融于感情的教育理解还是认知的教育理解,最后都要落实到行为上。这是由教育理解的实践特性决定的。当下,教育世界里也许存心制造误解的人已经不多,但有意或无意让理解停留在口头上,行动上不知不觉出现误解的不少。因为理解需要诚意与代价,有时还与悔恨和痛苦相伴。即便理解自己,也无例外。

(三) 教育理解的实现

1. 自我理解

自我理解,根据主体的不同可分为教师的自我理解和学生的自我理解;从是否自主的角度又可分为被动的自我理解和主动的自我理解。此处仅讨论教师的自我理解。

教师主动的自我理解是通过反省而获得的对自我各方面的理解,被动自我理解则是个体因环境适应或参与社会活动而获得的对自我的理解。无论主动与被动,都属于海德格尔所说的反思。

教师需要自我理解什么?

首先,要理解自己所从事工作的意义。什么是教育?"教育就是教育。"这样一个

----

① 张志泉. 论教育主体的理解[J]. 当代教育科学,2012(1).

在逻辑学看来没有任何意义的命题却启示我们：讨论教育应直接面对教育事实本身，在教育活动中去体验教育的本源，探询教育的本真意义。

教育是怎样向我们显现的？教育的意义是使学生的道德、智力、身体、精神的发展得到实现，在每一个具有这种意义的生活的细枝末节中，我们感受到教育的存在，教育的意义在它发生的地方显现着，事情本身就是它向我们显现的那个样子。真正的教育蕴含在教育情境中，从校园的一草一木到景观文化，从各具特色的学校建筑到种种仪式，从一个个教育故事到弥漫着生命气息的课堂，这些都是教育。理解教育的意义，教师自觉地致力于学生的成长，所做的一切都围绕着学生的成长。

其次，要真正地理解学生。学生是具有丰富内涵的完整的人，充满智慧和活力，富于想象和情感，是集知识、道德和审美为一体的完整的人。学生在学习知识的过程中，并非是抽象的学习者。学生每天来到学校，并不是以纯粹致力于学习的人的面貌出现的。他们是以形形色色的个性展现在我们面前的。他们除了怀有获得知识的愿望外，还带来了他自己的情感世界。学生是认知和情感的统一体。教师应致力于培养"完整的人"的全人教育。把学生看作为完整的人，看作为真（智慧）、善（道德）、美（艺术）的统一体，重视学生的情感需要，学生的身心才能够自主、和谐地发展。

学生是具有发展潜能的人。学生具有发展潜能，还意味着学生是不成熟的、正在成长中的人。作为不成熟的群体，学生有其自身发展的规律，他们观察、思考、体验都和成人不同，要尊重学生天真的想法和稚嫩的行为。不成熟也意味着学生在发展过程中必然会犯一些错误。教师应认识到，学生的发展作为一个进步的过程，总是与改正错误和克服缺点联系在一起的。没有错误、没有缺点，就没有发展的动力和方向。正如夸美纽斯所说，"犯了过错的人应受到惩罚。但是他们之所以应受惩罚，不是由于他们犯了过错（因为做了的事不能变成没有做），而是要使他们日后不再去犯。"

学生是具有差异性的人。学生差异是教育教学的宝贵资源。同一年龄阶段学生在相同方面的发展速度和水平存在个体间差异，但这可能意味着发展暂时滞后的学生未来拥有更大的发展空间，教育的价值就在于使学生这种发展的可能性转变为现实。

学生的个体内差异是个体系统内不同因素、不同发展水平上的差异。霍华德·加德纳的多元智能理论表明,学生的智能不是一元的,而是多元的。除了语言智能和逻辑数学智能,学生至少还拥有音乐智能、空间智能、肢体动觉智能、人际智能、内省智能、自然观察者智能等6种智能。每个学生在各种智能发展程度上有所不同,都有自己的智能强项和智能弱项。教师要善于发现学生的智能强项,大力培养他们的优良个性品质,让每个学生形成自己的特色和鲜明的个性。

学生是责权主体。学生作为国家公民,和成人一样地拥有法律权利。根据联合国《儿童权利公约》和我国的《教育法》、《义务教育法》、《未成年人保护法》,学生享有受教育权、生命权、身体权、健康权、肖像权、名誉权、隐私权、著作权等权利。权利与责任密不可分,学生享有权利的同时,也要承担一定的责任。教师要引导学生学会对自己、对生活、对他人负责,学会主动承担责任,把学生培养成为敢于负责、勇于负责、具有强烈责任感的现代小公民。

再次,理解教学的本真意义。教学是教师的责任,当教师将教学理解为帮助学生学会学习、学会发展时,教师就不会以好为人师的姿态在课堂中出现,而是因势利导,引导学生在互动中,在辩论中,在相互监督、帮助中学习。当教师理解学生的学习需要时,就能使教学渗透到学生的心灵,激发学生的认知内驱力,唤醒学生的自我提高的内驱力,增强学生的附属内驱力,让学生思维活跃、精神焕发、情感升华。

2. 师生理解

伽达默尔说,"'相互理解'意指一种实践合理性的变形,意指一种对他人实际考虑的明智判断"。[1] 从伽达默尔的叙述中,可以看出,相互理解是对他人的道德。当师生在考虑问题时,如果能站在学生的角度进行客观、辩证的思考,就可能产生移情或宽容,反之,则会误解对方,让被理解者产生委屈、孤独或受伤害的感觉。一位学生 A 受到了欺负,老师帮他处理问题时,他却失态地对老师大喊大叫。老师认为这是 A 在情绪激动的情况下的冲动表现,就让他冷静后再来找老师,几分钟后,A 认识到了自己的

---

[1] 洪汉鼎. 理解与解释——诠释学经典文选 [M]. 北京:东方出版社,2001:511.

错误,诚恳地向老师道歉。在这里,我们看到了宽容的力量。在谈到宽容别人时,伽达默尔说过,"宽容并非弱者的表现,而是强者的表现"①,宽容成为所有道德中最为罕见的德性。老师面对学生时表现出来的宽容促进了学生的道德反思,进而使得师生间的交往成为了一种涵养德性的实践。

　　师生间的相互理解是对教育规律的追求。相互理解不是理解作为实在的老师和学生,而是理解师生交往要遵循的规律。诚如伽达默尔所说:"这种理解根本不是理解这个'你',而是理解这个'你'向我们所展示的真理。我所指的真理是这样一种真理,这种真理只有通过这个'你'才能成为我可见的。对历史的流传物同样如此,如果历史流传物不能告诉我们一些我们靠自己不能认识的东西,历史流传物就根本不能享有我们对它的那种兴趣。"如教师理解某一学生,理解的不仅仅是学生个体,而是体现于个体身上的学生群体的规律。学生 Z 升入小学五年级后变得不爱说话、心事重重,老师经过认真观察并通过向其他同学了解,原来是身体的发育、生理的变化导致了她情绪的不稳定,老师认识到这是女孩子的身体发展特点和生理规律,就利用外出综合实践活动的机会,分别为男女生开设生理健康讲座,对孩子进行了引导、教育。每一位学生、老师身上都会表现出群体的共性,通过相互理解能够较好地掌握这一类共性,从而做好教育工作。

　　综上所述,教育理解意味着教师在自己的教育教学实践中重视理解,并坚持理解。一方面,面对课堂教学和学生发展都会从教育理解出发,从学生的已有知识和经验出发,从学生的最近发展区出发,从学生的情感态度出发,去设计教学内容和教学方式,使教学成为真正促动学生心灵的力量。这样,把教学工作牢牢地建立在理解学生的基础上,结果必然会促进学生的发展,教师在学生的发展中实现自己智慧的生长。另一方面,教师会更好地理解自己的职责,为自我发展提供了原动力。学校教育工作繁杂,千头万绪。如果教师能够真正理解自己工作的价值,那么就会全面审视自己的角色,理解自己的工作会带给社会和家庭幸福,再不会为学生的调皮捣蛋而心烦意乱。相

① ［德］伽达默尔. 伽达默尔选集［M］. 上海:上海三联书店,1988:10.

反,教师会积极调整自己的心态,从忙碌的工作中感受教育的崇高,从繁杂的工作中创造智慧。正是在上面的意义上,教育理解成为教师教育智慧生长的前提。

二、教育信仰

"教育须有信仰,没有信仰就不能称其为教育,而只是教育的技术而已。"①《辞海》中对"信仰"的解释是:对某种宗教或主义极度信服和尊重,并以之为行动的准则。从这一解释可以看出,信仰最初来源于宗教。但随着社会的发展,它已超越了宗教的范畴,成为一种指向生活并引导、超越生活的精神力量。它既是一种生活方式,又是一种活动;它既是一种坚信的态度,又是一种超越现实的终极性价值追求。教育信仰是"人们对教育活动在个体和社会发展过程中的价值及其实现方式的极度信服和尊重,并以之为教育行为的根本准则"。②

教育的最高境界当是信仰的坚守、灵魂的感召。从某种意义上说,教育与信仰有着内在的关联,甚至可以说,信仰是真正教育的天然要素。因为,教育的使命主要有两个方面,一是教学生学会生存,二是教学生学会生活。学会生存主要指向人的物质生活,指在物质社会中如何做到丰衣足食;学会生活指向学生的精神世界,指向于超脱于功利范畴的东西,如学生的创造性行为、价值追求等等。真正的教育不仅有着现实的关怀,还会有着终极的关怀。而对学生的终极关怀只能用教育的信仰来承载。人之为人就在于人是一种精神的存在,生命的存在唯有灵魂,作为精神存在的最核心的要素就在于对生命的价值与意义的领悟,领悟来源于启示、来源于信仰。

教育信仰本身也是一种巨大的教育力量,是伟大教育精神的源泉。正是有着对教育的信仰,邹有云、盘振玉才会在偏僻的教学点、在大瑶山使自己与教书育人融为一体,使自己与学生的成长融为一体;正是有对教育的信仰,黄静华才会用心爱每一个学

① [德]雅斯贝尔斯.什么是教育[M].邹进,译.北京:生活・读书・新知三联书店,1991:44.
② 石中英.教育信仰与教育生活[J].清华大学教育研究,2000(2).

生,把教育当作事业而非谋生的职业;正是有对教育的信仰,林崇德才会把报考大学的23个志愿全部填写为"师范",在他44年的教育生涯里甘为人梯。之所以有这样的教育信仰,是因为"我们深信教育是国家万年根本大计……我们深信教育应当培植生活力,使学生向上长。我们深信教育应当把环境的阻力化为助力……我们深信师生共生活、共甘苦,为最好的教育。我们深信教师应当以身作则。我们深信教师必须学而不厌,才能诲人不倦。我们深信教师应当运用困难,以发展思想及奋斗精神。我们深信教师应当做人民的朋友……我们深信,如果全国教师对于儿童教育都有鞠躬尽瘁死而后已的决心,必能为我们民族创造一个伟大的新生命"。① 作为一种独特的教育力量,教育信仰还能够把某种教育观念转变为教育信念或教育信条,从而产生巨大的教育效果。正如19世纪俄国教育思想家乌申斯基所说:"无论有关教学和教育的指示如何详细,它们永远不能弥补教师信念的不足……对人进行教育的最主要的途径就是培养教育信念。任何教学大纲,任何教学方法,不管它是多么完善,但如果不能变为教育者的信念,那就只能成为教育者的一纸空文,而在实际上不能起任何作用。在这件事情上,甚至连最警惕的监督也不会见效。一个教育者永远不可能成为教育指示的盲目的执行者;教育指示不经过个人信念的加温,就不可能具有任何力量。"②

1924年,朱自清先生写下《教育的信仰》一文,他说:"我斥责那班以教育为手段的人! 我劝勉那班以教育为功利的人! 我愿我们都努力,努力做到那以教育为信仰的人!"③90年过去了,先生的这段话在今天读来仍然具有振聋发聩的力量,针砭时弊,催人警醒。先生所批评的"以教育为手段"、"以教育为功利"的现象依然存在,并似乎有愈演愈烈的趋势。例如,缺乏真诚关怀的"教育"变成了空洞的说教,疏离德性的"教学"变成了单纯的知识授受,师生关系缺少了教育性,变得陌生了、疏远了、功利了,彼此成为了达到自己目的的手段;教育目的和教育手段错位了,教育的手段常常不是指

---

① 中央教育科学研究所.陶行知教育文选[M].北京:教育科学出版社.1981:49—50.
② 郑文樾选编.乌申斯基教育文选[M].张佩珍,等,译.北京:人民教育出版社,1991:100—101.
③ 朱自清.教育的信仰[J].教育观察.2013(6).

向预期的身心全面发展的目的,而是指向了各种各样的升学率……今天的社会,正如韦伯指出的那样,已经被不涉及终极关怀的科学理性"除魅"①,成为一个由效益、功能、技术、模式、经济原则所支配的社会,以从容的心态谈谈教育中的信仰与孤独、理想与价值、心灵感动与终极关怀,这些看起来不染嚣尘的形而上的概念,对大多数人来说,已是难以追怀的往事与神话了。生命最本真的问题被膨胀的物欲所遮蔽了。教育信仰遭遇了现代性危机。

如此,我们不得不面对一个时代性的难题:如何养成教师的教育信仰?

第一,营造人文关怀氛围。今天,全社会需要给予教师更多的关怀,更多地关注他们的存在,从而使教师的教育信仰得以生长。关注教师的存在,即认识到教师不仅是肩负社会使命的"人类灵魂的工程师",更是具有独特个性的"人";关注教师的存在,即认可教育是人对人的主体间的灵肉交流,"教育是人的灵魂的教育,而非理智知识和认识的堆集";关注教师的存在,即在树立那些个人付出了巨大牺牲的教师典型的同时,也不能遗忘了那些在平凡的岗位上做出优秀成绩的教师群体;关注教师的存在,即要重视教师经由自身的受教育经历而自然生长的朴素的教育信仰,并且要提升、转化这些草根的习俗性质的教育信仰。它还要求教师撕掉面具,回到作为"人"的丰富人性状态;关注教师的存在,即是关注学生的幸福。正如苏霍姆林斯基指出,一个有高尚精神生活的人,才是有理想的人,才能关心别人;关注教师的存在,即是要改善教师物质生活匮乏,精神世界荒芜的生存状态与存在方式,最终指向教育幸福的深层关怀与本然追求。

第二,引导教育理论学习。教育信仰是人们在对教育理性认知基础上所形成的信念的升华,需要以科学的教育观念、教育知识作为基础。哲学家贺麟在谈到信仰与知识的关系时说,"盲目的信仰依于愚昧的知识。知识空洞者,其信仰必渺茫;知识混淆矛盾,必与信仰的杂乱反复相依随;知识系统,则信仰必集中;知识高尚,则信仰亦必随

---

① [德]马克斯·韦伯. 学术与政治(第二版)[M]. 冯克利,译. 北京:生活·读书·新知三联书店,2005:34—48.

之高尚"。① 教师的教育信仰建立于对教育规律的把握之上,建立于对教育活动中各种矛盾的认识之上。

获得教育知识的一个重要途径就是学习教育理论,尤其是阅读中外教育名著。乌申斯基早就正确地指出了这一点:"教育的作用之一,就是主要地通过信念去影响人以及从根本上影响社会;而使这种信念得以存在的手段,就是教育书刊。"②正是在教育书刊中,记录了人们教育认识的点滴进步以及人们教育智慧达到的水平。在众多的教育书刊中,教育经典名著的阅读尤为重要,如《学记》、《大学》、《理想国》、《大教学论》、《爱弥尔》、《普通教育学》、《民主主义与教育》、《中国教育的改造》等等。在这些著作中,通过那些热诚的、严谨的或明晰的教育语言,我们能够体会到作者赋予教育事业的崇高理想和从事教育工作的严肃责任感。他们的这种教育理想和教育责任感是形成个人教育信仰最好的催化剂。我们欣喜地看到,教师也逐步认识到了教育名著对于自己教育生活的价值,自觉地从教育理论中汲取营养,《薛瑞萍读教育理论》、《跟孔子学做老师》、《跟苏霍姆林斯基学当班主任》等一线教师的个性化阅读著作的出版,正是他们努力学习教育理论最好的证明。

第三,倡导教育实践反思。教育信仰并非生来就有,而是后天习得的一种力量,正因为教育信仰形成的实践性,教育信仰在实践中得以形成,教师教育信仰的养成要受到教育实践的制约。

教育信仰是一种心灵状态,是主体的教育精神世界对教育生活的反映,是教师对自身未来教育生活向往的精神追求。它是生命的希望之光、是远航的灯塔、是人生的动力。任何一种教育信仰的建立都要经历内心认同、体验和反省的过程。因此,培育与强化教师的教育信仰除了不断学习一些教育科学知识以外,还需要通过对教师教育行为的反省指导来进行。所谓对教师教育行为的反省指导不同于对教师行为的指导。后者的目的在于为教育工作的改进提出操作性的策略,而前者的目的仅在于提高教师

---

① 贺麟. 文化与人生[M]. 北京:商务印书馆,1955:90.
② 郑文樾选编. 乌申斯基教育文选[M]. 张佩珍,等,译. 北京:人民教育出版社,1991:112.

对自己教育行为的反省意识和反省能力,使他们清醒地认识到教师行为的知识基础和价值基础,认识到这两个基础的局限性及它们赖以存在的条件。反省意识和反省能力既是信仰得以产生作用的心理因素,也是信仰得以形成的心理前提。只有通过教育行为反省指导,教师才能形成某些稳固的教育价值观和教育方法论,才能够对付挑战教育信仰的意外情况,从而保持教育信仰的一致性与稳固性。

第四,提升教师教育境界。周国平在《人的高贵在于灵魂》一文中说:"由于生存斗争的压力和物质利益的诱惑,大家把眼光和精力投向外部世界,不再关注自己的内心世界。其结果是灵魂日趋萎缩和空虚,只剩下一个在世界上忙碌不止的躯体。对一个人来说,没有比这更可悲的了。"教师也需要提升生活的境界。杨启亮教授曾区分了教师境界的四个层次:一是把教育看成是社会对教师角色的规范、要求;二是把教育看作出于职业责任的活动;三是出于职业良心;四是把教育活动当作幸福体验。他认为前两个境界是一种"他律"的取向,后两者是"自律"取向,并建议教师实现从"他律"到"自律"的转变。这种转变的过程在很大程度上就是教师教育信仰得以养成的过程。教育信仰一经养成,就会成为一种引领教师教育生活的强大力量,具有教育信仰的教师能够把教育作为事业来做,把学生看成完人来培养,把其人生的精彩留给受教育的学生,她能够在充满教育信仰的职业活动中完善自己,美化别人。

实际上,教育境界不仅指教师所能达到的"高度",还指教师生活其中的"教育心境"或"意义领域",即教师愿意生活其中的一种"状态"。当教师认可、接受这种"状态"并愿意为之付诸努力,也就是在实现他们的教育信仰。有教育信仰的生活才是高尚的生活、文明的方式和理想的教育境界。因此,提升教师的教育境界是实现其教育信仰的重要途径。

综上所述,拥有了教育信仰,使得教师能够超越了外在的功利,始终坚守教育的本真意义,它以"育人"为支点驾驭、统摄各种知识与能力,从而使教育相关因素诸如教材、教师、学生等呈现出浑然一体与灵动交融。这样,教师不仅考虑知识的传递与能力的培养,关注学生心灵的陶冶与灵魂的转向;不仅考虑教育策略、方法,更关心学生完美人性的生成。拥有教育信仰的教师,其教育内容的精彩呈现、教育策略的完美运用,就会因教育信仰的涵养而成为一种自然天成的行为,而不是一种世俗的聪明与市侩的应对,也不是一种单纯的教育机智,而转化成了富有教育精神的教育智慧。这种教育智慧能把教师带到一种教育审美的"物我同一"境界,让教师的知识积累、心灵感悟与课堂教学水乳交融、相映生辉,使教师的整个身心融入到自己的教育教学之中,享有教育的创造美与艺术美。由此,教育信仰成为教师教育智慧的核心。

三、教育思维

1985 年,国际教师思维研究协会(ISATT)正式成立,是国际教师教育研究的一件大事。它标志着国际教师教育工作者把对教师及其教学成效研究的注意力由教师在课堂的所作所为转向了他们的思维方式,由此而来的是使人们越来越认识到教师的教育思维能力是教师专业成长的主要影响因素,同时也确定了教育思维在教师职业专业化中的重要地位。

什么是教育思维？它是指教师通过对教育现象和教育问题的分析、比较、综合、概括、联想、预见等,形成教育的观念或信念,继而作出判断、计划和决策以影响教师教育行为的思维活动。

研究教育思维对教师有何意义？教育思维是教师感知、思考教育现象的主观模式,有什么样的思维就会相伴有什么样的行动,教育思维决定了教师的教育行动。古德莱德(Goodlad,J. I.)曾经指出了课程的五种层次,即理想的课程、正式的或官方的课程、感知的或领悟的课程、操作的课程、经验的课程。[①] 其中与一线教师相关的是第三、四两个层次的课程。当前的学校教育教学变革中,教师起着关键性的作用。这种作用首先表现为教师对学校教育教学的理解,如果理解正确了,学校变革可能行走在正确的方向上；如果理解偏差了,学校变革也就可能会遭遇重重的困难。

[①] Goodlad, J. I. et al.. *Curriculum Inquiry: the Study of Curriculum Practice* [M]. NY: McGrawHili, 1979: 60 - 64.

教育思维还能帮助教师形成自己对教育问题的看法而不随波逐流。尤其在这样一个"信息爆炸"的时代,身处"教育概念重建"的背景下,建构主义、批判理论、"云教育"、"翻转课堂"、"教育大数据"等各种教育的新理念、新主张、新概念等层出不穷,"乱花渐欲迷人眼"。拥有教育思维,就不会人云亦云,有自己的思考与判断。此外,学校教育的变革本身就是一个复杂的系统,从传承上说,它不是对过去的简单否定,从过程上说,也不可能一蹴而就。那种认为学校变革是"推倒重来"或"一帆风顺"的想法都是简单化思维的表现。教师拥有了教育思维,面对学校变革时才能够用复杂的目光透过纷杂的教育现象捕捉到问题的实质。面对学校变革中出现的教育情境中的种种问题,教育思维帮助教师从多个角度和层次去思考,对一个问题想到多种解决方案,并选择其中一个最优的方案并采取行动等。长此以往,教师就会养成以一种复杂性思维的方式把握教育问题,这也会反过来优化教师的教育思维。

教育思维类型的研究,有助于对教育思维的深入把握。依据不同的标准,可能对教育思维的类型进行多种形式的划分。从形成的方式来看,可分为再生性教育思维和创造性教育思维;从功能特点的角度,可分为问题型教育思维和方法型教育思维;从思维的主体来看,可分为本源性教育思维和整体性教育思维。

那么如何形成良好的教育思维?教育思维不是抽象的,在教育情境中表现出来的总是具体的某一类型的教育思维,离开类型来讨论教育思维的形成是缺乏根基的。因此,要结合教育思维的类型来探讨如何形成良好的教育思维。

首先,再生性教育思维和创造性教育思维的形成。

再生性教育思维是教师应用已有的经验或是参照别人的教育行为,直接而不需要改变地去解决真实的教育问题。它的形成主要通过案例学习和现场观摩,掌握针对不同教育问题的应对策略和流程。如批评教育犯错学生的方法、与家长有效沟通的策略、不同文体课文如何导入等,这些有益于入职不久的教师尽快站稳讲台,适应学校教育生活。再生性教育思维是必要的,但对于教师的教育实践来说,它是不够的,教育实践更需要创造性教育思维。

创造性思维是指对教师来说,应对一个新的教育问题时,不仅利用了自己头脑中的案例库,并且在原有的解决问题的策略基础上进行了改变或改进,也就是说,教师以前获得的知识参与到这个过程中来了,但是必须经过改变,以适合这个问题的新要求。教育问题的解决主要是创造性思维的应用。教育是一种建立在科学基础上的艺术活动。教育过程中的问题的解决,尽管要使用教育者先前的知识、技术和经验,但往往不是先前某种教育知识、技术和经验的简单、直接运用。教育过程中的问题发生在学校里,主要表现为教材处理问题、课堂问题、学生思想行为问题、班级经营问题等。这些问题的解决,没有一个可以使用纯粹的再生性教育思维。之所以这样,是与教育问题的特性有关。教育问题解决的障碍,一般不会是认识上的,而是具体操作上的障碍。教育是一种连续性的、整体性的活动,教育问题的解决总是一个"化"的过程。所以,教育者不可能毕其功于一役。教育问题的特性,决定了解决教育问题,只能以创造性教育思维为主,纯粹的再生性教育思维是解决不了教育问题的。创造性教育思维的形成,既需要教师始终思考"教育究竟要给学生留下什么",思考学科的本质与整体结构问题,又需要专注而执着地长时间聚焦于某一个教育问题,需要敢于质疑和批判,敢于超载自己,突破已有的思维定势。

其次,问题型教育思维和方法型教育思维的形成。

问题型教育思维,是指面对教育情境中的真实问题时,教育者能够透过问题的表面看到背后的规律。它的形成一般经历教育问题的认知阶段、模仿解决问题阶段、教育问题的反思阶段、成熟表达阶段等四个阶段。认知阶段是在老师的头脑中建立关于教育问题的概念系统,以及与此相适应的教育实践活动的案例库。它主要是通过对学校教育现场中教育问题的观摩,明确学校教育现场中的教师、学生、课程、方法、评价与学校环境等要素,从而了解目前学校不同教师在教学过程中面对教育问题时的思维状态,包括动作、言语、操作程序、执行方式以及动作之间的联系等。这样,可形成关于课堂教学本身和教学活动结果的表象,建立起解决问题的初步调节机制,形成初步的解决问题的决策思维。模仿解决问题阶段,是指以问题为中心,参照在前一阶段建立的案例库,学会分析教育现场,选择合适的解决方案。反思阶段重在"为什么会这样",思考"这样做"背后的依据,形成个人实践知识;成熟表达阶段,是通练习形成应对问题的方式,对不同的教育情景中的问题具有高度的适应性,在动作的执行及言语表达方面,能达到高度的规范化和自动化。一连串的教育行为似乎是自动流露出来的,无需特殊注意和纠正。这时候,问题型教育思维已初步形成,对于一般性教育问题,他们可以很清晰、很准确地辅之以言语,提出解决对策,并根据学生的反应进行及时调整。

方法型教育思维,是教师在应对教育问题的过程中运用的范式和方法,是在认识和思维过程中所形成的相对固定的范式。它要经过原型定向阶段、教育理念与行为的联系整合阶段、有意识的言语阶段、自动化阶段等四个阶段。原型定向是指在达成充分的教育理解的基础上,理解教育的本真意义,理解教师的使命,这样,教师才可能高瞻远瞩,才能从各个不同的角度思考教育问题。整合阶段是指把各个相互联系的教育要素组成一个整体。根据教师、学生、课程与环境等要素的联系,可以使"如何开发课程"、"如何组织教学内容"及"我们应该怎样教学"形成一个连贯而协调的系统,涵括方法型教育思维的内容。这样,有利于使教师的实践操作趋于协调,形成教师个体独特的方法型教育思维范式。有意识的言语阶段的思维活动离开了具体的教育客体或其替代物,而逐步转向头脑内部,教师通过自着学习、训练与反思的不断结合,外部语言活动逐步向不出声的内部语言活动过渡。自动化阶段中教师的教育思维活动已经简化、自动化,似乎不需要意识的参与而进行,有不假思索的特征。

再者,本源性教育思维和整体性教育思维的形成。

本源性教育思维类似于前文"教育理解"部分提到的对教育的本真理解,它的思考对象是教育的基本问题,即教育的价值到底是什么。它始终考虑"教育要发展学生什么",而绝不仅仅是知识、技能的传授,也不仅仅是能力的发展与培养。它的形成需要教师具有"追问"的意识与习惯,从一个个教学事件中、从一个个教育情境中去捕捉、发掘教育的意蕴;还需要教师不断学习教育理论,用教育理论来提升自己的思维品质,提升自己思考问题的境界与层次。

整体性教育思维,主要指的是教师对教育的结构化理解。如理解学科的基本概念、主要思想的来龙去脉,即学科的本质和学科知识的"深层结构",而不是满足于了解学科的概念、操作技能等显性知识。正如斯腾伯格所认为的那样,教师要拥有高度组织化的"块儿"状知识结构和善于表征知识的"深层结构"。整体性教育思维需要教师不断阅读相关研究成果,具备深厚、扎实的学科专业知识,同时,能把专业知识与教育实践结合起来,使得专业知识在与复杂实践的对话、交流中达成整体性理解与把握。

综上所述,教育思维是人们面对教育问题进行思考的过程,其外在的表征形式是借助逻辑,运用概念、判断和推理的活动。教育思维面向教育实践中的教育问题,包含着教育者的实践认识、反映、批判和构思,同时也指向教育生活实践的价值问题。因此,教育思维也探索价值应然和可能生活的问题,是教育者理想中的教育形象,它要表达的是教育应该是什么和教育应该怎么做,以引导教育者走向教育的理想。这样,教育思维使得教师不断思考什么是"好"教育、智慧的教育,教师在追寻"好"教育、智慧教育的途中生成智慧。由此,教育思维成为教师教育智慧生成的关键所在。

四、教师实践知识

教师实践知识又称缄默知识或个人知识,它最初来源于波兰尼对知识性质的划分,波兰尼认为"人类有两种知识,通常所说的知识是用书面文字或地图、数学公式来表述的,这只是知识的一种形式,还有一种知识是不能被系统表述的,例如我们有关自己行为的某种知识,如果我们将前一种知识称为显性知识的话,那么我们就可以将后一种知识称为缄默知识"[1],这是最早的关于个人知识的表述。教育学者中,埃尔巴兹对实践知识的讨论是比较早的,他从"实践"的角度提出,"实践知识突出了教师情境的行动和决策取向的属性,并在一定程度上,将教师知识理解为教师对该情境反映的一个函数"。[2] 后来阿吉里斯等人从"知识"角度提出,教师实践知识即教师的"使用理论"。当前教师个人知识已经成为教育研究的一个热点问题。在日常的教学过程中,我们常常发现,对于同样的内容不同的老师常常会有不同的处理方式,为什么? 这说

---

[1] Polanyi M. *The Study of Man* [M]. London: Routledge & Kegan Paul, 1957:12.

[2] Elbaz F. Teacher Thinking: *A Study of Practical Knowledge* [M]. London: Croom Helm, 1983:5.

明一个问题,每一个老师都有自己的知识结构。我们以前也谈教师的知识结构,但是,我们所讲授的一般属于公共知识,而对于教师的个人知识不甚关注,事实上,在教学中真正起作用的是教师个人实践知识,教师所做的远远多于他所知道的,只不过这种知识形态是隐含的、经验式的、自发的,我们需要做的是通过合适的途径使这种知识走向自觉和理性,而教师实践知识理性化的过程,正是教师教育实践智慧生成的过程。杨启亮先生认为,"实践智慧是教师在复杂教育情境中动态生成的应变能力,是特定教育情境中有效完成教学任务的能力,多表现为教师面对特殊教学情境所作出的瞬时性、直觉性的反应或顿悟。实践智慧更多地体现为'应当如何做'的行动,它是教育经验的升华、理性的应用,它最终体现为一种合理化的教育实践。它主要特征表现为:对教育实践的合规律、合目的性的理解,准确把握、敏锐判断、机智选择"。[①] 这种对教师实践智慧的理解,揭示了实践智慧的内涵实质上是实践知识,知识和智慧就如一个硬币的两面。既合二为一,又有所区别,没有知识的智慧是美妙的幻觉,没有智慧的知识是僵死的符号,教师教育智慧的生成依赖于教师对当下教育情境积极感知、辨别与顿悟,这本身是教师实践知识的功能指向,同时"智慧并不是一旦得到就可以永久保用的东西。它常常处于形成的进程中,要保持它就要随时戒备着,观察它的结果,而且要存着虚心学习的意志和重新调整的勇气"。[②] 教育智慧的发展是在教师实践知识的不断丰富过程中完成的。那么教师实践知识如何转化成教师的教育智慧呢?

首先,在行动中改造,优化经验智慧。"教师的实践性知识是教师所真正信奉的,并在其教育教学实践中使用和表现出来的对教育教学的认识,它支配着教师的思想和行为,体现在教师教育教学的行动中。"[③]这里的行动不是无规则、无依据的盲动,它体现了教师对教育、教学的一种理解,是教师"信奉的理论"和"使用的理论"的初步对接。当然这里"信奉的理论"具有较强的个性和经验色彩,它未必绝对地正确和科学,但是

---

① 杨启亮.规约与释放:教学实践智慧的选择[J].教育理论与实践,2002,22(11).
② [美]杜威.哲学的改造[M].许崇清,译.北京:商务印书馆.1958:52.
③ 陈向明.实践性知识:教师专业发展的基础[J].北京大学教育评论,2003(1):10.

它是经验智慧生成的源泉,我们需要做的工作是,在行动的过程中增添理性色彩,不断地改造和调整我们的行动方案,优化经验智慧。

其次,在行动中反思,提升理性智慧。教师实践知识不具备"理论性知识"那种发现未知事物规律和作出原理性阐述的性质,而是凭借经验主动地解释、矫正、深化现成知识而形成的综合性知识,是在实践情境中直面某种判断和选择的决策功能知识。它是一种对于即使在"理论知识"中也不能解决的问题,也能够从多种角度加以整体把握,洞察多种可能性,促进选择的综合性知识。① 教师实践知识是一种包容性较广的知识,它既有教育的理解,又有自我的感知,也包括情境的判断,它虽然不完全具备理论知识的所有要件,但是它蕴含着理性智慧内蕴的因子,教师如果在行动的过程中,能够不断地提升自己的反思能力,强化自己的追问品质,实现"知道如何做"向"知道为何做"的跨越,事实上,就已经在提升自己的理性智慧了。当然,教师的这种反思是一种实践性、批判性的反思,而不是仅仅停留于技术层面的反思。反思的理性品质使得教师实践知识具备了智慧的华彩。

再者,在行动中创造,生成教育智慧。教育智慧不仅仅强调"知道为何做",而且能够把这种认识内化为自己的科学行动,教师的实践智慧是通过教师对情境的敏感、思维的敏捷、认知灵活性、判断的准确,对学生的感知、行为的变通等方面表现出来的。它不是一种按步骤分阶段的逻辑认识过程,也不是一种简单的感觉或无意识的行为,而是教师直觉、灵感、顿悟和想象力的即兴发挥,它能够在一瞬间把握事物的本质,同时又表达了教师对学生的深切关注,是"有心"与"无意"的巧妙结合。教育实践智慧的特征决定了创造性是其最重要的一种品质。事实上教师的工作本身就是一项创造性劳动,教育关注的是人的精神、价值、意义和理性,重心在于人的发展的引导和人的精神的培育。教师劳动的对象是具有一定自觉意识的人,是有感情、有理智、有个性,充满着旺盛的生命活力,具有多方面发展需要和发展可能的人,教师的整个劳动过程都展示着教师的智慧。教师的实践知识本身就是教师个体创造的产物,如果我们在创造

---

① 钟启泉. 教师研修和模式与体制[J]. 全球教育展望,2001(7):4.

的过程中进一步优化思维,强化行动的科学依据,实践智慧的生成就自然地发生了。

如前文所述,在教育智慧的三个层次中,教师个人实践知识处于教师经验智慧的层面。教育个人实践知识是教师在自身的教育实践中所获得的,关于"此时—此地""此情—此境"如何教育的知识与能力,是经过独立思考而形成的独特体验和感悟,也是对"此时—此地"、"此情—此境"下教育问题的整体领悟与把握。它有着教师教育智慧生成的丰富土壤,有着教育智慧的因子。从本原上说,一切教育智慧都源于教师个人实践知识,教师个人实践知识是教育智慧的载体。

五、教育叙事

教育叙事兴起于 20 世纪 80 年代,代表人物是加拿大的康纳利和克兰迪宁,他们在《教师成为课程研究者——经验叙事》一书中系统阐释了叙事研究的理念、标准与方法。我们国家在近几年开始引入叙事研究,主要的代表人物有丁刚、刘良华和王枬等,丁刚和刘良华的主要贡献在于理论的引荐和研究,王枬老师的贡献则体现为实践中的探索与运用。近年来她指导了一大批以教育叙事研究为取向的硕士论文。如耿涓涓(1999):"教师个人教育信条:一位初中女教师的个案研究";曾群惠(2001):"论教师成为研究者的可能:一项个案研究";唐芬芬(2002):"教师文化的课堂透视——对教师口头言语的个案研究";王彦(2002):"走进课堂生活的无声世界——小学课堂情境中师生体态语言的面具研究";万俊锋(2003):"从情感接受的角度品味教师语言:一项扎根于课堂的个案研究";姚红玉(2003):"我的新教师生活:一项新教师的个案研究";渝晓冬(2003):"课程综合化与教师课堂教学行为的变化——对柳州市小学新课程试验教师的个案研究"。目前教育叙事研究已经不仅成为理论研究者关注的热点问题,一线教师也开始运用这种方法展开实践探索。

(一)何为叙事

教育叙事研究是指以叙事的方式开展的教育研究,它通过叙事、讲故事的形式记录在自己的教育实践、教育生活中发生的各种真实鲜活的教育事件和发人深省的动人故事,表达自己在实践过程中的亲身经历、内心体验和对教育的理解感悟。它是一种事实性、情境性、过程性的研究;是行动者直接融入并成为主体的研究;是一种反思性的研究。通过对事件的叙说,形成教育的自我认识,达到一种自我建构的状态。教育叙事通俗地说就是"讲故事",即讲述教育教学生活中一个或多个真实的教育故事,叙述教师自己遇到了什么问题,如何遇到又如何解决问题的全过程。让读者从故事中体验教育是什么或应该怎么做。它是一种以教师为研究主体,以叙事的行动研究为主要方式,形成教师以经验方式对教育研究的主动参与的方法。由于它既注重解决实际问题,又注重经验的总结、理论的提升,因而能使教师真正为自己的教育进行研究,对自己的教育进行研究,在自己的教育活动中进行研究。

从上述定义来看,教育叙事实际上就是质的研究方法的具体运用。对于质的研究,在陈向明所著的《质的研究方法与社会科学研究》中所给的定义是:以研究者本人作为研究工具,在自然情境下采用多种资料收集方法对社会现象进行整体性探究,使用归纳法分析资料和形成理论,通过与研究对象互动对其行为和意义建构获得解释性理解的一种活动。[①] 结合质的研究的定义以及前面对教育叙事的界定,我们可以发现,教育叙事侧重于对有意义的校园生活、教育教学事件、教育教学实践经验的描述与分析,从而发掘或揭示内隐于这些生活、事件、经验和行为背后的教育思想、教育理论和教育信念,从而发现教育的本质、规律和价值意义。

(二)为何叙事

自从赫尔巴特以后,我们展开了教育科学化的探索,我们超越经验和现象的樊篱,开始探寻普适化的规律,教育体系越来越完整,教育结构越来越严谨。但是我们发现教育在走向规范化、普适化的同时,也在规约和限制着教育的丰富意蕴,扼杀了个人对教育的多元理解与解读,教育的意义世界开始迷失。我们发觉研究越来越科学,理论越来越抽象,同时离真实的教育生活也越来越远。转变研究取向,成为一种必然的选择。在这种背景下,叙事研究以其注重真实、注重细节、注重个人实践知识、注重意义

---

① 陈向明. 质的研究方法与社会科学研究[M]. 北京:教育科学出版社,2000:12.

构建,成为教育研究一个新的研究方法。

教育叙事能够解析教师教育生活背后隐蔽的知识基础。教育叙事对教师亲历的教育生活加以梳理、选择、整合、贯逑,从而在一种基于教师亲历的现场感的叙述之中,能"把真实的教育生活淋漓尽致地展现出来",又能"在众多具体的偶然多变的现场中去透析种种关系,解析现象背后所隐蔽的真实,从而使教育生活故事焕发出理性的光辉和智慧的魅力"。① 教育叙事之所以不同于一般性的讲故事,乃在于作为叙事者的教师并不只是单纯地讲述自己的教育经历,而是在一种理性的参与之中对教育生活作出意义的梳理与提炼。教师成长有两种基本知识来源:一种是外来的教育知识、教育理念等;另一种是个体经验提升的知识。教育叙事就是要将原初的教育经验提升成为知识性的经验。在这个意义上,教育叙事实际上是拓宽了我们教育生活的内在知识基础,也使我们的教师成长作为教师个体教育人生的"事件",并不是外在的、被规定的,而是内外结合的、自主的,是教育生活内在经验和外在教育知识的整合、对照的结晶,是外来知识和内在知识的对话,是理性与经验的融合。

教育叙事能够彰显教师作为个人教育生活的主体性。教师教育生活的问题和解决问题的钥匙本身,就蕴涵在教师的日常教育生活之中。作为一种研究的方式,教育叙事提示每个教师,改善自身教育生活就可以直接从自己身边的教育生活开始,在面对自己的教育生活经验或经历的同时,把我们自己的教育生活作为一个解读的文本,从而让我们亲历的教育生活自己说话。在与自己的教育生活文本对话的过程中,我们就有可能产生基于我们自身教育生活的教育思考。这种教育的理念或思考,正是来源于我们自身教育生活的知识,是我们自身的教育生活经验的结晶。叙事研究从生活出发,从事实出发,从教育实践出发,让教育生活自己说话,也就是说让我们充分地、更多地去理解、回顾、找到对我们自己教育生活的切入点,并且把我们自身的教育生活变成一个活生生的文本,去解读它、分析它、提炼它,让教师作为个人教育生活的主体性得以进一步彰显,同时也显现教师的自主性人格。

---

① 叶澜. 新世纪教师专业素养初探[J]. 教育研究与实验,1998(1).

教育叙事能够提高教师日常教育生活的品质。杜威曾说："教育是一种生活的方式，是一种行动的方式。"我们每天都在经历着一个一个的教育事件，我们的教育生活就是由一个一个的教育事件累积而成的。那些被我们关注到了的以及那些有意无意地被我们忽视的故事，都可能成为对教师和学生的成长与发展卓有意义的教育生活故事。教育叙事，就是讲述我们的教育生活的故事。以讲故事的形式出现的教育叙事，揭示复杂教育生活中的细微脉络，成为我们对自身教育生活的反思性实践。我们讲故事的过程就是不断地回溯，发现我们未来教育生活的可能路径的过程。当叙事成为教师日常教育生活的一部分，意味着教师对自身教育生活的不断的探问、反思和意义观照成为了教师教育生活的基本姿态，成为教师不断走向美好教育生活的可能的方式。

教育叙事能够提升教师教育生命的意义。教师一旦以类似于自传的方式叙述自己生活中的教育故事，也就意味着教师开始以自己的生命经历为背景去反观自己和观察世界，内在地承受着对自己的言行给出合理解释的思想压力。这就促使教师进入沉静思考的层面，不得不倾听自己内心深处的声音，不得不站在自己的角度反思和挖掘自我，从而可能激发出许多连自己都意想不到的想法。这意味着他们开始不再依赖别人的思想而生活。这种教育记叙文使发生的事件不再随记忆淡忘而成为无意义的东西，它以记述下来的形式保留了历史，给看似平凡、普通、单调、重复的活动赋予独特的韵味，从而固守了一份对这个世界和生活创造的意义。[1] 叙事研究由于关注事实，关注具体情节，他把我们从外在的宏大叙述，拉回到具体的生活实践中，让我们在生活的感悟中，去发现隐藏在具体事件和对象背后的真实的教育意蕴。教育叙事让我们把生活中偶然的教育事件历史化，把平凡的教育生活琐事意义化，把过去的教育经历永恒化，教育叙事因此而成为敞开教师生命意义之门的重要方式。

（三）谁来叙事

教育叙事从叙述的主体看，可以分为两类：一种称为"叙事的教育行动研究"，主要是指中小学教师自己展开的研究方式，也可以是中小学教师在校外研究者指导下所使

---

[1] 邱瑜. 教育科研方法的新取向——教育叙事研究[J]. 中小学管理，2003(9).

用的研究方式。当中小学教师既是"叙说者"又是"记叙者"而且所叙述的内容涉及自己的教育实践及其某些教育问题的解决过程时,教师的"叙事研究"就成为教师的"行动研究",实质是一种"叙事的行动研究"。另一种为"叙事的人类学研究",主要是大学研究者以中小学教师为观察和访谈的对象,或者以中小学教师所提供的"想法"(包括教师的内隐理论、个人理论)或中小学教师所提供的文本为"解释"的对象,这时中小学教师只是"叙说者",所叙说的内容并不涉及教师的教育实践的改变过程时,叙事研究就成为了一种教育领域的"人类学研究"。此处,我们所讨论的教育叙事的主体为一线的中小学教师。教育叙事就是教师"讲自己的教育故事",是对自己的经验进行全面深刻的反思。

(四) 所叙何事

教育叙事研究是直面教育事件本身的研究,其旨趣在于走进教育的"生活世界"和"意义世界",关注常人的命运与处境,而不是追求所谓的教育客观规律或验证预先设定的理论假设。这种研究方式与教师的日常教育生活具有相当程度的一致性,降低了教育研究的起点,为教师从事教育研究开辟了一条坦途。但是,教育叙事研究并不是教育事件的实况录制,而是有选择、有取舍的。那么,教育叙事叙何事呢?

(1)关注教育经验。先进的思想从哪里来? 答案是肯定的,来自实践,来自经验,杜威对这一问题曾有精辟的论述,"一盎司经验所以胜过一吨理论,只是因为只有在经验中,任何理论才具有充满活力和可以证实的意义。一种经验,一种非常微薄的经验,能够产生和包含任何分量的理论(或理智的内容),但是离开经验的,甚至不能肯定被理解为理论"。教育叙事探究的本质在于寻找一种合适地呈现和揭示生活经验乃至穿透经验的话语方式或理论方式,为普通教师、学生以及其他读者提供一种能让他们参与进来的生活语言风格的研究文本。

(2)审视教育行为。教师的教育思想不是停留在空中楼阁的,也不是抽象存在的,它具体体现在教师的教育教学行为当中,表现为教师的教育理念先进与否、教育思想系统与否、教育认识独特与否。教师关于教育的理想、认识、看法、见解渗透于日常的教育活动中,指导着教师的教育行为,也影响着教师的人生。教师的叙事研究首先就要研究教师的日常行为背后所内隐的思想,教师的生活故事当中所蕴涵的理念,以便为教师的行为寻求到理论的支撑,为教师的生活建构起思想的框架。

（3）聚焦教育问题。教育经验和教育行为通常是在冲突的问题情境中"滋生"和"发酵"的。教育叙事就是穿透问题表象,直达问题本质的一种研究范式,因此教育叙事要聚焦教育问题。它要求教师具有敏锐的洞察力,能够从琐碎的教育事件中发掘有价值的问题,通过对问题的界定、梳理、分析,找到问题产生的症结所在,通过对问题的沉思与诘问,寻求问题解决的路径。教育叙事就是要在问题的发现、描述与解释过程中探寻隐含在教育问题背后的教育理论意蕴。

（五）如何叙事

教育叙事如何"叙"? 到目前为止,教育叙事没有一个统一的格式,统一的流程。许多教育叙事理论研究者从多个角度对"如何叙"的问题进行了积极的探索。如康纳利和克莱丁宁将叙事研究分为现场工作、生成现场文本、由现场文本转化为研究文本三个阶段,在此基础上,王枬进一步提炼出现场文本转化为研究文本的基本流程:确定研究问题——选择研究对象——进入研究现场——进行观察访谈——整理分析资料——撰写研究报告。

1. 叙事研究的过程

（1）确定研究问题。确定研究问题是进行研究的前提。教师叙事研究的范围很广泛,教育机智、日常生活、体态行为、课堂教学等都可能成为研究的问题。教师的叙事研究的问题要小,关注微观层面细小的普通的教育事件,更强调对教育中特殊现象的描述和体察。叙事研究的问题应是有意义的问题,即研究者对该问题确实不了解,希望通过此项研究获得一个答案;或者是该问题对被研究者来说具有实际意义,是他们真正关心的问题。

（2）选择研究对象。选择研究对象是研究得以进行的保证。研究者要了解研究对象的基本背景。这样才能做到有的放矢,增强研究的针对性和可行性。研究者要赢得研究对象的认同、理解与合作。没有这样的前提,叙事就无法获得真实的第一手资料,研究也就无法顺利进行。研究对象的选择还要具有代表性。选择研究对象是抽样的需要,样本的选择不仅与要研究的典型问题相关,也与研究者与被研究者的关系相关。

(3)进入研究现场。研究现场是研究者观察、了解研究对象的真实环境。由于教师的工作、生活环境主要是在校园、在学生中,因此,进入研究现场就意味着走进教师活动的时空,与教师一道同呼吸、共生活。

(4)进行观察、访谈。观察、访谈是在研究现场收集资料的过程,是清理研究者的纷繁思路、使研究更加清晰明确的过程,也是促使研究逐步走向深入的过程。

(5)整理分析资料。"资料有它自己的生命,具有当我们与它呆在一起到一定的时间,与它有足够的互动以后,它才会相信我们,才会向我们展现自己的真实面貌。教师的叙事研究离不开对所收集事件的整理分析,而整理分析资料就是与这些事件的生命进行对话的过程。"整理分析资料需要遵循尊重事实和研究对象、寻找本土概念和进行意义解释等三个原则。

(6)撰写研究报告。研究报告的撰写是在前面大量工作的基础上进行的总结性归纳。它既包含研究者的故事性描述,也包含研究者的论述性分析,两者构成了研究报告中细腻的情感氛围和浓郁的叙事风格。

2. 叙事研究的方法

(1)按照事件发展的时间顺序逐个陈述,注重突出其关键部分。这种叙事研究的主要特征是找到关键事件,围绕关键事件的展开,运用渲染的手法,对于其中的细节进行细致地描述,从而突出故事的主题。

小刚的故事

小刚是班里的一个比较特殊的孩子,个子胖胖的,皮肤黝黑,在众多的孩子中一眼就能被认出来。

学校有护导制度,在课间校园中每一个容易发生安全事故的地方都安排老师值周。每周的星期二我护导,地点在三楼的楼梯口,主要职责是提醒学生不要乱跑,以免发生伤害事故。课间,我站在那儿指导学生活动,不知小刚什么时候来到了我的身边。"小刚,你有什么事吗?"

小刚不说话,一下子跑到了我的身后。

"小刚,回到教室和同学们一起玩。"

"我不想和他们一起玩,我想在这儿和你一起值班。"说着,小刚又用手握住了我的手,我顿时感到这个孩子有些特殊,同时也想到了昨天的事情。昨天上午,上过了课,我去楼下的洗手间,小刚和我一起下楼。小刚下楼时下意识地牵着我的手,我把手抽了出来,但又立即被他握住了。把昨天的事情与今天的事情联系起来,感觉孩子确实有些奇怪!

课间的时候,吴刚又跑到我跟前,对我说:"杨老师,我带你去看一个秘密。"

"什么秘密啊?"

"一楼有许多'拉小文明娃',我带你去看看。"

虽然当时很忙,但看到吴刚那兴奋的表情,我想他肯定有他的理由。"好,你带我去看看。"我和吴刚一起来到了一楼,就在吴刚带着我往宣传栏的方向去的时候,遇到了学校的领导。"杨东亚,你抓紧去通知这几个老师,让他们……"

"吴刚,老师有事,我们下次再去看吧!"

"哎! 杨老师,你去看一下吧!"

我朝小吴刚无奈地笑了笑,小吴刚虽然也理解老师,但眼中满是失望。

下午最后一节是自习课,我改到小刚的小作文,文通字顺,意思表达得很清楚,一看就知道他是认真写的。"小刚,你的作文又进步了!"

"杨老师,你知道现在我的作文为什么写得这么好吗?"还没等我回答,他接着说:"妈妈给我请了个家教老师,她教了 35 年书,现在退休了。"他说话间满是自豪。"杨老师,我想再写一段,行吗?"

"那太好了!"如果是别的孩子这么说,我可能建议他不要再写了,而只要把写好的这一段认真修改就可以了,但小刚不同。这一节课,其他同学写了一段,而小刚写了三段。

下课了,我在前面改作业,小刚拿着家庭作业本过来了。"我已经给你改过了,你的写话挺棒的。"小刚听了我的话,没有出声,只是把作业本打开,放在我的面前。我低头一看,作业上面写了一行话:"谢谢杨老师给我很高的评份(应该是'价'字)!"我心头一热,对小刚说:"是小刚自己进步了,老师才会给你这么高的评价的。这是你努力的结果。"小刚听了,笑了。

放晚学了,我经过走廊时,突然发现楼道右侧有一些学生的照片。这些照片看上去已经贴上去有一段时间了,但由于我平时都是走旧楼的门,没有注意到。我走上前去,噢,原来是"拉小文明娃"宣传栏。看到"拉小文明娃"几个赫大的黑字,我顿时想到了吴刚,上面肯定会有他的照片!果然,在宣传栏中间的位置,贴着一张吴刚捡地上的废纸的照片,照片上吴刚的笑容非常灿烂。

第二天,我们就放"十一"小长假了。放假回来,我和学生忙着准备调研,吴刚也没再和我提去看宣传栏的事情。

现在想来,真的很遗憾,我自己错失了一次那么好的教育学生、给学生以鼓励的机会。还要想想办法,把它弥补回来。

这个叙事是按时间顺序进行陈述的,看上去像流水账一样,实际上写作者始终关注的是事件的核心人物——小刚,叙述的是自己与小刚交往的经历,线索清晰,重点突出,关键问题一直在写作者的注意范围内。

(2)着重强调教师个人对问题的认识,夹叙夹议地陈述事件全过程。这种叙事研究的特征是把事件的展开与叙述者心路历程的白描有机结合在一起,抓住情感主线,表达思想变化,让问题解决和理论素养提升融为一体。

"生成"的课堂

今天第三节是语文课,学生的状态比我想象中的要好许多,更多的学生参与到课堂中来了。

上课伊始,我直奔主题:上节课我们已经读了课文,课文中重点介绍了哪四种泉?

我话音刚落,学生小手如林,这本在意料之中,因为问题过于简单。

我接着说:自己朗读课文 2—5 节,读完课文后想一想,你最喜欢哪一种泉,为什么喜欢它? 从课文中找到理由。

听完老师的要求,学生书声琅琅。读书,思考,画词句,学生大都很快进入了状态。

"你最喜欢哪一种泉? 说出你的理由。"第一个起来的喜欢"趵突泉",理由是"泉池正中有三股……如同三堆白雪。""我觉得很美。"学生的回答中蕴含着非常有价值的生成性资源,教学是一个对话的过程,我何不以"美"作为讨论的焦点,组织学生之间的对话呢? 这么想着,于是,学生刚说完,我顺势板书"美",然后再问:"还有喜欢趵突泉的,但和他理由不一样的吗?"在组织学生讨论时,要相对聚焦,不能过于分散,一个学生谈到了趵突泉的美,应抓住这一生成的教育资源,完成教学目标。

有许多学生喜欢趵突泉,一个起来说喜欢趵突泉的原因是因为它的泉水"清",另一个起来说,自己喜欢趵突泉的原因是它"大"。每次学生说完,我都因势利导,指导他们读好相关的句子,真正努力做到"讲读结合"。阅读教学需要学生充分地阅读文本,但这里的读绝对不是傻读,呆读,而是充分理解之后的读。当然这里的理解可以是多种形式的,并不仅仅限于理性理解。

讨论完趵突泉,一学生起来谈"珍珠泉"。课前我依据"泉水从地下往上涌,好像一串串珍珠"一句设计了"想象——图画再现——美读"这样的教学环节,但学生对"好像一串串珍珠"这一句没有理解,很少有学生能把泉水"往上涌,好像一串串珍珠"的画面画出来,最后只好由老师越俎代庖了。(这一环节的设计需要反思,究竟问题出在什么地方? 不知有没有看到这个帖子的朋友有珍珠泉的图片,若有,能否直观地向我们展示一下珍珠泉泉水往上涌的情形,谢谢啦!)

学完了"珍珠泉",依次又讨论了"五龙潭"、"黑虎泉"。

孙寅杰是第一个表示喜欢黑虎泉的学生,他说:"我喜欢黑虎泉是因为它的泉口是用石头雕成的三个老虎头。"我表示了肯定之后,立即问:"有没有也喜欢黑虎泉的，但和他的理由不一样？"另一个孩子(记不清是谁了)起来说："我喜欢黑虎泉是因为它的气势大！"说得多好啊，老师没有讲一句，这时我想到自己只应是一个组织者，不能越俎代庖。只是在前面引导着孩子，孩子自己都悟到了！

接下来就是背诵、练习了……

课上完了，自己感到比较满意。气氛活跃，孩子的思维打开了；知识点随堂完成，教学扎实了！

最让我开心的是班里的孩子上课时发言的积极性越来越高了！有一些原来不发言或者很少发言的孩子，举手发言次数越来越多了；而那些原来发言不是很踊跃、课堂上不是很兴奋的孩子，如小玥、小惠、小今、小杰、小平等，现在常常一举手身子就离开了凳子，小脸通红，小嘴中时常还叫着："老师，我！我！"还有一些孩子，如小蝶、小萱、小煜……那就更不用说了，只不过现在不能像开学时那样每人每节课都叫五六次，因为那时没有孩子举手啊！不过虽然叫他们的次数少了，他们的自豪感、自信心不会少，因为叫他们回答的问题的思维含金量更高！

上述叙事没有简单地陈述事件经过，而是着重将自己的心理感受包括对一些事物的看法融入到对事件的展现之中，叙述与评析相结合，读者在阅读过程中，既可以了解事件的发展过程，也可以了解教师本人对问题的看法以及心理活动过程。

（3）从学生的角度陈述故事，注意使用学生的语言和文化。教育最终的目的是学生是否发生了我们所期望的变化，因此学生是评价教学的起点，也是评价教学的标准。这种叙事研究秉持学生立场，注重细致地描摹学生的状态与反应，通过对学生群体或个体的"画像"，凸显教育的功能与价值。

"小麦，加油！"

今天下午是班会课，中午时，我安排在学校吃饭的班委们每人都作准备，让他们讲自己近期读的书中让自己印象深刻的故事。上课时，第一个起来讲的是小天,第二个是小轩,第三个是小麦。

小麦起来后,给大家说:"我给大家讲一个《会开枪的狮子》中的故事。有一只小狮子……"小麦滔滔不绝,由小狮子吃掉猎人讲起,到它如何与人类相处,最后当它和人类一起去捕杀狮子时已不知道自己的身份,而它知道自己的身份后,陷入了极度的痛苦之中。(小麦学小狮子叫时,同学们更是捧腹大笑。)

小麦讲得绘声绘色,同学们一会儿哈哈大笑,一会儿热烈地鼓掌。然而对于我,心中越来越激动,一个教育的时机就这么到来了,我可不能让它轻易溜掉!小麦讲完,大家的掌声一落,我就示意小麦到讲台前面去。

我有意停顿了几秒钟,全班一片寂静。"同学们,你们知道吗?从上一学期见到小麦时起,我就认为小麦是一个很优秀的孩子,但他一直没有把自己的优秀展示出来。今天,新学期的第二周,刚刚开学十天的时候,小麦向他的杨老师和他的同学展示了自己的优秀。我真的很激动,这是一个全新的小麦,也是我期盼已久的小麦。同学们,你们和我一起向小麦说四个字好吗?"

学生齐声应好。

"来,和老师一起说:小麦,加油!"同学们一起高呼着:"小麦,加油!"

这时,我突然看到小麦嘴角动了一下,似乎有话要说。"同学们,小麦此时心里一定也很不平静",我转向小麦,问他,"你有什么话要和老师、同学说吗?"

小麦朝我点了点头,然后面向同学说:"请同学们相信我,我一定会在原来的基础上不断进步。我会取得更好的成绩。"

小麦的话如果平时听到,可能觉得是在应付老师,但这一刻,我真实地感受到这话是发自小麦内心的感言。

在事件的叙述中,写作者更多地是站在学生的立场上陈述事件的原委,并且在叙述中,将自己作为学生中的一员,使用学生的文化特质描写事件的每一个细节。这种叙述方式的特点在于运用被研究对象的身份、语言、行为等,再现事件发生的场景。它少了一份旁观者的冷漠,多了一份亲历者的热情。

以上三种教育叙事的方式各有特点。第一种注重还原事件的原貌,始终关注事件的核心、问题的关键。第二种注重教师个人对事物的判断,写作者密切关注自己对问题的看法和感受,时时以一种反思的姿态拷问自己的认识,多了些自我反思意识和对事件的深层洞察。第三种方式在一定程度上转变了教师自身的角色,是站在叙述对象的立场上记叙事件,读来翔实、具体、生动、有感染力。教育叙事的方式有很多,除上述提到的三种类型外,也存在着许多其他的形式。教育叙事的方式无好坏之分,重要的是要根据所叙述事件的情况加以选泽和运用。

综上所述,教育叙事不仅仅是教师在讲故事,更是对教育生活实践中获得的经验、体验、知识和意义的故事表达。在一个个叙事文本中,教师不再是别人研究的对象,而是站在自己的角度,通过对教学事件的叙述表达自己在教育教学实践过程中的亲身经历和内心感受,反思教学行为,倾听自己内心的声音,发掘蕴含其中的教育思想与教育理念,进而发现和揭示教育规律与教育本质。在教育叙事中,可以看到教师敏锐的教育现象洞察力,可以看到教师灵活的教育合理行为抉择的应变力,可以看到教师深刻的自我教育实践合理性判断的反思力。可见,真正意义上的教育叙事,记录下了一位教师对自己教育实践中智慧火花的理解、捕捉与表达的能力。由此,教育叙事成为教师教育智慧生成的方法。

第四章

教师教育智慧生成的路径设计

第一节 教育启蒙

一、教育启蒙的内涵检视

教育启蒙主要通过对教育观念的批判、解构与重建，引导人们超越已有习惯、经验和常识的羁绊，摆脱传统的负荷，走向理性与自由。教育启蒙是与教育培训相对应的一个学术词汇，知识与能力的获取可能通过培训获得，观念与智慧的生成唯有通过启蒙。教育智慧的生成是内发的而不是外塑的，但是内发不是自发，需要创造条件，使其由自发走向自觉，这个条件就是教育启蒙，通过教育启蒙唤醒教师内在的理性，使他们能够跳出每天都生活于其中的熟悉的教育世界，以另外一种视角打量自己的教育行为，发现其内蕴的教育意义。

教育启蒙的内涵可以用三个关键词来概括：理性、祛魅、觉醒。理性是启蒙的可能前提，祛魅是启蒙的现实基点，觉醒是启蒙的价值旨归。教育启蒙的过程就是祛除蒙蔽唤醒教师理性的过程，是让教师真正地认识自己、发现自己的过程。

康德曾经说过，启蒙就是通过人们对自己理性的公开运用而摆脱蒙昧和被监护的状态。[①] 理性是人们祛除蒙蔽、发现自我的前提。那么，理性是怎么来的？它完全是一种玄虚的先验性存在吗？它和教育到底是一种什么关系？对于这一系列的追问，金生鈜先生曾有明确的理答，"理性虽然是每个灵魂的本质，但是理性必须从灵魂中引出来，这个引的过程就是教化的过程，这就意味着理性的生活并不是自发性的，而是需要教化的"。[②] 这里的教化不是技术层面的"教授"行为，而是思想层面的教育启蒙。我

---

① ［德］康德. 学术与政治［M］. 何兆武，译. 上海：上海三联书店，1998：48.
② 金生鈜. 规训与教化［M］. 北京：教育科学出版社，2004：38.

们承认教师本身是有理性的,但是,在制度化的教育生活中,教师在规约的框架内所养成的惯习,使他们养成了一种思维的惰性,逐渐蜕变成教育链条中的一名"操作工",没有了思考的欲望与冲动。教育启蒙要做的工作就是超越惯习,突破思维定势,使教师的理性自觉化。"启蒙并不是告诉你如何思考,而是启发人说,你原本就已经有充分的理智,只是精神上被管制的习惯使你既懒惰又没有勇气使用你的理智,于是启蒙最重要的问题是解决思考的胆量问题。换句话说,要开拓你自己的精神家园。"①

理性的萌生回答的是教育启蒙何以可能,我们所关注的则是教育启蒙究竟何为,"祛魅"或许就是启蒙需要褪去"迷思"的重要途径。教育理论对于教师而言,一直是一种需要仰望的法则。"祛魅"就是要求教师把理论拉下神坛,摆脱对理论的恐惧感和敬畏感,让理论之思成为自己的一种生活方式和行为方式。当然这个转变过程必然要伴随着阵痛,因为我们已经习惯于用学者的言论、经典的解释掩盖"我"的"无知",以此来获得安全感和逃避责任担当。在现代社会我们缺少的可能不是知性而是担当的决心和勇气。因此,教育启蒙所要解决的关键问题就是从习惯甚至觉得安逸的由他人代作决定的状态中摆脱出来,唤醒他们自由地作出决定的能力。唤醒的前提就是"祛魅",我们要让教师觉得理论并不神圣,也不遥远,它就在我们自己的教学实践之中,它就在我们问题与事件的处理之中,甚至它就沉睡在我们的头脑之中,我们能做的就是行动、归纳和挖掘。

"祛魅"可能使教师成为理论的践行者,但是要想让教师观念真正转变,要想让教师走在理论的路上,仅靠外在的指手画脚和说三道四是行不通的,除非教师自己觉得有行动的可能与必要,观念的转变和智慧的生成才能成为可能。教师意识的"觉醒"依然是教育启蒙的重要使命。"觉醒"如何可能,康德在这一问题上给出了明确的答复,"对于这种启蒙除了自由之外并不需要任何别的东西,而且还确乎是一切可以称为自

---

① 杨晓东.政治哲学视阈中的启蒙思想[J].学习与探索,2006(3).

由的东西中最无害的东西,那就是在一切事情上公开运用自己的理性的自由"。① "觉醒"是以自由为前提的,教师的"觉醒"需要打破各种制约教师思考的枷锁,让教师从"行者"转化为"思者"。

二、教育启蒙的价值追问

"在当今技术至上的工具性教育中,人运用理性的机会被扼杀,这必然伴随着人类的道德智慧和精神品质的衰落,也伴随着人面对自然而惊奇的认识品质的蜕变。我们越来越成为隶属于某种大机器上的无关紧要的小部件,我们并不能理性地分析我们的行动的终极目的和意义。"②在现实的教育中,教师恰恰在制度的规约与琐碎生活的磨砺中,逐渐丧失了思考的理性,蜕变成为挣扎在"授知者"与"谋生者"之间的一群"行者"。我们并不提倡教师们完全生活在精神的世界中,不顾及现实生活的基本需求,但是当我们没有了对所从事职业质疑的勇气和批判的追问,没有了对理性生活仰望的姿态,仅仅沉迷或满足于技术的纯熟和经验的增长,我们就有理由怀疑教师职业的价值是否能够给教师带来幸福。杜威就曾说过"任何教育如果只是为了传授技能,这种教育就是不自由的、不道德的"。③ 而且,这种教育不能以心灵点燃心灵,以激情碰撞激情,以智慧启迪智慧,它很难激发教师的职业使命感,引导他真正关注学生的"成人"之路。教育启蒙承认理性的潜在性,承认教师自我发展的可能性。它揭示了规训的弊端,它彰显了自由的价值,它打破技术的神话,它以直面人性与终极价值的探询,革除任何企图"甘于现状"的借口,重新焕发理性的光辉,使教师能够在平常的工作中,找回职业的价值和尊严,让教育与智慧和幸福相关。"人性不是一架机器,不能按照一个模型铸造出来,又开动它毫厘不爽地去做替它规定好了的工作;它毋宁像一棵树,需要生

---

① [德]康德.历史理性批判文集[M].何兆武,译.北京:商务印书馆,1990:24.
② 金生鈜.规训与教化[M].北京:教育科学出版社,2004:6—7.
③ [美]杜威.民主主义与教育[M].王承绪,译.北京:人民教育出版社,2001:278.

长并且从各方面发展起来,需要按照那使它成为活东西的内在力量的趋向生长和发展起来。"①教师的发展,同样不能仅仅依靠外在的强制与塑造来得以实现,教师理性智慧的形成,不是从一个预定的理论出发,提供一套规范,设计一种蓝图,强行地使教师理解、认可和接受它,我们以往的经验已经告诉我们,这套做法收效甚微,当我们以纯粹的理性的形而上而自鸣得意的时候,我们其实已经规约和简化了教育智慧的丰富内涵,而走向了智慧的反面。正确的做法是我们在尊重教师经验智慧的基础上,剔除经验的琐碎与繁冗,挖掘和发现其内含的理性意蕴,引导教师自己去理解自己教育行为背后的价值理念和思维方式,真正做到"知其然",更"知其所以然"。这就需要运用教育启蒙,引导教师审视自己的教学行为,发掘隐藏在经验背后的理论意蕴,并进一步使这一理论明晰和生长起来。经验与理性不是对立的两级,"理性不是经验以外的东西,遥远、孤零属于和生活中经验的事实无关的崇高领域,理性是经验所固有的,它使过去的经验得以纯化,使过去经验成为发现和进步的工具的因素"。② 在教育经验理论化的过程中,教师的教育智慧也开始悄悄地萌生。

教育启蒙是"转识成智"的途径。通过教育启蒙,教师以一种理性的视角反思、审视和超越自在的生存状态,这时知识就开始有了智慧的光晕。

教育启蒙可以让教师诗意的生活。面对现代性生活缺乏精神旨趣的现状,荷尔德林曾向整个人类追问。③

> 如果生活是全然的劳累,
>
> 那么人将仰望而问:
>
> 我仍然愿意存在吗?是的!
>
> 只要善良,纯真尚与人心同在,

---

① [英]约翰·密尔. 论自由[M]. 程崇华,译. 北京:商务印书馆,1982:63.

② [美]杜威. 民主主义与教育[M]. 王承绪,译. 北京:人民教育出版社,2001:242.

③ 转引自[德]海德格尔. 诗·语言·思[M]. 彭富春,译. 北京:文化艺术出版社,1991:191.

> 人将幸福地
>
> 用神性度量自身。
>
> 神是不可知的吗？
>
> 神还是像天空一样显明？
>
> 我宁愿相信后者。
>
> 它本身是人的尺度。
>
> 充满劳绩，但人诗意地居住在大地上。

教育如果仅仅成为一项技术性工作，而不是一种生活方式，那么教育对于教师而言，就毫无诗意可言。今天在技术理性的主导下，控制与效率成了教育主题词，教师在狭隘的功利主义教育观的主宰下，仅仅关注"怎样教"的问题，而缺乏"为什么这样教"的沉思，教师对教育理论有一种本能的拒斥和抵制。在"无思想"指引的忙碌中，教师成了盲目的"行者"，教师异化为教育甚至是分数的奴仆。教育启蒙意图唤醒教师的理性自觉，让教师走上超越之路，让教育回归本真，让灵魂转向成为教育的主旨，让诗意的生活成为教师的另一面。

教育启蒙可以让教师感受到师者的幸福。魏书生曾说过，"教育是一项可以给人双倍精神幸福的劳动"，幸福与信仰、激情、责任有关，教师幸福的前提首先是过一种有信仰的生活，没有对崇高的追求，没有对理性的渴望，教师的工作就会陷入繁琐的细节之中，在忙碌和焦虑的状态中沦为平庸。教师的幸福的核心是责任担当，没有对学生发展的关注，没有对教育事业的情怀，没有对内在道德准则的审视，教师便很难从职业生活中品味育人的快乐。教师幸福的体现是教育激情，教育是育人的工作，它需要有对生命的尊重，它需要有对人性的关怀。作为一个教师，不但有深厚的理论素养，扎实的专业基础，更可贵的是它需要一种坚定的专业信念和献身精神，面对烦琐的工作仍能充满激情，面对淘气的学生仍能不失去耐心，也就是说，教师能把教育当作毕生的事业去做，热爱教育事业不是去讲空洞的大道理，不需去讲种种虚假的原则。老师这个职业平实而不张扬，它需要教师耐得住清贫，耐得住寂寞。信仰、责任、激情或许是潜藏在为师者体内的种子,唯有启蒙,这颗种子才能生根发芽,最终长成参天大树。

三、教育启蒙的目标指向

启蒙不是"告知",任何人都没有权力为个体教师的发展规划蓝图,启蒙不是"给予",任何人都没有能力给个体教师的发展指明路径。启蒙就是发现,让教师在芸芸众生中发现那个独一无二的我,让他们在惊奇和震撼中,重新审视"陌生"的自我,进而重塑"新我"。启蒙与思想和观念有关。

教育启蒙要培养有独立教育思想和独特教育创见的智慧型教师。智慧型教师是人格独立的人。人格独立强调人的个体性,强调个人的价值和相对自由,强调人的独特个性和独创精神。当前我们许多教师更多属于依附型人格,他们膜拜权威,迷信专家,他们或者经常把名人的语录挂在嘴边以此来彰显自己的"高明",或者顺从而又茫然地践行着自己也"没弄懂"的理论,他们的头脑成了别人思想的"跑马场",却惟独缺失了自己的观点。这是制约教师智慧生成的一个关键要素,没有独立人格,哪来怀疑别人的精神,哪来承认自我的信心。智慧型教师应是个性鲜明的人。智慧不是一个标签,不是一个标准,它绝没有用一个统一的、人为设定的框架去规约丰富的、多样化的教师风格。恰恰相反,我们追求的教师教育智慧是在承认教师个人实践知识的基点上,让他们成为不同于别人的"那一个"。要想达成这一目标,教师不仅是一位"行动者",同时他还是一位"思考者",这样他才能担当起灵魂转向职责。帕斯卡尔有一段著名的话:"思想形成人的伟大……人只不过是一根苇草,是自然界最脆弱的东西;但他是一根能思想的苇草。"每一位教师都应该拥有自由飞翔的心灵。心灵自由,就意味着独立思考,意味着不迷信任何权威,意味着让思想的火炬熊熊燃烧。智慧型教师是思想自由的人。教师是什么? 教师是人类灵魂的工程师,这一略带神性光辉的称号,在现代性的社会中,我们似乎受之有愧。但最初的教师确实担负着这种职责。在今天物欲横流的社会中,可能已经很少有人坚持这种信念。但是我依然坚信,假如教育是一杆天平,一头放上教育,另一头放上生命才能持平。当然这里的生命不仅仅意味着是一位"行动者",同时他还是一位"思考者",这样他才能担当起灵魂转向职责。

教育启蒙要引导教师自觉地实现观念转型。"教育并不是以损失教师来造福于学生,而是教师不断超越自我的活动。学生的成长并不是对教师生命的剥夺,它是教师价值的实现、生命的肯定。"[1]作为学生成长的引路人,首先应对自己的职业角色有一个清晰的定位。

教师应该成为研究者。在传统的教育视界中,我们教师自觉地成为一个"行者",一个自我认为和理论无关的"操作工人",我们更习惯在别人给我们设定的框架内按部就班地完成"规定动作",以"惰性"来换取"安全"。教师难道真的与应该与理论绝缘吗? 我们的教学难道真的没有理论支撑吗? 在日常的教学过程中,我们常常发现,对于同样的内容不同的老师常常会有不同的处理方式,为什么? 这说明一个问题,每一个老师都有自己的独特的知识结构。我们以前也谈教师的知识结构,但是,我们所讲授的一般属于公共知识,而对于教师的个人知识不甚关注。事实上,在教学中真正起作用的是教师的默会知识,只不过这种知识形态是隐含的、经验式的、自发的,我们需要一种适合我们的研究方式使这种知识走向自觉和理性,当然前提就是"研究者"意识的萌生。

教师应该成为促进者。"促进"与"授业"相对,"授业"指向知识的传承,"促进"指向生命的展开。真实的教育从不拒绝"授业",但是,真实的教育很少关注"促进",在教育过程中,我们教师更习惯以"授业者"的角色,教授既定的知识,教育的逻辑是"以教定学",事实上,学生是学习的主体,课堂不是教师表演的场所,而是学生展示自我的舞台。教育目标的达成,不是看教师表现得多么完美,而是看学生是否得到相应的发展,今天,教育的逻辑应该是"以学定教",教师在教育中应该扮演好"促进者"的角色。

教师应该成为自我实现者。自己的命运永远主宰在自己的手里,教师的智慧生成不能更多地寄希望于外人的给予,它是在自觉的行动中实现的。教师的教育思想不是停留在空中楼阁的,也不是抽象存在的,它具体体现在教师的教育教学行为当中,表现

---

[1] 刘次林. 教师的幸福[J]. 教育研究,2000(5).

为教师的教育理念先进与否、教育思想系统与否、教育认识独特与否。教师关于教育的理想、认识、看法、见解渗透于日常的教育活动中，指导着教师的教育行为，也影响着教师的人生。教师的智慧生成就是要探寻教师的日常行为背后所内隐的思想，教师的生活故事当中所蕴涵的理念，以便为教师的行为寻求到理论的支撑，为教师的生活建构起思想的框架。

四、教育启蒙的路径探寻

（一）阅读人文经典

对于教师而言，实现教育启蒙最直接的途径则是阅读典籍，尤其是人文学科的经典著作应是我们精神生活必不可少的内容。对于人文经典的阅读，不应仅仅把其作为一个个割裂式的知识体系的堆积，而应从生命成长的视野去获取精神的滋养。当人类的祖先从蒙昧的动物世界跨越文明的别界而迈向"人"的世界那一刻起，人文经典便以其独有的精神特性，呈整合性的态势进入文化范畴，引导人类"不断超越自身，不断超越自己体能的、智慧的、精神的极限"[①]走向一个自由的、充满人性的世界。在这个世界里有着对生命的敬畏与尊重；有着对生活的领略与感悟；有着对美的欣赏；对弱者的同情与怜悯……人诗意地栖居在这一"世界"里，充满幸福感与崇高感。但是随着人类认识能力的不断提高，文化的功能发生了变迁，人把探询的目光从自我精神的建构转向外在世界的征服，从此"自然界的事物不再与价值、意义相关，它是纯客观的、独立于人的、非生命的。自然被物化、数学化，世界展示为客观物的世界，世界的诗意开始隐退"。[②] 工具理性以其强大的生命张力影响和改变着整个世界，人文经典精神建构的特性渐渐退居其次，仅仅蜕变为传授知识的"工具性"学科，人文功能被肢解为支离破碎的知识部件，人成了一个个"失去精神家园"的孤独的灵魂，盲目、惶恐地在物欲化的

---

① 袁振国. 理解文科教育[J]. 教育参考，1999(3).
② 刘铁芳. 人、世界、教育：意义的失落与追寻[J]. 教育研究，1997(8).

世界中漂泊。这是现代文明的难题,问题的症结在于人文学科地位的偏离和功能的异化。在我国这种现象更为复杂,中国文化传统历来重视阐扬人文精神,尤其重视道德教化,早在春秋之际《易·象传》便言"观乎人文,以化成天下",这种带有明显儒家治世精神的思想,贯穿了整个漫长的封建世纪,形成了我们民族特有的文化景观。直到近代,随着西方文化的涌入,民主、科学等崭新的价值观念猛烈地冲击我们古老的华夏文明,单纯的人文功能受到挑战,科学的价值有了合法地位,在历次的碰撞与融汇中形成了多元价值并存的局面。目前,我们进入到一个社会转型时期,但由于缺乏合理的价值选择机制的平衡与制约,一切显得混乱而无序,我们在失落了人文精神合理内核的同时,陷入了盲目的科技理性的桎梏之中,我们也患上了现代人的"文明"病:生活世界的被切割与埋葬;安全感和"在家感"的失落;道德的迷失;人格的萎缩以及终极关怀的隐退。现代人的异化与幻灭,投射在各层次人的生存态度上,"阐释并守护世界意义"的知识分子"缺乏一种对生命意义进行探寻和追问的精神,缺乏一种以人文精神为背景的生存勇气和人格力量"[1],缺乏一种勇于承担社会责任的使命感;年轻一代在生活目标缺失的彷徨与迷茫中追问和感叹"人生的路啊!为什么越走越窄","二十岁,我们老了吗","活着太累","烦着呢,别理我"……普通人则把寻求精神寄托的目光转向宗教,整个社会笼罩在一种浮躁而颓废的心态之下,人文精神的缺失,不再是社会隐忧,它已成了制约社会发展的痼疾。

事实上,当前诸多社会问题的存在,其背后的深层原因是我们对人文经典的理解已经远远悖离了人文经典的本义。人文经典以人类经验为组织基点,内中包含着一个个鲜活的、充满激情的生命个体的创造活动,概念和体系可以框定其理性的活动范畴,却不能制约其内蕴的智慧、灵性和富有"诗意"的美感。身在其中的人都是唯一的、独特的,他们自己就是一个完整的世界,他们不是抽象的,而是可感的、充满人性的,他们有爱、激情、狂喜,也有决断和痛苦。人文经典的研究对象是人内在的精神世界与外在的文化世界,它以发展人性、完善人格为旨归,阐释的是人"为何而生"的问题,具体对

---

① 解思忠.国民素质忧思录[M].北京:作家出版社,1997:131.

象包括哲学、文学、艺术、历史学、文化学、美学等一系列学科。这些学科尽管外在形式上有所差异，但内在功能是统一的，即通过"符号语言"揭示隐藏在知识背后的人文意蕴，引导人们去思考人生的目的、意义、价值，使人在审美的、感悟的体验中，超越物化世界与狭隘自我制约，实现精神的自由、素养的提升，找到灵魂的安依之所。

　　人文经典的这种特性决定了"人文学科的学科专业性并非根本，作为人文学科，实质即指人的哲学学科群"①，它与自然学科有本质的区别，自然科学"借助于固定的函数关系或一些表达一个量对另一个量的依赖关系的方程式将这些常数连接在一起。……获得'客观'实在的内在的架构，也正是通过这一途径，建构着一个关于事物的共同的（概念）世界。但是这一结果是以某种牺牲为代价的。这个事物的世界根本没有灵魂。所有以任何方式回归到自我的'个体'的生命体验的，都难免遭到压抑、排斥甚至消解"。② 结果导致人类文化难以在这种世界图景中找到自己的位置。人文学科恰恰与之相反，它力图通过丰富的、整体性的文化展示，消解自然科学所构建的封闭知识结构，创建一种开放的、每个人都能参与其中的、充满人性与情感的"文明场"，使人在与文本的、历史的、现实生活的对话中构造一个意义世界以弥合主观世界与客观世界的二元对立，从而确立人在"世界"中的特殊地位。研读经典不是去单纯的记忆史实，而是需考察特定时代文明的发展状况，以及生存于其中的人的价值观念、人生信条，并探寻其对我们有什么启示作用？它必然要涉及宗教、文学、艺术等学科所提供背景性资料。同样，艺术的审视、文学的赏析、神话的解读、宗教的评判……只有放在特定的历史时期，方能挖掘其深层的内蕴。

　　人文经典的阅读需要"理解"。"我们解释说明自然，对人则必须去理解。"③狄尔泰有关理解和解释分裂与对立的论断，明确地揭示了人文学科与自然科学的研究对象在性质与方法上的差异，即"自然科学关注的是物体因果关系的知识，而人文科学则以

---

① 尤西林. 阐释并守护世界意义的人[M]. 郑州：河南人民出版社，1996：41.
② ［德］卡西尔. 人文科学的逻辑[M]. 沉晖，海平，叶舟，译. 北京：中国人民大学出版社，1991：125.
③ 转引自殷鼎. 理解的命运[M]. 上海：上海三联书店，1988：121.

不同的方式要求理解历史、理解生活的意义……前者是因果联系的知识,后者是确定意义的自我认识;前者分析、说明、归纳、检验,而后者是理解"①,从而奠定了人文学科独特的研究范式与研究地位。在人文学科的研究范式中"理解"是一个核心概念,它不仅是主体对文本的诠释与解读,也是主体认识自我、体验"存在"的方式,主体正是在"理解"之中认识到"何以为生"、"为何而生";也正是在理解之中从"自在世界"走向"自由世界",实现"此岸"与"彼岸"的合一,现实与超越的统一,"离开了理解,人生顿时成为一片思想的荒原,没有任何的人生意义会在这片荒原上生长起来"。② 人文学科研究"理解"的精神性与整体性决定了其综合的可能性,神话、宗教、文学、艺术、历史……结合在一起方能构成一个完整的文化世界,它们各自的结构与功能有所差异,但是它们包容着一个共同的意义世界,我们只有从综合的、整体的视野去理解、把握它们的共性,才能更清楚地知晓与认识各部分之意义,才能充分发挥其人文精神建构的功能。

人文经典的阅读需要对话。人文经典内蕴的丰富性、情感性和创造性决定了其呈现方式的形象性和生动性,并且决定了在呈现的过程中要给读者的理解和想象留下足够的空间,使他们能够跨越文本、跨越历史、跨越客观世界的樊篱,"与百年之远、万仞之遥的大师巨匠,与古代最出色的哲学家、历史学家、文学家、军事家,与现代第一流的小说家、剧作家、诗人、散文家,与孔子、孟子、老子、庄子……与莎士比亚、托尔斯泰、卡夫卡……与鲁迅、老舍、曹禺、沈从文……进行心灵的交流,精神的对话……与这些民族的以至人类的精英,一起思考、探索,共同承担生命的轻与重"③,读者正是在这种"对话"与"沟通"的过程中实现精神的自由和灵魂的净化。作者与读者作为对话主体,从各自的前理解结构出发,走向对方,最终实现视界融合,对话"关心自己的对象;正如某人努力与其谈话对方达成有关某对象的一致意见一样,解释者也努力理解文本谈话的对象……双方都受对象的真理的影响而进入一次成功的谈话,彼此于是结合入一个

---

① 金生鈜. 理解与教育——走向哲学解释学的教育哲学导论[M]. 北京:教育科学出版社,1999:34.
② 殷鼎. 理解的命运[M]. 上海:上海三联书店,1988:239.
③ 钱理群. 以"立人"为中心——关于九年义务教育语文课程改革的思考之三[J]. 教育参考,2000(3).

新的共同体中"。① "对话"是主体之间触摸、凝视、敞亮、走进、理解与视界融合的过程。在这一过程中读者是在审美的、震撼的、共鸣的情绪感受中凝望"你",进入"你",理解"你",从而完成"我—你"的精神相遇和经验共享。这点在艺术赏析中表现得尤为明显,当我们第一次欣赏艾涅瓦夫斯基的作品《九级浪》时扑面而来的是翻滚咆哮的乳白色浪淘与柔和而耀眼的晨光遥相呼应,使无垠的海空、澎湃的浪潮在迷蒙中融为一体,我们在强烈的视觉感官的刺激中,真切地感受到的是身处沙俄统治之下作者那种痛苦、压抑而又倔强、不屈的灵魂,从而与作者产生强烈的共鸣,同时也理解了为什么"在第九个浪头的底层里回荡的,必然是灵魂深处的呐喊,暴风雨中的哭泣"。②

　　人文经典的阅读需要"再概念化"。人文经典的理解过程是直觉的、感悟的、欣赏和再创造的过程,对神话是这样;对艺术是这样;对文学与美学也是这样。它是我们面对罗丹的《思想者》、贝多芬的《命运交响区》和朱自清的《荷塘月色》等作品时,那种直注心灵的震撼与颤栗;它是我们跨入教堂时刻那种莫名的虔诚与庄重……人面对呈现在面前的文本或情境,不完全是通过理性的分析、价值的判断逐步深入,揭示出其深层意蕴,而是直接穿透其外在表征,感受、领悟、欣赏、体验蕴涵其中的对美的赞美、对恶的憎恶、对生命的尊重以及与命运抗争的悲壮。并且不同的人在理解的过程中,由于认知、思维、个性、阅历以及文化背景的差异,对作品的理解也会有显著的区别,"一千个读者,就会有一千个哈姆雷特"。人文经典的理解过程就是作品的再创造过程,它体现了读者的情感与人格特征,标刻着读者自己的生活烙印。

　　今天,我们应该通过阅读经典,重新去追寻灵魂的震颤与安顿,只有这样人才能在世界中获得最大的自主与自由,才能找到灵魂安依的精神家园;唯有如此,人"才能真正关注人及其'生活世界',关注人的精神、价值、意义、理性,而不是把人文世界当作自然世界,以冷冰冰的、不留情面的实证研究的手术刀,把这个世界解析、观摩、实验、归

---

① 转引自姚斯,等.接受美学与接受理论[M].沈阳:辽宁人民出版社,1987:79.
② 汤麟编.不,我等太阳[M].武汉:湖北美术出版社,2000:51.

纳、统计"①,唯有如此,教师才能真正被启蒙,超越自己琐碎的日常工作,走向追求智慧之路。

(二) 观念转型

教育启蒙需要教师教育观念转型,教师的教育观念转型主要体现为确立正确的学生观、教学观和知识观。

教育的对象是学生,教师应该树立正确的学生观。新课程改革"以学生发展为本"理念的确立,为教师的学生观奠定了基本的基调,具体来讲,"以学生发展为本"应该包括三层含义:关注学生的成长;关注个体学生的成长;关注个体学生的主动发展。

教师应该关注学生的成长。我们以前的教学有两种形态。一种是教师教,学生学;一种是教师教学生学。前者强调教师教学生学习知识,后者强调教学生学习方式,很显然后者在教学理念上已经比前者进步了许多,但是这两种方法基于的理论假设是一致的,即教师是先知先觉者,所以应该尊重教师的权威作用,教师是课堂教学的主导,教学应该以教师的教授为主,我们把这两种教学都称为传话教学。这个地方我想申明一下,我本人并不反对传话教学,并不反对讲授法。我们发现在教学中有些老师确实是在使用讲授法,但是能使听讲的学生如沐春风,受益匪浅,那么讲授法就是最合适他的。但是我们也不得不承认讲授法在一定程度上限制了学生主动性的发挥。有一个学生曾写了一首小诗便很能说明问题。"我宁愿成为一件艺术品,哪怕是粗糙的木雕,但是,握刀的,是我自己的手。"赋予学生一定的主动性,关注学生的生命成长,已经成为我们教育必须关注的问题。第斯多惠曾说过一句话,"坏的老师告知真理,好的老师教人发现真理"。② 学生的成长,不是被动塑造的过程,而是主动选择的结果,还学习权给学生,是当前教师需要思考的主题。

教师应该关注个体学生的发展。学生是一个不成熟的群体,他们是教育的对象,他们需要教育来实现转变。但转变的前提是必须承认学生这个群体性名词的概念里

---

① 金生鈜. 理解与教育——走向哲学解释学的教育哲学导论[M]. 北京:教育科学出版社 1999:29.
② 转引自姜文闵. 第斯多惠教育思想浅议[J]. 河北大学学报,1985(4).

面,包含的是一个个充满情感、富有个性的生命,他们有自己的认知方式;他们有自己独特的人格特征;每一个学生都是一个独特的世界,教师应该尊重每一个学生的能力倾向和发展可能,尽可能使每一个学生在原有的基础上得到最佳的发展。

教师应该关注个体学生的主动发展。学生的发展不是被动的、消极的,他们有选择的权力,也有选择的能力,他们在自己的生活世界里能动地设计着自己的未来。他们要求参与课堂、参与教学;他们渴望学习、也重视学习;他们希望成为命运的主人,主动地设计自己的未来,他们所缺乏的是一个能充分发挥积极性和主动性的教育空间;缺乏的是一种对其内在潜能客观的、肯定性的评价。今天教师应该赋权给学生,教师在教育过程中要勇于突破传统观念的束缚,减除压在学生身上的各种不合理负担,为学生的主动学习创造一个宽松的、和谐的课堂氛围,关注学生的兴趣爱好,允许学生主动探索,甚至允许学生进行试误学习。在自主性学习活动中,我们主张学习者勇敢的试误,提倡在试误的过程中独立地解决问题。正因为有了错误,个体才有了思考的目标和冲动;正因为允许试误,个体才能运用自己独特的思维、个性的方法兴趣盎然地投入到探究之中;也正因为通过试误学习解决了问题,个体的理解才真正实现了跨越和升华。没有了选择自由的外界强制与干预只可能导致目标的偏差。对于这一点,伊默逊有精辟的论述,"教育的秘密在于尊重学生,选择他要知道什么、要做什么的不是你。他已经选择好了,预定了,唯有他才知道自己的秘密的钥匙。由于你的瞎胡来和阻挠以及过分的管理,他可能受阻不能得到他的目的并置身于他的目的之外"。[①] 如果教师鼓励学生大胆地"冒险"、勇敢地尝试并在适当的时机提供支持性的材料,让他们在自我探索的过程中不断获得成功的体验,教师将会惊诧地发现,学习者不但学习热情高涨、参与意识与日俱增,而且认知能力也将得到显著提高,更重要的一点是,在试误学习的过程中,学习者逐渐养成了独立自主的精神,面对不同的问题情境,学习者时刻能够保持一种审慎而批判的态度,迅速作出相应的判断与抉择,一旦选定目标,便会执着地、义无反顾地坚持下去,决不因困囿于理论的框架或传统的模式而因循守旧、固步

---

① [美]帕克赫斯特.道尔顿教育[M]//任钟印.世界教育名著通览.湖北教育出版社,1994:1403.

自封,他们不断在超越自我局限的过程中体现人生的价值。对于学习者这种自我发展的能力,罗杰斯有过一段深刻的论述,"个体在他们自身上具有自我理解的巨大资源,如果能提供一定的促进性心理态度的气氛,那么,这些资源就能被开发"。[①]罗杰斯在这里清楚地告诉我们,学习过程不但需要独立精神,而且能够养成独立精神。关键是我们是否给了学习者发挥这种能力的机会。

教师应该树立正确的教学观。教学过程是一个丰富的、复杂的、交互动态的过程,参与者在智力活动、情感活动、人际交往活动中实现着自己的多种需要,并使自己的潜在能力不断得以发挥。教学是实现教育目的的途径;是跨越教育理论与实践的桥梁;是教育思想萌芽的土壤,它本应是我们理论研究与实践探索关注的焦点,遗憾的是,它恰恰长期受到冷落与漠视。今天,当我们在理论上呼吁素质教育势在必行的时候,回头审视一下实践中的课堂:"视堂堂课不空手为直观教学;视满堂问答为启发式教学;视教室安静为教学秩序;以主导作用压抑自主发展。"(石鸥语)整个课堂缺乏活力,缺乏生命激情。学生所获得的缺乏经验意义的知识,是以学生精神扭曲,人格萎缩的牺牲作为代价的。课堂怎么了,课堂缺什么? 当人们以反思的目光重新聚焦于课堂教学之时,我们发现病态的课堂教学现象后面,隐藏的是课堂教学理念的陈旧与滞后,理念转型已是大势所趋。

传统的课堂教学理念认为,教学过程就是学生在教师的指导下认识世界的过程,是接受人类已经积累的知识经验的过程。在课堂教学过程中,教师的教授活动和学生的学习活动是师生双方共同以教材为媒介,所开展的探求真理的认识活动,这种课堂教学理念揭示了教学过程中的基本矛盾是教师与学生之间,教师与教材之间,学生与教材之间,学生与学生之间的对立与疏离,但是一直未能找到一种较好的解决矛盾的策略,我们认为其关键原因在于对教师、学生、教材的定位存在偏差。在教学过程中,由于过分看重学生认知的发展,而又错误地理解认知发展只和知识的拥有量密切相关,所以在课堂教学之中,我们一直寻求一种最优化的方法,以期快速、便捷地把知识

[①] 方展画. 罗杰斯"学生为中心"教学理论述评[M]. 北京:教育科学出版社,1990:68.

灌输给学生,从而使得教学过程成为教材—教师—学生的单向知识流程图。把"丰富复杂,变动不居的课堂教学过程简括为特殊的认知活动,把它从整体的生命活动中抽象、隔离出来"①,这种传统的课堂教学观"既忽视了作为独立个体,处于不同状态的教师与学生,在课堂教学过程中的多种需要与潜在能力,又忽视了作为共同活动体的群体,在课堂教学中多边、多重、多种形式的交互作用和创造能力……它使课堂教学变得机械、沉闷和样式化,缺乏生气与乐趣,缺乏对智慧的挑战和对好奇心的刺激,使师生的生命力在课堂中得不到充分发挥,进而使教学本身也成为导致学生厌学,教师厌教的因素,连传统教学观视为最重要的认知性任务也不可能得到完全和有效的实现"②。我们必须从理论的高度上,突破"特殊认知活动"的传统框架,从更高的层次——生命的层次用动态生成的观念,重新全面地认识课堂教学,纠正对课堂教学活动偏狭的理解,在发展认知的同时,在交往过程中渗透情感意识,这才是比较完整的课堂教学。德国教育家第斯多惠就曾说:"教学的艺术不在于传授的本领,而在于极力、唤醒、鼓舞,而没有兴奋的情绪怎么能激励人,没有主动性怎么能唤醒沉睡的人,没有生机勃勃的精神怎么能鼓舞人?"③

教师应该树立正确的知识观。课堂教学的目的不仅仅是为了传授知识,但知识的生成过程却贯穿于课堂教学的始终,没有知识内容,教育就等于无米之炊,学生无法获得精神营养,传统的课堂教学也认识到这一点,但他们把课程与知识看作是独立于教师和学生的既定的客观东西,以为课程本身仅仅是组织知识的形式,只是把知识以分化的形式呈现在各科教材中,教师在课堂上讲解,而学生只是进行接受的学习,从而抑制了教师的创造性和学生的主动性。其结果是学生不能理解学习过程的本质,更无法去领会关于教师、学生、学习、教学内容、教学目标等等概念的真实内涵。他们很少去思考自己将要学习哪些东西,为什么要学习这些东西,将要达到什么目标,更勿需考虑

---

① 叶澜. 让课堂焕发出生命活力[J]. 教育研究,1997(9).
② 叶澜. 让课堂焕发出生命活力[J]. 教育研究,1997(9).
③ 转引自姜文闵. 第斯多惠教育思想浅议[J]. 河北大学学报,1985(4).

学习方法问题,甚至连交流与沟通也变得没有意义了,学习唯一的任务就是服从教师的安排。事实上,课程所包纳的不仅仅是知识,在课程中还存在着学生的活动以及生活经验。在课堂教学活动中,只有认识到这一点,才能有效地组织教学,促进知识生成。

首先,知识的传授要与学生的认知结构相结合。奥苏贝尔在其知识分类学习的思想体系中,提出了一个影响深远的概念——先行组织者。它强调新学习的知识要以背景知识为基础,要与已有知识相联系,在学生理解的前提下,通过同化的方式把新知识纳入到已有的知识结构之中,这样所获得的知识,不但能够长久储存,而且具有个性意义。

其次,知识的学习要与学生的生活经验联系起来。"当知识进入个体的经验,成为经验的一部分时,知识才在个体的生活中是生生不息的、'活'的知识,是'生活的知识',即'生活的智慧'。"①知识的学习对于个人来说才是有意义、有价值的,知识的生成功能才能够发挥效用。也只有在这种课堂教学活动中,学生能够根据自己的经验、自己的兴趣、自己的理解水平能动地改造知识,赋予知识个性化意义,学生的主动性、参与性才能充分表现出来。这时候知识的学习已不仅仅属于认知范畴,它已拓展到情感、人格等领域,伴随着知识增长的是人格的健全发展。

再次,知识的学习应和社会需要相结合。学校教育的过程,也是学生社会化的过程,学生在学校中所获得的知识,所形成的素养,只有在社会实践活动中才能实现它的价值,但是,在传统的课堂教学中,我们往往过分拘泥于知识的系统性、学术性,而使得所学知识和社会需要之间形成一个较大的落差,一些知识学无所用,因而激发不起学生学习的兴趣。在新的课堂教学理念中,我们并不排斥知识的系统性、学术性,但我们要加强知识的应用性和适应性,使知识具有社会价值。

(三) 理性反思

理性的萌生并不意味着教师教育智慧的生成,只有当教师运用理性反思自己的教

---

① 金生鈜. 理解与教育[M]. 北京:教育科学出版社,1997:154.

育经验和教育行为的时候,智慧的转化才有可能发生,教育反思作为教师的一种思考方式和生存方式,是智慧转化的重要中介。反思不是简单的否定,不是盲目的怀疑,不是率性的批判,它是思想之"思",是智慧之"悟",它打碎"惰性"和"惯习"的坚冰,它破除"盲从"和"复制"的樊篱,以一种超越的姿态,关照教学实践,探询隐含在日常教育生活世界中的意义体验。在当前技术盛行、理论缺位的现实面前,提倡教育反思,对于教师教育智慧生成显得尤为重要。杜威曾说,"把一个人的思想,用一根很短的绳子,拴在功用的柱子上,是不值得的。行动的力量需要有宽阔的眼界"。① 可教育现实恰恰给我们提供另一种画面,我们满足于知识授受,我们热衷于技能设计,在日复一日的忙碌中,机械地重复着没有创造性的生活,对于理论却不屑一顾,我们在兢兢业业从事"教育"的过程中其实已经悖离了教育的真谛,G. M. Bleinkim 和 A. V. Kelly 曾说,"教育不在于获得有用的知识和技能,而在于发展求知的能力,不在于学习,而在于达成理解,不在于获得信息,而在于完成智慧"。② 当教师把教育简单地等同于教育技巧,教育的丰富意蕴与智慧就已被遮蔽;当教师把教育单纯地视为知识授受,教育育人的本质就易被忽略;当教师把教育视为抽象的、僵死的规范,它必将束缚着教师的行与思,扼杀了教师的反思力,教师放弃了反思,就意味着放弃寻求理性智慧和幸福生活的信念。我们承认反思是痛苦的,它意味着教师可能要质疑多年积累的、驾轻就熟的经验甚至是权威的东西,它意味着教师要面对规约与惯例的挑战,旧有的习俗总以一种强大的惯性力量,抑制新的观念的萌生。但是,不经历这一蜕变过程,教育智慧就只能蛰伏在潜意识层面,偶尔以教育机智的形态显露一下,而不能成为教师的内在品质。只有当反思成为教师的一种习惯,成为教师的一种信念,理性智慧才能成为教师生命勃发的源泉,才能成为教师灵魂转向的缰绳。

王枬先生在这一点上曾有深刻的论述,"教师的教育智慧并不是高不可攀、神秘莫测的,其实它可能在每一个热爱教育、热爱学生的教师身上发生,也可能在教师每

---

① [美]杜威. 我们怎样思维·经验与教育[M]. 姜文闵, 译. 北京:人民教育出版社,1991:185.
② 金生鈜. 理解与教育[M]. 北京:教育科学出版社,1999:162.

一次极富创意、不落俗套的教育活动中出现。由于教育智慧是教师对于教育情境、教育过程和教育结果的深透理解与把握，因而，教育智慧最可靠最直接的源泉便是教师对自身所从事的教育活动的'研究'。这是反思性的研究。只要教师怀有对自己所从事职业的深情，怀有发展自我、完善自我的信念，并在教育教学活动中勇于创造、勤于进取；只要教师在教育实践和教育情境中，对习以为常的现象进行意义的思考，使其突破陈规陋习的束缚和平淡无奇的乏味，教师就使自己也使自己所从事的职业进入伴随着惊喜、充满生机、昂然情趣、绵延生命的畅神境界。这才是教师有意义的人生，这才是教师幸福无限的享受，这才是教师职业存在的价值，这才是教师生命的真正提升"。[①] 教育反思事实上并不是我们想象的以理论的标尺无情地批判和摒弃教育实践，恰恰相反，它尊重教师的选择，它认可教师的经验，它的目的是从教师的日常教学行为中抽取和提炼富有理论意蕴的教育精髓，使教师在不断的震撼与惊喜中，发现理性智慧的魅力，并自觉地走向理性智慧。教育反思不是外在于教师工作范畴的一种时髦的追求，它本身是教师生活方式的一部分，它是教师与自我的深度对话，它是教师对问题的理论探询，它使得教师的教学行动有了理性的标杆。教育反思目前已经引起实践的重视，各个学校都以教师日志的形式，强制教师每日"自省"，但这并不是一个令人惊喜的现象，当反思成为一种任务，成为一种规则，而不能激发教师内在的激情的时候，反思则可能蜕变为附庸风雅的"装饰"和无病呻吟的"点缀"，它不但不利于生成教师的教育智慧，反而可能会消减和抑制智慧的萌发。我们应该时刻谨记，教育反思是一个时代主题，更是一个永恒的教育命题，它不需要喧哗、不需要"追风"、不需要"包装"，它只需要教师在日常的教育生活中始终保持一份清醒，保持一份怀疑就足矣。

(四) 行动研究

理性智慧是我们追求的价值标尺，却不是智慧生成的最终目的，教师教育智慧生成的旨趣，不仅仅是去造就另一个理论家群体，而是要更好的改进实践。形成实践智

---

① 王枬.教育智慧:教师诗意的栖居[J].社会科学家,2002(2).

慧才是智慧生成的最终目的。实践智慧的形成何以可能？行动研究或许是一条可行的路径。

行动研究的定义有许多词条，比较典型的当属澳大利亚的凯米斯的界定，他认为"行动研究乃是社会情境中的实践者为了提高他们实践的合理性和正当性，提升他们对实践的理解，改善他们所处的社会情境而进行的自我反思的探究形式"。① 行动研究是当前社会学界一种比较流行的研究方法，它最早由美国心理学家勒温提出与应用，后来经过科里和弗谢、斯滕豪斯以及埃利奥特和凯米斯的发展，行动研究在教育领域中逐渐成为一门显学。我们开始认识到，要想真正地让实践中的教师走上某种轨道，单靠外在的"指手画脚"是没有作用的，我们必须以理论的批判和意识的启蒙来引起和改进行动，使教师在践行理论的过程中逐渐形成实践智慧。教师的实践智慧是"潜藏于教师个体生命之中，又在具体的教育教学实践中体现和发展的一种独具个人魅力的特质。它依附于教师个体，依赖于教师的独创性，又在实践中不断形成并创生着强大的教育力。每一次个体理论知识的增长，每一点教师实践经验的丰富，都伴随着能力素养的量的积累和质的突破。教师的教育智慧就是在个体的教育理念和教育实践的撞击中实现着动态的发展。对教育时机一次次恰到好处的把握，对教育难题一回回妙趣横生的讲解，对教育危机一处处有惊无险的应对，使教师不断地实现着教育艺术的精进，也实现着对教师自我生命的超越"。② 理论的局限性与实践的复杂性决定了教师选择教学行为具有鲜明的个人化特征。任何一种理论的预见都不能替代教师的个人选择，教师只有在不断地用理性关照解决具体问题的过程中，只有在不断地用行动研究改进教育行为的过程中，才能形成实践智慧，教育实践智慧既指向于理性也指向于行动。

行动研究有多种研究类型，在行动中研究，对行动的研究，为了行动研究，每一种范型都有自己特有的流程和方式，在我们的研究中，这些形式本身不是问题的关键，它

---

① ［德］雅斯贝尔斯.什么是教育［M］.邹进，译.上海：上海三联书店，1991：4.
② 彭娟.教育智慧：为人师者的永恒追求——一则教育案例引发的思考［J］.江西教育科研，2003（5）.

们仅仅是研究的一种手段而已。行动研究的主要贡献在于改变了宏大叙事的普适性的追求,它不仅关注教育的"大道理"与"逻辑",而且关注教育的具体"事实"与情节,它把我们从外在的宏大叙述,拉回到具体的生活实践中,通过对事实和情节的阐释和践行,让隐藏在具体事件和对象背后的真实的教育意蕴凸现出来,它以"亲在性"和"面向事实本身"的特征,使得这种研究更具生活色彩。行动研究使得教师不再是理论的"旁观者"和"沉默的受体",教师成为了理论的"亲历者"和"创造者",理论以一种"我的"状态,介入到教师的行动之中,成为教师行动的指南。在行动研究过程中,教师是实践者也是研究者,是理论的检验者也是理论的发现者,教师的这种角色定位决定了教师不应该只是一个"知识的匠人",而应成为"智慧的使者",他们用灵性、激情、思想和睿智,耕耘在"育人"的苗圃之中,不为物役,诗意地栖居。从这种意义上来说,智慧的生成不是外加之物,而是教师发展的应有之义。行动研究直面生活世界、超越技术理性,使教师以当局者的视野,发掘个人化的教育理论,让教师的缄默知识在"做"和反思的过程中彰显智慧的华彩,它在教师教育智慧的生成过程中,是一座灯塔,驱散了畏惧理论的阴霾,照亮了前行的道路。

第二节　教育批判

一、教育批判的意蕴

教育批判与教育启蒙是一对孪生姐妹,教育批判通过"拷问"惊醒"沉睡"的智慧,教育启蒙则通过引导促成智慧的"蝶变",在教师智慧生成的过程中,教育批判是打破沉重的教师日常生活结构、让教育智慧彰显的第一声春雷。教育批判的目的主要是揭示隐含在教育表征背后的深层意义世界的迷失,动摇教师惯有的生存状态,让异化的教育重新展示本真的状态,让教师在阵痛中走出惯习的窠臼。

教育具有复杂性的特征。自从赫尔巴特以后,我们展开了教育科学化的探索,我们超越经验和现象的樊篱,开始探寻普适化的规律,教育体系越来越完整,教育结构越来越严谨,教育程序越来越标准,教育效率越来越高效。但是我们发现教育在走向规范化、普适化的同时,也在规约和限制着教育的丰富意蕴,扼杀了个人对教育的多元理解与解读,教育的意义世界开始迷失。我们发觉我们的研究越来越科学了,我们的理论越来越抽象了,同时我们离真实的教育生活也越来越远了。教育的科学化历程使得教育理论的抽象功能成为我们追求的目标,这是教育的进步,但是,过分追求理论的绝对性,也直接导致了我们对丰富教育实践生活的指导乏力。埃德加·莫兰曾说,现实世界的"一个理论不是一个目的地,它只是一个可能的出发点。一个理论不是一个解决的办法,它只是处理问题的可能性"。① 事实上,在教育系统内部存在着影响目的选择、过程实施、结果实现的多因素、多样态和非线性、不可逆的基本特征,这一切都使得"复杂性"成为教育系统中的本然存在特性和基本存在样态。② 简约化的处理方式,很可能使得教育生活走向封闭化和平面化。不幸的是现代教育对唯一的规律性的探寻,使得教育在走向简单化的道路中,遗失了丰富的内涵与意蕴。

教育具有生长性的特征。英国学者托马斯·摩尔(Thomas Moore)曾说:"在最深层形式中,教育则是一门诱使灵魂从其茧中、潜在的烦恼中、隐藏的洞穴中显露出来的艺术。教育不再是学识、信息、数据、事实、技艺或能力的基础(指通过锻炼或教导获得的技术),而是一个发展中的直观事物,它就像一粒隐藏于泥土中的种子。"③"种子"的隐喻表明,教育不是给予,而是引发,教育的力量来自于人人自身内在的潜能,教育的过程不是知识堆砌的过程,不是人为塑造的过程,教育毋宁像一棵树,教育的对象能够成为什么样的人,取决于它是一颗怎样的"种子"。教师如同一个园丁,裁枝剪叶,播撒甘露,让这棵树长得更加挺拔、更加茁壮。简单的教授,对于整体的人的发展来说,不

① [法]埃德加·莫兰.复杂思想:自觉的科学[M].北京:北京大学出版社,2001:271.
② 司晓宏,吴东方.复杂性理论与教育的复杂性研究[J].教育研究,2007(11).
③ [英]托马斯·摩尔.心灵书——重建你的精神家园[M].刘德军,译.海口:海南出版社,2001:1.

是促进而是扼杀,这种取向的另一个后果就是导致教育成为没有枝叶的干瘪的躯干,感受不到鲜活的生命气息。

教育具有超越性的特征。人无法脱离生活世界而遗世独立生存,但是人如果不能超越自在的日常生活世界则难以彰显生命的意义。卡西尔说:"人被宣称为应当是不断探究他自身的存在物——一个在他每时每刻都必须查问和审视他的生存状况的存在物。人类生活的真正价值,恰恰就在于这种审视中,存在于这种对人类生活的批判态度中。"①认识自我揭示的是人类生存的真正价值,它"不仅涉及人的生活世界,人的价值与意义,人的现实与未来,而且也试图揭明人所具有的潜能,人的理性及智慧"②,这是教育产生的基础,也是教育发展的基点。教育的目的就在于通过引导人们对生活世界的具体参与和理性思索,不断解放自身,最大可能地释放自己的内在潜能,以提高生活的质量,它是维系人类生存、衍息的保障。人只有通过教育和在教育中,才会获得人类精神的本质,才能在深层意义上体验"存在"的价值,也只有教育才能在物质和精神两个层面上把人的生存有机地结合起来,使人在不断超越自身的进程中向前迈进。教育的现状与我们的理想恰恰相悖,甘于平庸、甘于适应,使得教育了无生机,鲁洁先生对这一现象曾作过深刻抨击,"现在的教育却是蒙上了人的眼睛,教育的一切行为都只在使人相信:不论现存体制合理与否,一个人只有成为现存体制所接纳的人,就范于它,才能作为体制中有价值的商品兜售出去,他才能向上爬。教育的所作所为都在促使人在现存体制的利益驱动下,在各种被社会化了的欲望支配下(这种欲望本来可能是毫无意义的,也不是人自身所本有的),在体制为他所规定的轨道上,不停地走,不停地走,教育只是在使人变成了一条被蒙上眼的推磨驴子"。③

教育具有个体性特征。如果说哲学是关注类人的,社会学是关注群人的,教育学则是关注个人的,教育的目的就是使每一个人成为独特的"那一个"。从文艺复兴开

---

① ［德］卡西尔. 人论［M］. 甘阳,译. 上海:上海译文出版社,1985:8.
② 金生鈜. 理解与教育——走向解释哲学的教育哲学导论［M］. 北京:教育科学出版社,1997:8.
③ 鲁洁. 超越性的存在——兼析病态适应的教育［J］. 华东师范大学学报(教科版),2007(4).

始,教育一直致力于把人从神的奴役中解放出来,确立个体的存在价值。从此,以高扬个体主体意为特征的教育价值观在教育史上占据了一席之地,教育应该为个人服务的呼声越来越高。卢梭、罗杰斯、赞可夫和布鲁纳等一批著名的教育理论家从不同的角度和立场出发,阐释了教育在个体发展中的重要作用。他们共同的教育信念就是:受教育者内在潜能最大可能地发掘,是教育研究的出发点和归宿点。教育终于开始重新审视"人自己"的问题,这不仅是现代科学对人的发展提出的必然要求,也是人类社会发展到现阶段给自身提出的重大问题,教育作为促进人类自身发展的内驱力,在提高人的素质、建构新的认知体系时,不能不关注人的主体性的提高、发展与升华,教育在实现社会政治、经济的基础上尤其应该关注每个人的发展,每个人的价值,这是时代的要求。教育本体职能的这种复归是人类进步的体现,但是这种"复归"因失去了合理的内涵而趋向孤立和极端。一方面,理论上的呼吁并没有在实践中生根萌芽,从而使得这一命题失去了坚实的根基,仅仅成了书斋理论家一厢情愿的理想;另一方面,在工业技术占据主导地位的社会体制下,个体的解放并没有和人类的解放有机地统一起来,有时甚至还存在尖锐的对立与冲突,人们依然在牺牲人与人、人与自然的和谐共处来谋求个体"本质"的解放,这种个体的解放其实已蜕变为极端个人主义的代名词。它不但没有解脱人类的困惑与不安,反而加重了人与人的冷漠与疏离;强化了人对自然控制与征服的欲望,它使得人与人、人与社会、人与自然因失去平衡而走向畸形。这种状况早已显现端倪,但一直未受重视,今天它已经成为一个非常紧迫的问题横亘在人类前进的道路上,漠视和回避都是不切实际的态度。面对危机,我们需要的是:理性的反思和审慎的探索。

当前的教育现实离本真的教育越来越远,在这种教育状态下,教师在某种"合法"的体制下渐渐丧失了激情,磨平了个性,失去了进取的精神与意识,教师的教育智慧蛰伏在庸常的日常生活中隐而不发。在今天要想实现教师的智慧生成,"就应该打破日常生活世界的束缚,经历日常生活世界批判重建过程,使人超越传统日常生活结构和图式对创造活动的约束,增强主体自我意识和批判意识,推动人由自在自发的日常生存状态向自由自觉的非日常存在状态跃升"。① 教育批判是打破陈规,革除旧弊,唤醒意识,走出"茧式"状态,迈向智慧生活的灯塔。

二、教育批判的指向

教育需要批判,批判需要有指向,就教师的教育智慧生成而言,教育批判究竟批判什么呢?

首先,在教育生活中,我们要警惕技术理性的扩张。理性是一个古老的话题,技术理性则是"现代性"的概念,它最初由法兰克福学派代表马尔库塞提出,马尔库塞认为技术理性把世界和理性都理解为工具,注重功能和操作,注重经济利润,注重工作效率,这种理性已经成为社会统治的工具,具有意识形态性。② 技术理性以合理性、规范性、可预测性为追求目标,它强调通过科学和技术的手段,把经验抽象化,把整体具体化,把现象规律化,把生活和工作限定在一个可控制的范畴内。技术理性的发展,带来的是现代人主体性的彰显和征服、支配自然和社会能力的提高,但是不容否认的一个事实是,技术理性的扩张,同时也造成了价值理性的失落、意义世界的消解以及人的"异化"。技术理性如同一把双刃剑,给人类带来福音的同时,如果不能意识到它的负面影响,同样可能会给人类带来灾难。

如今技术理性已经渗透到社会生活的各个方面,教育也不例外。就教师发展而言,在技术理性观的指向下,教学成为一种单向的、线性的、确定性的活动,教师的任务在于将书本中确定的知识以有效的方式传授给学生,教师是一名合理运用"科学技术知识"的技术人员,学生成为一个模子里生产出的标准化的"产品",课堂成为灌输知识的场所,知识成为商品,在师生之间传递,而学生则成为存储知识的仓库。怀特海称这样获得的知识为"呆滞的思想",于学生的发展毫无用处。而保罗·弗莱雷称这种教学

---

① 孟维杰. 走向日常生活批判的心理学[J]. 社会科学战线 ,2008(1).
② 赵建军. 超越"技术理性"批判[J]. 哲学研究,2006(5).

为"银行储蓄式教学",学生是知识的保管人,而教师则是储户。① 评价教师素质的指标,更多地体现为统一的、模式化的、数字化的标准,技术理性的过度张扬,导致真实、鲜活的人的生命被无情消解,人从复杂的、丰富的、情境化的生活世界中被抽离出来,成为平面化、匿名化及抽象化的"人"。教师的发展失去了多样性,教师的教学艺术被教育技艺取代,教育智慧成了一种潜在的状态,偶尔以教育机智的形式显露一下。

在技术理性主导下,教育理论的功能被异化,教师的教育生活被"去情境化",教师的发展简化成一种或几种固定的模式,教育智慧成了少数精英教师稀有的品质。对此鞠玉翠博士曾有过精辟的论述:"当教育理论简单地等同于'教育技巧',它的丰富意蕴与智慧就被遮蔽;当教育理论被视为抽象的、僵死的、必须照办的教案,它就成为'条条框框'束缚着实践者的行与思,扼杀了实践者的创造力;只有怀着求知热情,将其置于'有意识的生活中',视为开阔视野、丰富心灵、关照实践、激发反思、为我所用的理论工具,它才成为个人成长的养分。"②教育智慧的生成,并不反对对技术的追求,但我们需要澄清,教育技术仅仅是教师发展的手段而非目的,技术理性并不可怕,可怕的是过分追求技术理性的过程中价值理性的缺失。教育批判需要冷静的分析教师发展面对的诸多问题,使技术成为智慧生成的基石。

其次,在教育生活中,我们要转变知识至上的观念。自从教育产生,知识就成了教育必须关注的一个核心概念,从"什么知识最有价值"到"谁的知识最有价值"再到"怎样使知识最有价值",一系列围绕知识问题的追问,使得知识越来越具有科学性、普遍性与客观性的品质,知识的谱系越来越完善,知识的分化越来越具体,知识的专门化程度越来越精致。知识的学习在教育的演进历程中成了关注的中心,人的发展、智慧的生成退居其次。"面对迫在眉睫的'知识生存'和咄咄逼人的'知识恐慌',人们在知识的洪流面前,是追逐知识还是放逐知识,是被知识控制还是去控制知识,是匍匐在知识殿堂的脚下任由知识神灵摆布,或是成为一个名副其实的'知识信徒',还是通过对于

---

① 朱丽.技术理性与实践智慧:教师发展的两种取向[M].天津市教科院学报,2007(6):38.
② 鞠玉翠.教师个人实践理论的实践探究[D].上海:华东师范大学 2003 届博士论文,2003:163.

知识神圣的超越,走向智慧的自由自觉,由'知识性生存'到达'智慧性生活',便是摆在现代人面前的一个十分紧要的话题,同样也是摆在现代教育面前一个迫切的问题。"①

知识和智慧是教育的两个方面,没有知识的授受,智慧的生成、人生价值的实现,只能是空穴来风,同样没有智慧的追求,知识的获取很可能成为个人生存的桎梏,教育的社会功能与人的发展功能本来是可以有机协调在一起的。可悲的是我们已经忘记了二者的联系,我们在追逐知识的同时,我们也在抛弃智慧,我们拥有的知识越来越多,我们离智慧却越来越远。这样一来,知识便不再是生活的内在需要和心灵的日常依靠,知识不是安顿精神的场所,它只是生活或生存的基本手段、工具而已。② 这种状态导致的结果是我们创造了知识,但却为知识所奴役,更可怕的是,失去了智慧的标尺,当知识呈爆炸式的状态无限地增长时,人们被抛进了信息的洪流中,逐渐失去了判断和选择的依据,以至于连知识的获取也变成困难的事情。对此怀特海早就提出过警示,"在古代学园里,哲学家们渴望传授智慧,而在今天的大学里,我们卑微的目的却是教授各种科目。从古人向往追求神圣的智慧,降低到现代人获得各种科目的书本知识? 这标志着在漫长的时间里教育的失败。我非常希望你们铭记于心的是,虽然智力教育的一个主要目的是传授知识,但智力教育还有另外一个要素,比较模糊却更加伟大,因而也具有更重要的意义:古人称之为'智慧'。你不掌握某些基本知识就不可能聪明;但你可以很容易地获得知识却仍然没有智慧"。③ 教育批判需要打破对知识的迷信,动摇知识大厦的体系,让教师的教育智慧乘隙而出。

最后,在教育生活中,我们要克服实用主义的侵袭。教师的教育生活不只是安逸地享受现有的一切,还应在职业生活中体验教育的幸福与崇高。教师智慧生成的前提是教师这种职业还应保有几分神性的光辉,而不能完全成为谋生的手段和世俗的生存方式,亚里士多德曾说:"所有为金钱而从事的职业和降低身体状况的职业,都是机械

① 靖国平.教育的智慧性格[D].武汉:华中师范大学 2002 届博士论文,2002:2.
② 靖国平.教育的智慧性格[D].武汉:华中师范大学 2002 届博士论文,2002:113.
③ [英]怀特海.教育目的[M].徐汝舟,译.上海:上海三联书店,2002:52.

性的,因为这种职业剥夺智慧的休闲和尊严。"①可惜的是,在功利和浮躁的社会大氛围的影响下,教育的理想让位于利益的追求,智慧的生活蛰伏于规约和惯习,教育生活世界的人文内涵变得薄弱,教师个人的自由空间不断被蚕食,教师内在心灵世界没有依归。我们不再追问教育缘何而来,为何而去,我们更习惯于关注在现实的制度框架下,如何"乖巧"地生活,如何实现自己利益的最大化。在实用主义的支配下,知识等同于信息,教学等同于考试,科研等同于职称,发展等同于"荣誉称号",一切都可量化,一切皆可计算,人们自得于自己履历表上一项项"标志性成果"的同时,却不约而同地患上了"职业倦怠症"。这似乎是一个绝妙的嘲讽,但却是最真实的生活写照。实用主义本身没有错误,错误的是我们狭化了实用主义的内涵,"有用"成了实用主义的代名词,在"有用"思想的导引下,教师没有了精神的追求,没有超越的渴望,就连最基本的阅读和思考,都成了困难的事情,教师的生活被庸俗化,教育的工作被技巧化,教师在不知所谓的忙碌中,蜕变成"行者"和"盲人"。当教育生活不再关注人的生存际遇,不再关注人的意义世界,教师这个职业还有多少骄傲的资本。教育批判意图通过对"有用"的辨析,澄清实用主义的真正内涵,让教师向往崇高,让教师膜拜思想,让教师接近经典,让智慧的生活成为教师的存在方式。

三、教育批判的品质

教育批判不能提供具体的路径,但教育批判应该具有某种品质,它昭示着教师从沉重的日常生活结构与顽强的文化传统的枷锁中挣脱出来,走向自由,走向智慧的生活。

教育批判要具有怀疑的品质。教育批判的前提基于有自己对于教育的独立思考,它要求教师以一个"思想者"的形象审视现实的教育生活。面对林林总总的教育理论和层出不穷的"话语方式","全盘接受"和盲目拒绝都不是理性的选择,教师作为理论

---

① [美]杜威.民主主义与教育[M].王承绪,译.北京:人民教育出版社,2001:273.

的践行者和教学的守护人,需要立足我们生活的这片土壤,从现实出发,从个人的理解出发,对各种理论进行"悬置"、怀疑和筛选,对个人的实践知识进行反思、升华和凝练,在此基础上,完善教师个人的智能体系。对此,范梅南有自己独特的解读,"思想起源于问题、惊异和怀疑,人的认识发展离不开反思和批判,真正的认识是批判性认识,真正的知识是通过批判性思维或反思性思维活动获得的"。[①] 教育批判使得教师对教学赖以进行的组织和文化背景有了明确的定位;教育批判使得教师对引入课堂中的人性假设和理论价值有了清楚的认识;教育批判使得教师以一种自由探索、自由反思的学术勇气,敢于打破陈旧观念,自由表达学术态度,自由发表独立见解。在教育批判中,教师的主体性进一步得到加强,教师的个人教学艺术风格进一步得到彰显,教师的教育智慧生成成为可能。

　　教育批判需要具有洞察的品质。我们生活的教育日常生活世界,是一个被繁杂的教育现象遮蔽的世界,我们"融身"、"依寓"、"繁忙"于这个世界之中,常常无法超越与自拔,只能被裹挟着盲目前行。面对熟悉的教育场景,我们无法感受到教育激情,我们无法体验到职业的幸福,我们更无法从中看到别样的教育风景,领略到理论的迷人魅力。面对这种现状,我们需要有一种穿破图式和表征、直达教育本质的能力,洞察就是一种最有力的利器。胡塞尔一再强调,以本质直观的洞察和还原手段的方法为中介,我们必须进入一个已经久被遗忘的领域——生活世界。胡塞尔把"朝向事情本身"当作现象学的总纲,就是希望在"历史的还原"之后重新找回遗失的"生活世界"。胡塞尔告诉我们,超越不是头脑中人为创设的假想,超越不是先验中不可捉摸的"神秘因素",超越需要立足于我们日常生活的这个现实世界,"在朝向事情本身"的基础上,通过洞察让迷失的意义世界找到"回家的路"。教育批判的功能之一就是透过现象看到本质,因此洞察也就应然地是教育批判的一种教育品质。教师在日常的教育生活世界中,具备了洞察的品质,就可能从忙碌的现象世界中抽身出来,以理性的视角打量他所熟悉的生活,使熟悉的生活世界"陌生化",从中衍生出智慧的光芒。

_____

① [加]马克斯·范梅南.教学机智:教育智慧的意蕴[M].李树英,译.北京:教育科学出版社,2001:116.

教育批判需要具有沉思的品质。"教育的全部目的就是使人具有活跃的智慧","要使知识充满活力，不能使知识僵化，而这是一切教育的核心问题"。"从某种意义上说，随着智慧的增长，知识将减少；因为知识的细节消失在原理之中。在生活的每一个业余爱好中，你可以临时学到那些重要的知识细节；但养成习惯去积极地利用透彻理解的原理，才算是最终拥有了智慧。"①怀特海关于教育的独特理解告诉我们，真实的教育是智慧的教育，而智慧的养成则需要超越知识，如何实现"转识成智"是哲学家苦苦思索的哲学问题，也是教育者孜孜探索的教育命题。"喧闹"与"鼓噪"都不是解决问题的良方，面对这样一个沉重的主题，博采深奥、宁静致远或许是教育者应有的情怀。尤其在今天，当"世界不再是真实的和有机的'家园'，不再是爱与沉思的对象，而是变成了冷静计算的对象和工作进取的对象"，②我们更需要通过沉思，透视假象，消融细节，以宽广的胸怀、广博的文化视野和丰富的教育体验，汲取人类全部的教育智慧，在批判中让教师个人智慧的种子破土而出。

教育批判要具有同情的品质。同情是一种教育情感，是人之为人的基础，它是指个体对他人痛苦的一种深刻而强烈的共鸣，它意味着怜恤、悲怜、哀矜、体恤、不忍、恻祖、凄切、怜悯、伤感、怵惕……同情是指向客体的，它是"他者"的苦难与痛苦对"我"的心灵造成的冲击与震撼，它是"我"对"他者"的不幸与困厄的关怀与怜悯，它未必能够直接减少"他者"的痛苦，但是他能够给人以抚慰，使人不再感到孤独无援，同情"主要的意义不在于中流的浩大，而在源头的清纯，凭它自身，它甚至走不了很远，然而，它又可以说是泥沙封堵不死的泉眼，败叶遮蔽不住的净源"。③同情是一种重要的教育资源，这一点无可否认，但是，同情如何成为教育批判的一种品质，恐怕需要辩护和解释。教育批判作为一种理性的思维活动，并不完全意味着犀利的揭示和冷峻的解构，它最强大的情感支撑是对于人的发展的关怀和对教育事业的热爱。教育是育人的工作，它

---

① [英]怀特海.教育目的[M].徐汝舟，译.上海：上海三联书店，2002：9.
② [德]舍勒.知识社会学[M].艾彦，译.北京：华夏出版社，2000：10.
③ 何怀宏.良心论[M].上海：上海三联书店，1996：91.

需要有对生命的尊重,它需要有对人性的关怀,作为一个教师,不但需要有深厚的理论素养,扎实的专业基础,更重要的是他需要一种坚定的专业信念和献身精神,面对烦琐的工作仍能充满激情,面对淘气的学生仍能不失去耐心,也就是说,他能把教育当作毕生的事业去做,这种情怀便是热爱教育事业最真实的诠释和注解。教育情怀越强烈,对于"他者"的同情体验越深刻,教育批判可能越"无情",或许这就是我们常说的"爱之深,责之切"吧。教师教育智慧的生成,与教育批判有关,当然我们还需要基于同情的教育批判,只有这种教育批判具有"建设性"和"发展性"特征,只有这种教育批判才能为教师教育智慧的生成奠基。

第三节 课程文化转型

教师教育智慧的生成,不能仅仅停滞或满足于课程目标、课程内容或课程组织形态的变化,而应从更深的机理上建构与之相配套的文化机制,为之提供保障服务,否则将会导致理论的异化与扭曲。在教师教育智慧生成的过程中,如果忽视其生存和发展所必需的文化土壤,那么其生命的持久力便值得怀疑。因此在教师发展过程中,除了修正其理论自身的"合理性"之外,当务之急是重建一套相应的课程文化。

一、课程文化的功能

任何一种课程理论背后都有其相应的文化基质,课程发展的历史表明,意图建立一种普适性的理论,一劳永逸地解决一切问题的努力,注定是一种虚妄的假想。任何一种课程理论都有其自身的"局限性",它必然受到本国当时文化的制约与限制。当然课程文化不是一种完全被动的、承受性的社会文化的传承工具,它本身具有一种自律性的、内在性的、独特性的文化属性与品质,课程文化与社会文化不是等同的一个概念,它的持续发展与更新的特点决定了它具有一种超越和引领的功能。具体来讲,它的引领功能体现为以下几个方面。

第一,价值导引。课程改革不是一种价值无涉的纯技术的社会活动,无论是"什么知识最有价值"的追问,还是"谁的知识最有价值"的质疑,都涉及一个价值判断的过程。在这一点上,课程批判理论已经给我们提供了很好的诠释,批判理论把课程改革放在更宏观的社会背景之下,通过揭示课程活动与现象背后所隐含的权力与利益的斗争,反映了课程对人的控制与规约。从而也旗帜鲜明地告诉我们,在课程改革过程中,决不能漠视隐藏在课程目标与内容后面的价值导向。在课程改革过程中,我们必须清楚"谁要改革"、"改革什么"、"改革谁将受益"以及"改革何以可能"等问题,对这些问题的回避,必将导致课程改革的"形式化"与"肤浅化"。因此在课程改革过程中,我们一定要注重确立相对明晰的课程价值观,那么"什么样的课程价值是最合适的"以及"如何保证课程价值的适切性呢"? 这就关涉课程文化的研究与探讨,价值作为课程文化的核心概念,其类型与取向的定位直接与文化有着密切的关系。譬如,"西方文化强调个人的自我价值,反映在课程改革价值活动中就体现为对个人存在和发展权利的强调,而东方文化强调群体的和谐、人与自然关系的和谐,反映在课程改革价值活动中就体现为对社会发展和社会秩序的强调"。① 课程改革作为对传统课程研制体制的突破与创新,在课程文化方面必然有新的内涵与品质,它在课程价值方面要发挥引导作用,唯有如此课程改革才可能有坚实的基点和明确的方向,教师发展才有明确的价值立场。

第二,文化认同。课程改革价值确立以后,要想真正在实施的过程中被认可与接受,必须得到各种利益群体的认同,不然导致的结果就是阳奉阴违。课程改革文化认同有许多种形式,一般来讲,认同方式可分为:强制性认同;诱导性认同;自发性认同;理性的、反思性的认同。这些方式表明为了达到文化认同的目的,我们可以借助外在的制度与策略,通过妥协、讨价还价和其他各种调解形式来影响和干预参与者的认知,

---

① 胡定荣.课程改革的文化研究[M].北京:教育科学出版社,2005:127.

使他们坚定改革信念,实现文化认同,但是,这里有一个前提条件就是课程文化本身具有被接受的可能性。也就说课程文化自身的品性决定了其天然的具有文化认同的功能,课程不仅仅是文化传承的工具,其自身就是一种文化,它通过对浸染于其中的群体的价值观念的潜移默化的影响,使文化认同得以自觉地实现。在我国当前开展的新一轮基础课程改革中,课程文化的这一功能显得尤为重要。这次课程改革从国际、国内的背景出发,针对现有的要求和现存的问题,就课程理念、课程目标、课程结构、课程评价以及教师角色定位和职能转换等一系列问题,进行了系统、全面的分析与钩沉,勾勒出一幅具有现代化特征的、富有中国特色的基础教育课程发展蓝图,为我国课程的走向指明了一条可行的道路。因此本次课程改革的出台,受到了广大理论研究者和实践工作者的积极支持和拥护,大家从不同的角度出发,出谋划策、身体力行,对新课程的顺利实施投入了足够的关注与热情。网络课程、综合课程、校本课程、研究性学习、课程开发、课程实施……一个个新名词不断地涌现,进入课程研究的视阈之中,课程研究一时间成为一个教育的热点问题,呈现出前所未有繁荣态势。可是,作为一个有良知理论研究工作者,我们不能仅凭感性经验盲目地乐观于表象的热闹,我们应该时刻保持一种清醒的状态和审慎的态度,不断运用自己的理性思维对社会热点问题进行冷思考。尤为重要的一点是我们在进行课程研究的时候,决不能仅仅满足于具体的课程形态与学习方式的变化,我们应该认识到,任何一次课程改革,都立足于一定的文化背景之中,课程改革的成败与否,在很大程度上并不取决于某项具体的课程方案,而在于它在多大程度上契合了时代精神,在多大程度上体现了教育公平。"基础教育课程改革本质上就是一场文化变革,当然这种课程文化不仅仅是教材文本承载的文化,更包括由课程改革所带来的整体文化意蕴的重构。新一轮课程改革将大量的西方课程理念移植过来,这些概念、术语、理论都是在西方文化与语境中产生的,一旦放在中国的社会文化环境中,必然与中国文化产生激烈碰撞,对于长期浸染于中国文化中的教师和学生,肯定会出现文化不适应现象,进而对新课程改革产生认同危机。如何在中西课程文化之间形成恰当的张力,实现多种文化的有机融合,以保障课程改革的顺利进行,这就需要课程文化自觉,我们要通过课程文化自觉,在与文化'他者'的对比中,激活我们的传统课程文化精华，合理吸收借鉴西方的课程文化，把一种新的课程文化深深熔铸在课程改革的生命力、创造力和凝聚力之中。"①新一轮基础教育课程改革出台的许多理念与举措都体现了时代需要，迎合了国际教育改革的趋势，正如有的课程理论专家所言，本次课程改革不仅是以往课程的延续与发展，而且力图在一个更高的起点上实现与国际教育的接轨，为课程的国际对话提供一个平台，提供一种可能，这一选择本身无可非议，而且从课程理念上来看，我们在许多方面的努力确实达到了预定的目的，这次课程改革借鉴了许多发达国家先进的教育理念因而具有了国际化的品质。但是，我们认为最先进的理论未必是最合适的理论，如果新的课程理念不能在我们的本土的文化中找到立足的根基，最终也只能是海市蜃楼，美丽却不适用。因此当前的课程改革有一个紧迫的任务就是，展开本土行动，进行中西文化的对话与交流，在具体实践的过程中，寻求一种文化认同，从而为教师教育智慧生成提供合适的文化基质。

第三，革新思维。克罗伯和克鲁克洪认为："文化由外显的和内隐的行为模式构成，这种行为通过象征符号而获致和传递，文化代表了人类群体的显著成就，包括它们在人造器物中的体现；文化的核心部分是传统的（即历史地获致和选择的）观念，尤其是它们所带来的价值，文化体系一方面可以看作是活动的产物，另一方面则是进一步活动的决定因子。"②仔细分析克罗伯和克鲁克洪的观点，我们不难发现，事实上一种新的文化必然包含着一套相应的观念系统，它由身处其中的人的行为体现出来，同时也决定着人的行为方式。再深究一下，到底是什么决定了人的行为的变化？思维——唯有思维。行为是思维的外在体现，任何一种行为转变的背后，总是伴随着思维的革新。一种新的课程文化的诞生，首先意味着思维方式的变化，自从现代课程产生以后，课程理论研究范型已经发生多次转变，从最初博比特、查斯特以及泰勒的技术理性到施瓦布、斯腾豪斯的实践理性直至最近批判理论以及后现代理论所主张的解放理性。

---

① 张晓东. 课程文化自觉——实现课程改革的文化转向[J]. 当代教育科学，2004(18).

② A. L. Kroeber and C. K luckhohn. Culture：Acritical Review of Concepts and Definitions [A]. Papers of the Peabody Museum of American Archaeology and Ethnology [C]. Harvard，1952：147.

每一次转型,都在思维方式方面有了较大的革新,对于这一点胡定荣博士的概括颇能反映这一趋向,"在实证科学的知识方式下,被压抑者或边缘的沉默往往被当作是对政策的默许而不是被看作不理解政策或难以表达真实的声音与意图。批判理论主张通过批判性知识分子来对教师进行启蒙,使其觉悟和寻求解放。这实际上是把课程实践工作者看作是无知的和有待拯救的对象。在批判理论所提供的精英知识中,包含着对实践者知识的无知和轻视。基于对实证科学知识和批判知识的批判,后现代主义认为,课程改革知识需要转型,需要把知识作为一种叙事方式,从追求启蒙解放的宏大叙事转向注重个人感受体验的小叙事……后现代主义的课程改革理论认为,只有通过这种叙事方式的转变,解构那些认为理所当然的意义和知识,才能使被压抑者或边缘群体的声音得到真实的表达或被真正理解。[1] 具体到我国新一轮基础课程改革,它在文化方面突破了传统课程研制体制的保守性与封闭性,把综合、自主、探究、合作、开放等理念揉进课程文化的框架之内,因而要求我们的改革决策者和实施者在改革的过程中,要进一步解放思想,转变思维,唯有如此,才能适应课程改革所提出的挑战和要求,思维的革新是教师教育智慧生成的核心要素。

第四,转化行为。正如上面所述,课程文化是一个抽象的名词,其最终是由处于这种文化之中的人的外显或内隐行为来体现的,人的行为模式是文化的一个有效载体。对于课程文化而言,它不是一个书面的"文本",而是由课程决策者与参与者的互动组成的一个复杂的规则系统,对课程文化的研究实质上就是对参与其中的人的行为模式的研究。课程行为研究对课程变革的开展具有深远的意义,它可以揭示课程变革动因以及演进历程,并为课程变革提供有益的借鉴与启示。譬如,勒温曾把组织行为的变化分成解冻、变革、再冻三个阶段,"解冻阶段是指对旧的态度和行为方式进行否定,使组织成员意识到变革的紧迫性;变革阶段是指通过培训、榜样的示范等方式为组织成员提供变革的信息,使其认知结构发生变化,形成自觉的行为;再冻阶段是指通过新的

---

[1] 胡定荣.课程改革的文化研究[M].北京:教育科学出版社,2005:91.

制度安排对新的行为方式进行规范,使之形成稳定的行为方式"。① 如果我们在改革的过程中,能够明晰人的行为方式的变化规律,在不同阶段采取相应的措施引导行为转化,则可以更有效地消除冲突,加强合作,保证课程改革顺利进行,教师教育智慧生成的过程就是行为方式改变的过程。

二、我们需要什么样的课程文化

从产生课程思想开始直到今天,我们认为课程文化呈现出三种范型:课程即生活、课程即知识以及课程即发展。

(一)课程即生活

笔者认为教育的最初含义是学习,即年轻一代在跟随年长者在参加狩猎、采集以及祭祀的过程中自发地学会了生存所必须的经验、技能以及部落内的伦理规范。后来为了维持人类种群的生存,人们开始把教育作为一种有意识的活动,纳入到人类的行为范畴体系之中,"教授"成为一种意向性活动,而"教授"是需要载体的,在这种背景下,远古形态的"课程"产生了。必须说明的是,这时的课程形态不是文本的,它是情境性的,是生活的简约。美国教育专家布鲁巴克曾对这一现象作过表述,"假如回归到遥远的历史中,就一定会发现:课程有其职能上的起源。无论是返回到埃及人那里、巴比伦人那里,还是返回到中国人那里,情况似乎都是一样的——课程,无论正式的还是非正式的,都是起源于人们的日常生活"。② 当然在这一阶段,课程的要素也包含知识,但是,知识的状态是混沌、经验式的、没有具体形态的。当我们人类的祖先拿着石块和棍棒,从荒蛮的远古走来的时候,我们对自然充满敬畏,同时对自身的生存境遇惶恐不安,风雨雷电、生老病死、日月更替、吉凶祸福,我们都一无所知,"这种无知在原始人心

---

① 王重鸣.管理心理学[M].北京:人民教育出版社,2000:385.
② [美]布鲁巴克.西方课程的历史发展[G].//瞿葆奎.课程与教材(上).北京:人民教育出版社,1993:43.

中既产生了一种强烈的求知冲动,同时又产生了一种因为无法解释所带来的恐惧"①,这种求知与恐惧的状态,是知识最初产生的动因,同时也决定了这时知识的形态更倾向于神话与巫术,而神话与巫术的知识性质更多地表现为:偶然性、神秘性、零散性。这种知识性质,因其缺乏一定的普遍性和规范性,理所当然地不具备现代课程的特征。但是它却朴素而又直接地揭示出课程产生的最初缘由,即关注人的生存,人的整体性生存。或许,在最初,这种生存还停留在较低的物质层面,但是,它启示我们开始了对人是什么的追问,它所蕴含的人性的光辉确定了教育发展的基调。赫拉克利特的"我寻求自己",苏格拉底的"认识你自己",以及柏拉图的"教育非它,乃是心灵转向"的论断,无不是这一命题的延续。到古希腊时期,人的整体性生存已经超越了最初的物质诉求,而转向人文精神的养育。其中,希腊的七艺教育比较典型,在希腊的学校教育中,学校课程一直比较推崇三科四学,三科即文法、修辞、和逻辑,四学主要指算术、几何、天文和音乐。七艺虽然已经开始了课程的分化,但其课程的主导功能依然在于协调人生德、智、体、美的平衡发展。

课程的这种功能限定了我们教育的路向,在此后的时代中,许多先哲一直在为这一目标而努力,我们呼吁启蒙,我们倡导理性,目的就是通过课程或者更准确地说是教育,来提升人的素质,解放人的灵魂,使人摆脱自然的困囿,摆脱神祇的控制,走向自由与自觉。文艺复兴时期课程的这一功能达到充分的发挥,摆脱了盲目宗教崇拜的人们,把个人理性的确立作为教育的目标,人的发展成了课程最主要的主题,卡西尔的观点比较精辟地论述了课程这种定位的重要价值。卡西尔认为"人被宣称为应当是不断探究他自身的存在物——一个在他生存的每时每刻都必须查问和审视他的生存状况的存在物。人类生活的真正价值,恰恰就存在于这种审视中,存在于这种对人类生活的批判态度中"。② 人的这种特性也决定了人的整体性生存应该作为课程一种永恒的追求。即使在课程功能被遮蔽与异化的日子里,人的发展也一直是教育家们难以割舍

---

① 石中英. 知识转型与教育改革[M]. 北京:教育科学出版社,2001:49.
② [德]卡西尔. 人论[M]. 甘阳,译. 上海:上海译文出版社,1988:8—9.

的理想诉求。

（二）课程即知识

随着人类认识能力的不断提高，课程的人文功能逐渐衰退。人们用分析的方法切割世界，裁剪生活，课程也随之根据性质的不同被分门别类。人们开始有意识地根据知识演进状况对已有的知识进行梳理与归类，并把它们作为设置课程的标准。

我国早在春秋时期，就有了六艺的提法，这可能是我国课程最早的分类方法，"六艺"把儒家经典分为《易》《书》《诗》《礼》《乐》《春秋》，这种划分方法显然是根据先秦以前不同经典的伦理旨趣而进行分类的，几者之间的联系也比较松散和简单。此后西汉末年刘歆编著"七略"，他通过梳理先秦到西汉末年的学术发展路向，把这一段时期的学术文化分为 6 大类，38 小类。六艺略：易、书、诗、礼、乐、春秋、论语、孝经、小学；诸子略：儒家、道家、阴阳家、法家、名家、墨家、纵横家、杂家、农家、小说家；诗赋略：屈原赋之属、陆贾赋之属、荀卿赋之属、杂赋、歌诗；兵书略：兵权谋、兵形谋、兵阴阳、兵技巧；数术略：天文、历谱、五行、蓍龟、杂占、形法；方技略：医经、经方、房中、神仙。这种分类方法相对于"六艺"而言，划分的维度与复杂性增加了，而且所涉及的内容也更广泛了，具有了一定的内在结构。但是概而言之，二者的划分思路是一致的。从我国的知识分类来看，我们知识谱系构建的出发点更趋向于人文、伦理的体认，划分的标准主要依据经典、流派、技巧等，同时从这种划分方法的特点中可以看出中国知识谱系的梳理体现出较强的主观性与经验性，而且缺乏对自然科学的关注，这种取向在很长一段时间内一直影响着我国课程内容选择与组织的范式。

西方的知识谱系整理则走了一条和我们完全不同的道路，西方知识类型的划分目的就是运用理性的思维认识社会与自然，因此从一开始起，西方的分类方式，便表现出较强的科学性、逻辑性和结构性。西方的知识分类的出现可以上溯到亚里士多德，在那一时期，西方古代的先哲便表现出明显的自然旨趣，并相应地凸显出天文学、物理学、几何学、逻辑学、算术、人体解剖、动物学、植物学等"学科"的重要地位，后来进一步演化为西方著名的"自由七艺"。西方的这种知识分类方式，在 11 世纪经过雨格的发展达到了顶峰，同时具有了学科体系的特点。

　　西方这种知识分类的原则与方法直接导致了西方课程的分科特征,同时对知识谱系的追求,也间接地弱化了课程对人的生存的关注。但是真正导致课程异化的原因,要从 17 世纪开始,随着科学理性的张扬,"自然主义"逐渐占据上风,培根的"知识就是力量",成了那个时代最强有力的声音。培根在他那个时代真切地感受到知识的价值,同时,也意识到明确地进行知识分类的重要性,培根根据近代科学所具有的科学性、普遍性与客观性的品质,提出"知识树"的构想,并以此来对知识谱系进行划分。培根的知识分解方法或知识体系的构建方法的立足基点是人类理性的能力,他根据人类认识世界的三种理性能力,记忆、想象和判断,把人类庞杂的知识遗产条分缕析,形成一个有明晰体系的知识网络,构建了一个相对完整的知识谱系表。培根的这种系统的、科学的知识分类方法,奠定了近代科学研究的基石,因此倍受后人推崇。后来人们在培根的基础上进一步完善和细化了"知识树"上的分支,尤其是法国百科全书派所编撰的《百科全书》给不同性质与类型的知识安排了一个个恰当的位置,不同的知识门类便演化成具有独特研究对象、具有严格边界的、自洽的学科。

　　与之相对,夸美纽斯在教育中提出"泛智课程"的构想,课程从关注人的整体性生存蜕变成追求知识的获取。后来随着功利主义的盛行,课程开始从学术取向向实用主义转变,课程近一步丧失了整体性追求,课程被肢解为一个个知识的碎片。我们承认课程的分化是历史发展的必然,我们也承认知识的获取是课程的应有功能之一,甚至我们也肯定课程功能的这种转化,曾经极大地促进了社会的发展,但是我们是否思考过在社会进步的过程中,课程牺牲了什么? 我们在技术化的道路上越走越远,人的价值在科学的光环下,却被无声地遮蔽了。近代的课程从博比特开始,就具有了明显技术取向的特征。博比特运用"活动分析"的方法,把课程的目标划分为语言活动、健康、公民、社交、精神适应性、闲暇消遣、宗教活动、家长责任、非专业化的实践活动、职业活动十个方面,课程的设置就是以这些目标为依据,分解为一门门的具体科目。查斯特,继承了博比特的研究路项,他用工作分析的方法,机械地割裂了课程的整体联系,人为地把课程裁剪成一个个孤立的知识模块。后来,泰勒进一步发展了博比特的思想,把课程的科学化取向推向了巅峰,他构建了目标模式的课程理论。泰勒的目标模式的课程"注重的是关于事实的客观知识,是能够带来实效的技术知识,是能够实现预定目标的知识,课程内容成为达成目标的手段,内容的选择不是依据自身的价值,而是视其能否达成某些外在目的。它承认知识的功力价值,而否认知识与人的生活经验的内在联系,强调知识对客观事物的分析和概括,而忽略知识作为人类生活的经验对学生的生活的启迪。而且目标分析和分类把知识分化成原子式的,使知识之间缺乏真正的联系,学生获得的知识也是支离破碎的"。[①] 失去了人文关照与价值追求的课程,在工具理性的统治下,逐渐异化为社会控制的"帮凶"。

(三)课程即发展

教育的进步本来应该不断强化人类的主体作用,可是我们却痛苦地发现,人在知识和能力不断增长的过程中,逐渐异化为自己对立面的"客体",成为一个个"单向度的人",其中的缘由与课程功能的错位应该有一定的关系。回归成了我们未来课程必然的选择。

对于这一问题,许多哲学家与教育家都有比较清醒的认识,胡塞尔就曾说,"在 19世纪后半叶,现代人让自己的整个世界观受实证科学支配,并迷惑于实证科学所造就的'繁荣'。这种独特现象意味着,现代人漫不经心地抹去那些对于真正的人来说是至关重要的问题,只见事实的科学造成了只见事实的人……实证科学正是在原则上排斥了一个在我们不幸的时代中,人面对命运攸关的根本变革必须立即做出回答的问题:探问整个人生有无意义"。[②] 胡塞尔的追问重新引发了人们对教育使命与课程功能的思考。课程为什么会蜕变为学术名词与符号?课程还要不要关注人的生存际遇?课程的社会功能与人的发展功能真的难以调和吗?为什么课程越来越多,我们所得到的却越来越少?这一系列的问题,逼迫着我们必须去沉思课程到底应该做些什么。

从课程的起源来说,课程本来是维持人的整体性生存的产物。后来,随着人类理性能力的发展,人们把探究的目光转向知识探究。我觉得这种转向本无可厚非,对于

---

① 金生鈜. 理解与教育[M]. 北京:教育科学出版社,1999:147—148.
② [德]胡塞尔. 欧洲科学危机和超验现象学[M]. 张庆熊,译. 上海:上海译文出版社,1988:5—6.

任何社会来讲,知识都是促进人发展的最重要的载体。但是,我们在知识推动社会高速发展的过程中,我们迷失了自己,知识的获取成了最终的目的,人的生存退居一隅,这是非常可悲的事情。我们不可能强求我们的课程返回到远古的时代,事实上,我们也不应该退回到远古时期,但有一点不管在什么时候都必须得到认可,课程的一个重要功能就是要维持人的人生存。只不过在远古时期课程所强调的整体性生存,更多的属于低层次的维持性生存,而我们今天所强调的人的生存是指人的智慧性生存。我们今天所犯的错误是以知识等同了智慧,等同了生存。这种现象在当今的体现尤为明显,"这个时代流行的是金融、商务、会计、法律、电脑和公共关系学。一个显而易见的道理遭到普遍的漠视:知识并不等于智慧。知识关乎事物,智慧关乎人生;知识是理念的外化,智慧是人生的反观;知识只能看到一块石头就是一块石头,一粒沙子就是一粒沙子,智慧却能在一块石头里看到风景,在一粒沙子里发现灵魂"。① 这段话,表面上似乎仅仅揭示了知识与智慧的区别,事实上,其中也蕴含着二者之间深层的联系。课程不是一个不断作加法的过程,如果只是不断增加内容,而不能促进人的发展,那么课程只能在技术化的道路上越陷越深,而离教育的本真越来越远。"教育是人的灵魂的教育,而非理性知识和认识的堆积……如果人要想从感性生活转入精神生活,那他就必须学习和获知,但就爱智慧和寻找精神之根而言,所有的学习和知识对他来说却是次要的。"②雅斯贝尔斯的论述中孕含着一个朴素的真理:智慧根源于知识,智慧生成于知识,但知识不应掩埋与遮蔽智慧。从这种视角出发,我们以为课程不能仅仅简约为文本、符号和一个个学术名词,课程应该回归生活,课程应该关照人生,课程应该在知识的城堡后,开辟一片迷人的后花园,给人的生存提供一个休憩的空间。

以上我们从人类发展的角度考察了几种课程文化的范型,这种考察与分析为我们了解课程文化发展的历史以及演进历程,提供了一幅宏阔的蓝图,但它未必能够直接指导我国当前的课改实践。具体到我国新一轮的基础课程改革到底需要什么

---

① 杨东平.教育我们有话要说[M].北京:中国社会科学出版社,1999:155.
② [德]雅斯贝尔斯.什么是教育[M].邹进,译.上海:上海三联书店,1991:4.

样的课程文化？不能仅仅从历史发展与理论演绎中寻求答案，我们需要立足现实，在分析现状的基础上，探索课程文化建设的路向。在改革以前的课程文化传统中，课程被作为知识的聚合体，更多的是关注课程自身逻辑结构的合理性，这一点无可厚非，无论在什么时候我们都不能否认或轻视知识的重要作用。教育的最终目的是促进人的发展，但人的发展不是无源之水，无本之木，它需要一定的载体，这个载体就是知识，即人的发展要通过知识的学习与获取来实现。我们传统教育的一个误区是把知识的学习当作唯一或最终目的，而把人的发展放在一个次要的位置上，这自然会导致许多教育问题的出现。在这个问题上赵颖老师和郝德永博士的分析比较精辟，"长期以来，课程作为文化承传工具的逻辑与角色，使学校课程呈现出明显的适应性品质，只面向过去与现实，只维护、顺应已被规定的东西。这样的课程只是一种滞后性的、保守性的、边缘性的工具而已。这种工具化课程尽管在形式上常常打着'知识'、'客观真理'的旗号，但在本质上却只具有教化与训练意义上的功能、机制与旨趣，它否定个体的主体性、个性，只要求认同与服从过去与现在，反对启蒙与解放，更不允许反思与批判"。[①] 教育说到底是一个育人的过程，它需要关注人，关注人的主动性。教育不是一件"告诉"和被告知的事情，而是一个主动和建设性的过程。从这种视角出发，我们认为新一轮课程改革所倡导的"人本"文化理念，有其可取的地方，这种课程文化不能简单地说是移植于西方，更确切地说，它是当前社会文化的反映，随着社会的发展，随着对个体价值的关注，我们的课程文化自然的需要以人的自由发展为旨归，在这种理念指引下，关注生命，呼唤智慧生成的教师发展理论就成了时代的显学。

三、如何构建我们的课程文化

（一）构建的基点

当前的基础课程改革，无论是规模还是力度都是以往任何一次课程改革无法比拟

---

① 赵颖，郝德永. 当代课程的文化底蕴与品质[J]. 教育科学，2002(5).

的,我们在课程目标、课程结构、课程形态、课程组织形式以及课程实施策略方面都有了较大的改变,某些方面甚至是对传统课程的否定与颠覆。也正因为如此,这次课程改革的复杂性与艰巨性也是前几次改革所无法比拟的。从2001年开展基础课程改革以来,我们政策与理论的准备已经很充分了,但是在实施的过程中依然困难重重,许多人以此为借口认为课程改革不合时宜,应该停止。我个人以为对于这么大规模的课程改革,出现问题是很正常的事情,健康的批评与质疑也可以理解,但是如果因为课程改革一时的问题,就武断地否定课程改革的方向未必是一种可取的方法。事实上,我们在评价课程改革的时候必须要有一种理性的态度,我们要审慎地分析课程改革所面临的问题,到底是课程目标的问题,还是课程自身的问题,抑或是课程实施的问题,不能笼统地因为某一环节的问题,而否定整个课程改革的取向。就我国当前的现状来看,面对信息化、全球化的冲击,不作出变革只能死路一条,因此改革是大势所趋,现在的关键问题是"如何进行改革"。课程改革作为政府的一项大事件,不能仅仅在课程自身的框架内做文章,我们应该把它放在更宏观的社会背景下去进行设计与规划,其中课程文化重塑就是一个非常重要的工作。"前几次课程改革基本上以教材文本的变换为主,仅仅是课程的局部调整与修正,可以说没有真正从课程文化建设的角度对课程改革进行反思,这样就导致在旧有课程文化的掌控下,课程改革多是革而不新,只能是修修补补,在原地打转,努力向前,却又步履蹒跚,这实际上显现出了课程文化的失语与无奈。今天的课程改革将要实现课程的整体跃迁,要实现从技术理性取向到文化价值取向的转变,新的课程文化的支撑不可或缺,而且应该从课程改革伊始就要着手进行课程文化的重塑,让课程文化引领并保障课程改革的顺利进行,课程文化与课程改革实现双向互动,课程文化不断为课程改革提供源动力,课程改革在创新与探索中丰富和提升课程文化的内涵。"①

课程文化重塑是一个漫长而艰巨的任务,它涉及许多因素,建设的途径也是多样的,但最重要的是我们要找到课程文化构建的基点。课程文化的形成不是人为设定的

---

① 张晓东. 课程文化自觉——实现课程改革的文化转向[J]. 当代教育科学,2004(18).

过程,它是时代发展的必然,因此我们在构建新型课程文化的时候,首先应立足于时代需要的分析与把握。对于这一点,叶澜先生有明确的表述,"人类教育发展的历史深刻表明,一个急剧变革的社会,必然要求教育作出及时相应的变革,这不以人的意志为转移。我们只有自觉认识时代的要求并积极行动,才能与时代共同前进。于是,对时代精神的把握及对当代中国教育改革深化的思考,成了我们理论研究中首先提出,并具有统观全局意义的第一个大问题"。[①]

(二) 构建的途径

1. 吸收外来文化。近代课程的诞生与发展主要是在西方进行的,我国课程现代化的历程同时也是国际化的历程,我国课程发展史实际上就是一部阵痛中的前行史,尤其在今天随着教育国际化趋势的凸显,课程改革更不能回避外来文化的影响,我们在课程改革过程中必须确立一种国际视野。"实际上任何形态的文化都是一元与多元、共性与个性的对立统一,人类文化从相对一元走向相对多元是不可阻挡的必然趋势。课程文化的开放与民族特色课程的建构并不矛盾,要保持课程文化的民族性,封闭自守是过于消极的课程文化发展战略,越是保守越是要落后,有容乃大,我们一定要以宽容的心态面对课程文化的多元化,实际上,也只有在与他文化的碰撞中,我们的课程文化才能激荡出生命的活力,才能从他文化中吸取更多的养分。"[②]但是这里我们必须强调一点,虽然我们并不主张排斥西方文化,但是我们反对盲目地崇拜西方文化,对西方的东西不加分析地一笼统接受的态度,同样是不可取的,因为西方的课程目的是解决它自身的问题,而且它所依赖的文化基质未必适合我们具体的国情。因此在学习和吸收的时候,要以我为主,在充分理解本国实际情况的基础上,在对话和沟通的过程中,实现文化融合与自觉。

2. 发掘本土资源。新一轮基础课程改革的口号是"国际视野,本土行动",这是一个新潮而又感召力的课改宣言,但是反观课改实践,我们发现"本土行动"这一方略性

---

① 叶澜.新基础教育探索性研究报告集[M].上海:上海三联书店,1999:20.

② 张晓东.课程文化自觉——实现课程改革的文化转向[J].当代教育科学,2004(18).

的改革精神存在被误读与曲解的现象,在具体的课程运作过程中,课改的理念、范畴体系与话语系统更多的是以西方的课程理论为范本,而"本土行动"被狭化为技术层面的实施策略。而且这种实施策略并不是立足民族文化的根基之上,在某些方面甚至存在不顾现实可能,抛弃传统精髓的现象,课程改革在某种程度上存在"削传统之履,适理念之足"的问题。这种作法有点本末倒置的倾向,事实上,现代许多新的课程理论与改革意见都有很深的历史根源,"现在的根,深扎在过去,而对于寻求理解现在之所以成为现在这样子的人们来说,过去的每一事件都不是无关的"。① 我国是一个有着悠久教育传统的国家,而且自从建国以后经过 50 多年的积淀,形成了许多富有特色的课程思想,这些都是宝贵的精神资源,为课程改革提供了坚实的文化支撑。我们在课程改革的过程中,不能草率地斩断文化发展之根,而简单地模仿和移植国外理论,这样必将导致课程改革因缺乏文化认同而走向失败的命运。正确的做法是,充分发掘本民族的文化精髓,根据时代与现实需要,在学习与借鉴外国先进理念的基础上,不断扬弃,形成富有本民族特色的改革思想与课程文化。

3. 创设新的话语系统。任何一种课程文化都应该拥有一套与之相应的话语系统,这是课程文化成熟的标志。泰勒的"目标",布鲁纳的"学科结构",施瓦布的"审议",布迪厄的"实践"、"惯习"、"场域"与"文化资本"以及多尔的"丰富性"、"严密性"、"关联性"、"回归性"都是某种课程文化的话语系统,这种话语体系深深地内嵌于课程文化范型之中,生动、形象地阐释了这种课程文化的精髓。因此在某种程度上来讲,话语更像是课程文化的一个"隐喻",它赋予玄虚的文化一个真实的"抓手",在文化与课程之间搭建了一个可感、可触的桥梁。反观我国当前的课程改革,也出现了许多新的课程话语,自主、探究、合作、创新等等,透过这些话语,我们隐隐感觉到新的课程文化的气息,但是我们以为这些话语仍然不够精练、不太具有民族特色,还不能完全昭示新课程的精神。在课程文化的重塑过程中,我们仍然需要在课程实践的基础上选择、提炼课程话语,形成一套完整的话语系统,为课程文化的转变提供鲜活的注脚。

---

① 吕达. 课程史论[M]. 北京:人民教育出版社,1999:4.

一、教学个性的教育意蕴

教师发展是当前教育界的一个热点话题。当前有关教师发展的路径主要有两种观点，一种是教师专业化，另一种是教师教育智慧生成。孰对孰错呢？当前学界有不同的争论，就我个人而言，我认为二者并不对立，恰恰相反它们代表了教师发展的不同阶段，二者缺一不可。教师专业化的目标指向是——"规范"，它要解决的问题是"不是任何人都可以当教师的"，当教师需要具备一定的职业准备，譬如职业道德、智能结构、心理品质等素养要求，这是每一个入职教师共有的条件，但是教师不是批量生产的产品，教师发展最终的目的是让不同的教师具有不同的教学风格。因此规范化基础上，教师发展更重要的任务是"个性化"，教师教育智慧生成就是成就"个性"的过程，不同的教师性格不同、阅历不同，决定了他对教育的理解存在很大的差异，教师教育智慧生成就是在承认教师差异的基础上，承认教师已有教育观念基础上，通过教育启蒙激发教师的反思意识、研究意识、自主发展意识，让教师成为与众不同的"那一个"。也就是说，教师教育智慧生成的最直观样态就是教师形成鲜明的教学个性。

但是，目前教学实践中教师个性缺失成为一种常态，教师更习惯于按照某种既定的法则和程序，复演着别人的精彩，即使偶尔的灵光乍现，也在精湛技术的控制下，成为完整程序中既定的一环。譬如，观摩教师公开课的时候，在钦佩教师的教学艺术高超的同时，我们也非常困惑，大多数的公开课大同小异，不能让人感受到教师独特的个性色彩。听公开课的感受好像观赏一幕话剧表演，课堂是舞台，老师是主角，学生就是一群群众演员，有些是有台词的，有些仅仅是跑龙套的，他们在老师费尽心思的设计和精心巧妙的引导下，猜测着老师的意图，配合着问题的应答，把课堂推向高潮，在主角赢得如潮的掌声中,默然退场。在整节课堂当中,学生的行为似乎早就被规定好,就连坐姿和课堂结束时对听众的感谢词,都已经被设计进预定程序。目前教师的生存状态与理想的教育渐行渐远,由于体制的规约与教师自身的惰性,教师更习惯沿袭既定的传统做法应对变化的实践,而缺乏与时俱进的创造和革新,教育在强大的现实主义的包裹下,沉重前行,看不到特色,看不到个性,感受不到勃发的生命活力。

　　教学个性的追寻让教师意识到"我"的存在价值,教师不仅仅是一个群体性概念,"我们"背后包纳着一个个鲜活的个体生命,他们有不同的生活阅历,他们有独特的教育理解,他们有不同的教学风格,他们的教学应该刻有自己的生命烙痕,体现自己独有的生命体验。教学个性的张扬,让教师在制度的规约与自我的认同中不断突围,不断提升,不断强化自我意识,最终成就独特的自我。这个过程,事实上也是教育智慧生成的过程,它以教师的经验智慧为基石,通过行动、通过体验、通过反思,使内隐的、自发的经验走向外显和自觉,这个过程中,教师的经验智慧逐渐转化为理性智慧和实践智慧。教学个性的追寻,让我们突破了经典教学体系对于普适性和标准化的迷恋,它使得我们对于教师发展的视野,从能力和技巧等外在性的规训转向为个体生命的内在体验和实践探索中的自我发展,教师不仅仅是既定理论的接受者和执行者,他们有自己对教育的独特判断和自我理解,他们的头脑不是别人思想的跑马,他们以完整的生命体验投入到自我发展之中。教学个性的追寻要求教师要"带着理想上路,脚踏实地行走",教师应该时刻以一种仰望星空的姿态,默默坚守着自己的教育信念,教育是育人的,教师的工作不是简单的知识授受,教师是为学生人生奠基,精神打底的人,他是那个为天使缝补翅膀的人,烛照生命,这样才能让教师彰显生存的意义;教师的工作不是牺牲自己成全他人,他应该把教育作为一种生活方式,这样才能在教育的过程中探寻职业的尊严和人生的价值。要想做到这点,教育就不能沦为简单的技能行为,教师就应该有一种仰望星空的姿态,要用学问、爱心、创新、微笑携手学生,在教育的路上一直前行。教学个性的追寻也要求教师坚信"教育是行者的宗教",在探寻教学个性的过程中,他需要拥有行者无畏的品质,一旦确定了发展愿景,就义无反顾地探索、实验,在行动的过程中发现问题、解决问题,在问题的边缘不断突进,凝练,最终形成的独特的教学个性。

二、教学个性的内在结构

什么是教学个性？李德林在其博士论文中首先概括出我国学者对教学个性的两种理解。一是个性融合说，认为教学个性是教师适合其工作特点的个人品质的综合，是个性原型和教师职业的一种有效融合。二是个性创新说，认为教学个性是教师教学创新性的具体表现，是与教师的情感态度、个性特征等密切相关，充满了教师个性的色彩。在此基础上，他通过纲领性定义提出了自己对于教学个性的界定。他认为，教学个性主要是通过具体的教学活动和教学行为来体现的，所以，教学个性之于教学，体现为良好教学的一种内在品质，表现为教学的一种自主、自由、创新和超越的状态，表现为真正意义上尊重生命、关注个性、崇尚智慧、追寻自我实现、追求人生幸福的教学境界。作为教学的一种内在品质，教学个性涵化于师生教学活动的一切方面。由于教师是教学活动的直接体现者、承载者和实践者，是教学活动的组织者和主导者，所以，教学个性之于教师，主要表现为教师对于教学活动的规律性把握、创新性驾驭、深刻性洞悉、敏锐性反应以及灵活性决策的综合素养。[①]

从这种对教学个性的理解出发，我们认为教学个性的内在结构由自我意识、自主精神、自由状态、创新能力四要素构成。

首先，自我意识是教学个性内在结构的基石。何谓教师的自我意识？"从广义上说，教师自我意识就是指教师对自我生存状态的审视和对自我发展愿景的规划。从狭义上说，教师自我意识是指教师以教育的视角来审视自我的生存状态，以自我作为认知、解构和反思的对象，以教育教学活动的开展作为意识更新和个体构建的主要途径，在教育实践过程中形成的融认知发展、督导监控、生命体验和自我超越为一体的意识

---

① 李德林. 教学个性研究[D]. 山东师范大学 2010 届博士论文,2010:20—21.

形态。"①转换成问题的形式,教师的自我意识回答的是:我是谁? 我该干什么? 我将向何处去? 它涉及教师的身份认同、角色定位和发展趋向。每一个教师都有自己的历史、个性和认知方式,他们在面对具体的教育情境的时候,总是自动地按照个人的方式处理问题,把诸多事件组合进个人的"意义链条"中,不过大多时候,这种教育活动是处在无意识状态之中,自我意识强调教师通过回顾过去,重构当下,指向未来,让这种自动化的反应成为有意识的理性活动。

其次,自主精神是教学个性内在结构的核心。在传统的教学体系下,教师作为知识传输的中介被拒绝在教学研究之外,他们是知识的"教"者,而不是理论的"思"者,我们的理论之于教师而言;是外在的"他者",教师是理论沉默的受体。理论研究缺少教师的支持,停滞在学斋水平,成了理论家独演的舞台,而教师理念的缺乏,却又使得实践改革徘徊不前,教师自主精神的唤醒已成了不可回避的研究课题。目前,这个问题已得到学界的关注,从美国施瓦布的"教师应该成为课程探究者"的呼吁,到英国斯坦豪斯的"教师即研究者"的断言,从德国的"课程过程的教师中心组织模式"所倡导的教师应该"不断成为主体"的思想,到澳大利亚布莫所构想的"教师是协商者"的理念,无不阐释与证明教师自主精神培养的重要性。教学个性追寻的目的之一就是把教师从理论依附的状态中解脱出来,促使教师个体觉醒,让教师自我规划和设计自己的专业发展路径,它通过启蒙、批判、反思和行动,让教师蛰伏的思想找到生长的空间,让教师在不断的发现和惊喜中,意识到自己思想的力量,从而形成自己的教育信仰和行为方式。

再次,自由状态是教学个性内在结构的条件。教学个性彰显一个必须的前提是教师精神的自由,自由状态是教师形成教学个性的重要条件,很难想象在制度的桎梏下戴着脚镣跳舞的教师能够形成自己的独有的教学个性。为什么走入教学现场,我们很难感受到教师的个性色彩,为什么教师都习惯沿袭别人"成功"的模式,究其根源,教师缺乏一种自由精神、冒险精神,教学于他而言只是一种外在的任务,只要安全地完成既

---

① 包兵兵.试析教师的自我意识及其基本结构[J].当代教育科学,2010(23).

定程序,不出差错,自己就不会因创新失败而把自己置于一种被现有教学场域排斥或孤立的境地。只有教师在精神上达到一种自由状态,他才能理性地审视自己的生存状态和个性特征,从而自律地设计生涯规划和教学风格,这是教学个性的形成才能成为一种可能。对于这一点,有的学者曾作过生动的描述,"一旦教师从职业中体验到了自由,他就把原本是陌生于人的外在的世界转换成了属我的生活的世界,他与职业之间就建立起活泼、丰富的联系,他就会感受到生活的完满和意义的充盈,激情在他胸中澎湃,诗意在他心底流淌,在不经意间,他成为校园优美环境的欣赏者、学生良好举止的赞赏者、教师神圣职业的吟诵者、课堂生命活力的激发者"。①

最后,创造能力是教学个性内在结构的灵魂。自我意识、自主精神、自由状态,最终的目的,是教师在教学过程中,能够创造性地处理教育事件,因此,追寻教学个性最关键的一个要素就是培养教师的创造能力。对于创造能力的培养,我们首先要做的就是给予个体的情感、兴趣、个性起码的尊重。因为对于创造性而言,兴趣的生成、发展、内化的过程,就是创造性不断滋长的过程,创造性是兴趣的外在表现。除此之外,创造能力包含了许多其他非智力因素,譬如人的个性、独立性等,一个智商很高的人,可以是一个依赖性很强的人,一个没有坚韧不拔的毅力去摧毁常规障碍的人,甚至是一个个性有缺陷或者懒惰的人,但是一个创造力很强的人,必须是非常有独到见解、独立性很强的、个性完善的人,必须是一个在常规势力面前不屈不挠的人,同时又是一个有很强的想象力、敏锐的观察力、深刻的思考力、清晰的判断力的人。教学个性的养成就是要创造条件,解放教师,给他们宽松的氛围和宽容的环境,让教师的创造能力有一个发挥的平台。

三、教学个性的塑造路径

首先,要寻找教学思想之根。教学个性的塑造,不仅仅是教师个人的事情,首先,

---

① 刁培萼,吴也显,等.智慧型教师素质探新[M].北京:教育科学出版社,2005,49—50.

我们必须从理论上廓清思路，为教学个性的塑造，寻找生存基质。近年来面对纷至沓来的国外教育思想的"侵蚀"和日嚣尘上的国外专家的"膜拜"，一批学者表现出深沉的"危机意思"，主张回到古代，从我们自身的文化基质中"寻根"，重建有中国特色的教学论流派。教学研究确实需要"寻根"，但是"根"在哪里，是不是简单地从孔子、孟子、荀子等古代先贤的思想中提炼出一两点可以和当前教学相结合的观点，我们就找到了教学研究的基点，我们就能解决当前我们面临的现实问题，如果本土化是这样的话，我们可能就真的陷入狭隘的民族主义的泥淖中了。说实在的，近一百年的中国教育的演进说明，我们一直走的是国际化的历程，先学赫尔巴特，再学杜威，后学凯洛夫，今天重新回过头学习欧美，我们发觉学习国外思想并没有迷失自我，恰恰相反，对于赫尔巴特和凯洛夫思想的发展，我们中国可能比今天的德国和俄罗斯继承得更到位、更彻底，而且对于实践的改造起到了很大的促进作用。其实，对于国外的思想，不一定要当作"洪水猛兽"一般看待，我们的文化像大海一样有着强大的包容能力和吸纳能力，不适合我们自己的思想，总归会在历史的长河中消逝无踪，而好的思想却会在不知觉的改造中，成为我们自己的教育财富。对于这一点，石鸥教授概括的比较精辟"最好的本土就是开放"。但是，中国的教学思想还要不要"寻根"，答案是肯定的，那么，我们的"根"到底在哪里呢？就在丰富的实践当中，就在现实的问题当中。在教学一线，我们的教师通过自己的教育智慧不断改造和创新着教学方式，那些"草根的"、"民间的"教学方式背后，蕴藏着巨大的理论宝藏，我们学者需要做的就是关注实践，走近实践，运用我们的理论素养去发掘、提炼和升华有我们自身文化血脉和现实支撑的教学思想。只有这样，"寻根"才能成为中国气派的教学思想研究，奠定坚实的基石，教学个性的创生才有思想的土壤。对于这一点布鲁纳曾有精辟的论述："你既然是个地道的教育理论家，而你正企图引进一些改革，那么你所需竞争、取代或以任何方式修正的对象，正是那些已经在引导着教师们和学生们的民间教学方式。"①

其次，要创新教学制度。斯科特（Scort）认为，"制度是一套或多或少达成共识的

---

① Bruner, Jerome. *The Culture of Education* [M]. Cambridge：Harvard University Press，1996：46.

行动规则,它具有意义并制约着集体的行动"。① 诺思(D. C. North)认为,"制度是一个社会的游戏规则,或更规范地说,它是为决定人们相互关系而人为设置的一些制约"。② 斯科特和诺思对制度的阐释表明,制度作为人为制定的规则,它对处于这一制度之下的活动主体,自然具有一种规约作用。当然随着制度的类型不一样,规约的途径也有所差异,正式制度更多的是依靠法律、规章等强制手段,通过增强受众的后果惩罚意识和责任承担意识来遵循制度的章程,非正式制度作为一种社会普遍认可的价值、准则,它更多的是以说服、劝导的形式,通过集体成员的内化而产生影响。但是不管哪种制度类型,它们都有一个共同的准则,就是在制度的框架内,使集体成员明白"什么可为,什么不可为",它为集体成员的行动提供了一个价值标杆和行为方式。我们认为任何一种教学制度,都具有规约的功能,它对于身处其中的集体成员的活动权限有一定的约束和限制,这并不是制度的局限,恰恰是教学制度应有的职能,尽管人们常常诟病过分理性化的制度在一定程度上忽视了个人的自我选择,但人们从来都不否认,没有制度规约的自由,只能是一厢情愿的空想,在一个理性的现代社会中,它缺乏存在的基础。我们在教学制度的建设中需要做的工作就是在这种规约与自由中寻求一种恰当的平衡。制度创新不完全是一个理性的人为设计的过程,新制度经济学家认为"无论社会政治制度如何,无论有多少人事实上能够参与公共选择的过程,制度改革都不是一个经济学家、少数'社会精英'认为什么应该的问题,而是一个要由社会上的主要的利益格局所决定的事情"③,它是各种主体利益博弈的结果。但是这并不意味着我们要否定政府的功能与职责。政府作为各种利益主体中最重要的一维,它可以根据自己的利益需求,通过政策导引,使制度趋向合理。在我国当前开展的新一轮基础课程改革中,呼吁教学制度创新,但是,由于传统的制度影响根深蒂固,仅仅依靠"基层"的自我转变并不现实,这样容易导致个人以浪漫的理性主义取代他人的自主理性,

---

① Merphy, Louis, K. S. *Handbook of Research on Educational Administration* [M]. S. F. C. : Jossey-bass Publishers,1999:242.

② D. C. North. Enomic Performance through Time [J]. American Economic Review, 1994(4).

③ 樊纲. 渐进改革的政治经济学分析[M]. 上海:上海远东出版社,1996:7—8.

这种"试图从'草根'里寻求社会变革的解毒剂和动力,寄托着'解放'的期望"①,同时也蕴涵着理性泛滥的危险。我们需要依靠政府的"权威",通过制定相应的政策,影响各利益主体的价值选择,提高他们的理性选择能力以及责任意识,使他们在冲突、妥协甚至是痛苦的挣扎中,转变旧有观念,突破传统的惯性,认可和选择新的教学制度规范。正因为如此,教学个性的追寻不是要抛弃教学制度,而是要求教学制度能为个体的选择和实践提供有效的运行平台。

最后,要发掘教师个人生活史。每个教师都有不同的成长经历、不同的教育理解、不同的性格特征,所以才会形成不同的教学个性。因此教学个性的追寻,要关注教师个人生活史的发掘,每一个老师成长的背后,都有一系列故事、事件和人物,只有把这些关键事件和重要他人连缀起来,我们才能理解教师的当下选择、教育信仰和行为方式。教师个人生活史的发掘,立足教育现场,它通过记录教师在自己的教育实践、教育生活中发生的各种真实鲜活的教育事件和发人深省的动人故事,表达自己在实践过程中的亲身经历、内心体验和对教育的理解感悟,形成教育的自我认识,达到一种自我建构的状态。教师的教育思想不是停留在空中楼阁的,也不是抽象存在的,它具体体现在教师的教育教学行为当中,表现为教师的教育理念先进与否、教育思想系统与否、教育认识独特与否。教师关于教育的理想、认识、看法、见解渗透于日常的教育活动中,指导着教师的教育行为,也影响着教师的人生。教师个人生活史的发掘就是要研究教师的日常行为背后所内隐的思想,教师的生活故事当中所蕴涵的理念,以便为教师的行为寻求到理论的支撑,为教师的生活建构起思想的框架。教师个人生活史的发掘,注重真实、注重细节、注重个人实践知识、注重意义构建,它强调教师讲述自己的故事,在讲述的过程中,教师自己会突然发现自己许多习以为常的东西,原来也有许多理论的支撑,原来自己也有教育思想。教师个人生活史的发掘,把我们从外在的宏大叙述,拉回到具体的生活实践中,让我们在生活的感悟中去发现,隐藏在具体事件和对象背后的真实的教育意蕴。这对教师而言,是一种发现,也是一种震

---

① 杨昌勇. 新教育社会学:连续与断裂的学术历程[M]. 北京:中国社会科学出版社,2004:192.

撼,这个过程本身就会激发教师的个人意识,促使教师凝练教学个性。教师个人生活史发掘的目的不仅仅是记录教师自己的成长过程,而在于通过对自己生活经历以及转变的回顾,去发现另一个真实的自我,这种探寻有助于教师构建自己个人化的教育理论。

主要参考文献

1. 杨昌勇. 新教育社会学:连续与断裂的学术历程[M]. 北京:中国社会科学出版社,2004.

2. 吕达. 课程史论[M]. 北京:人民教育出版社,1999.

3. [英]怀特海. 教育目的[M]. 徐汝舟,译. 上海:上海三联书店,2002.

4. [德]舍勒. 知识社会学[M]. 艾彦,译. 北京:华夏出版社,2000.

5. 何怀宏. 良心论[M]. 上海:上海三联书店,1996.

6. 杨东平. 教育我们有话要说[M]. 北京:中国社会科学出版社,1999.

7. [德]雅斯贝尔斯. 什么是教育[M]. 邹进,译. 上海:上海三联书店,1991.

8. 石中英. 知识转型与教育改革[M]. 北京:教育科学出版社,2001.

9. [德]卡西尔. 人论[M]. 甘阳,译. 上海:上海译文出版社,1988.

10. 金生鈜. 理解与教育——走向解释哲学的教育哲学导论[M]. 北京:教育科学出版社,1997.

11. [法]埃德加·莫兰. 复杂思想:自觉的科学[M]. 陈一壮,译. 北京:北京大学出版社,2001.

12. [英]托马斯·摩尔. 心灵书——重建你的精神家园[M]. 刘德军,译. 海口:海南出版社,2001.

13. [德]雅斯贝尔斯. 什么是教育[M]. 邹进,译. 上海:上海三联书店,1991.

14. [美]杜威. 我们怎样思维·经验与教育[M]. 姜文闵,译. 北京:人民教育出版社,1991.

15. [美]杜威. 民主主义与教育[M]. 王承绪,译. 北京:人民教育出版社,2001.

16. [德]康德. 历史理性批判文集[M]. 何兆武,译. 北京:商务印书馆,1990.

17. 金生鈜. 规训与教化[M]. 北京:教育科学出版社,2004.

18. [美]杜威. 哲学的改造[M]. 许崇清,译. 北京:商务印书馆. 1958.

19. [美]杜威. 确定性的寻求[M]. 傅统先,译. 上海:上海人民出版社,2004.

20. [德]O·F·博尔诺夫. 教育人类学[M]. 李其龙,等,译. 上海:华东师范大学出版社,1999.

21. [英]怀特海. 教育的目的[M]. 徐汝舟,译. 北京:生活·读书·新知三联书店,2002.

22. [英]怀特海. 过程与实在[M]. 杨富斌,译. 北京:中国城市出版社,2003.

23. [日]田中裕. 怀特海——有机哲学[M]. 包国光,译. 石家庄:河北教育出版社,2001.

24. 刁培萼,吴也显,等. 智慧型教师素质探新[M]. 北京:教育科学出版社,2005.

25. [加]马克斯·范梅南. 教学机智——教育智慧的意蕴[M]. 李树英,译. 北京:教育科学出版社,2001.

26. 李德林. 教学个性研究[D]. 济南:山东师范大学 2010 届博士论文.

27. 鞠玉翠. 教师个人实践理论的实践探究[D]. 上海:华东师范大学 2003 届博士论文.

28. 靖国平. 教育的智慧性格[D]. 武汉:华中师范大学 2002 届博士论文.

后　记

　　教师发展是当前教育界的一个热点话题。当前有关教师发展的路径主要有两种观点,一种是教师专业化,另一种是教师个性化。孰对孰错呢? 当前学界有不同的争论,就笔者个人而言,笔者认为二者并不对立,恰恰相反它们代表了教师发展的不同阶段,二者缺一不可。教师专业化的目标指向是——"规范",它要解决的问题是"不是任何人都可以当教师的",当教师需要具备一定的职业准备,譬如职业道德、智能结构、心理品质等素养要求,这是每一个入职教师共有的条件,但是教师不是批量生产的产品,教师发展最终的目的是让不同的教师具有不同的教学风格。因此规范化基础上,教师发展更重要的任务是"个性化",不同的教师性格不同、阅历不同,决定了他对教育的理解存在很大的差异,教师个性化就是在承认教师差异的基础上,承认教师已有教育观念基础上,通过教育启蒙激发教师的反思意识,研究意识、自主发展意识,让教师成为与众不同的"那一个"。教学个性目的就是让教师意识到"我"的存在价值,教师不仅仅是一个群体性概念,"我们"背后包纳着一个个鲜活的个体生命,他们有不同的生活阅历,他们有不同的教学风格,他们的头脑不是别人思想的跑马场。他们有自己对教育的独特判断和自我理解,教师个性化就是把教师这种独特的东西彰显出来,让他们成为最好的自己。教师个性化的过程就是教师教育智慧生成的过程。

　　笔者 2004 年第一次接触到这一主题,就被它充满现实教育意蕴和实践张力的特质深深吸引,并也开始了对这一问题的持续研究,陆续发表了一系列的学术论文,并指导研究生进行相关课题的研究。本书第二作者杨东亚来自一线,基于对"教师专业自我"的困惑与出路的思索,在研究生期间围绕范梅南的教育智慧完成了学位论文,毕业后,又回到一线,去了南京拉萨路小学工作,这是一个倡导教育智慧并以教育智慧为发展愿景的学校，在工作期间，又做了很多相关的理论研究和实践探索，对这一问题有了更深的认识。共同的学术兴趣促使我们有了合作这本著作的想法，并最终有了呈现在大家面前的这本著作。

著作的出版要感谢江苏师范大学基础教育研究中心的资助，感谢段作章院长和魏本亚老师对这一主题的肯定与欣赏，同时也感谢华东师范大学出版社为本书出版所做的工作。